Duden

Testen Sie Ihr Deutschland-Wissen!

Duden

Testen Sie Ihr Deutschland-Wissen!

1. Auflage

Dudenverlag
Mannheim · Zürich

Bibliografische Information der Deutschen Nationalbibliothek
Die Deutsche Nationalbibliothek verzeichnet diese Publikation in der Deutschen Nationalbibliografie; detaillierte bibliografische Daten sind im Internet über http://dnb.ddb.de abrufbar.

Es wurde größte Sorgfalt darauf verwendet, dass die in diesem Werk gemachten Angaben korrekt sind und dem derzeitigen Wissensstand entsprechen. Für im Werk auftretende Fehler können Autor, Redaktion und Verlag aber keine Verantwortung und daraus folgende oder sonstige Haftung übernehmen.

Namen und Kennzeichen, die als Marken bekannt sind und entsprechenden Schutz genießen, sind durch das Zeichen ® geschützt. Aus dem Fehlen des Zeichens darf in Einzelfällen nicht geschlossen werden, dass ein Name frei ist.

Das Wort Duden ist für den Verlag Bibliographisches Institut GmbH als Marke geschützt.

E D C B A

Printed in Germany

ISBN 978-3-411-70357-9

Redaktionelle Leitung Heike Pfersdorff M. A.
Redaktion Dr. Jürgen Hess
Herstellung Monika Schoch
Layout Horst Bachmann
Umschlaggestaltung Hans Helfersdorfer, Heidelberg
Umschlagabbildungen fotolia/Barysch: Fahne, picture-alliance/dpa: Gartenzwerg
Satz Bibliographisches Institut GmbH, Mannheim
Druck und Bindung Offizin Andersen Nexö Leipzig GmbH

INHALT

VORBEMERKUNG

Den Begriff deutsch gibt es seit dem Mittelalter, und von Deutschland könnte man korrekterweise erst seit dem 19. Jahrhundert reden. Doch in so engen Grenzen wollen wir in unserem Buch diese Bezeichnungen nicht gebrauchen. Vielmehr soll unter Deutschland ganz großzügig das Gebiet verstanden werden, in dem Deutsche und ihre Vorfahren leben und lebten, und deutsch sei alles, was im weitesten Sinn zur Kultur dieser Menschen zu rechnen ist.
Deutsche sind dieser Definition zufolge nicht nur Menschen mit deutschem Pass, sondern alle, die der deutschen Sprach- und Kulturgemeinschaft und deren geschichtlichen Wurzeln angehören. Auch hier wollen wir großzügig sein und etwa den Auswanderer in die USA, der amerikanischer Staatsbürger wurde, als Deutschen vereinnahmen.
Und wie ist das mit der Vielzahl der Migranten, die deutsche Staatsbürger geworden sind? Sie sind zweifellos Deutsche, auch wenn sie, wie etwa die Fußballnationalstürmer Cacau oder Podolski, in fremden Ländern geboren wurden. Viele von ihnen nehmen einige Mühen auf sich, um Deutsche zu werden, zum Beispiel den Einbürgerungstest der Bundesregierung, bei dessen Fragen gelegentlich auch mancher in Deutschland Geborene und Aufgewachsene ins Grübeln gerät. In die Kapitel „Geschichte“ und „Politisches System“ haben wir einige Fragen aus diesem Test wortgetreu übernommen; sie sind mit einem D-Schild gekennzeichnet.
Nun denn: Testen Sie Ihr Wissen über Deutschland und „die Deutschen“ und erfahren Sie dabei auch manches Neue, Unbekannte, Verblüffende oder Merkwürdige.
Werden Sie Deutschlandexperte!

Das Land der Deutschen

Das Land, in dem die Deutschen leben, ist seit 1990 das sechstgrößte in Europa. In der Mitte Europas gelegen, erstreckt sich Deutschland über 876 Kilometer in Nord-Süd-Richtung und 640 Kilometer in Ost-West-Richtung und hat dabei die unterschiedlichsten und abwechslungsreichsten Naturräume zu bieten.
Mit Donau, Rhein und Elbe hat Deutschland Anteil an drei der sieben längsten Flüsse Europas und zwischen Ost- und Nordsee mit dem einzigartigen Wattenmeer sowie ihren Inseln im Norden und den Alpen im äußersten Süden ist eine Vielzahl von landschaftlichen Kleinodien zu finden: seenreiche Ebenen mit feuchten Niederungen, hügelige, fruchtbare Flachländer und waldreiche Mittelgebirge. Eigentlich fehlt nur noch ein Grand Canyon.

1 **Der größte deutsche Hafen für die Binnenschifffahrt ist in ...**

- Mannheim
- Duisburg
- Magdeburg
- Hamburg

2 **Welche deutsche Stadt hieß zwischen 1953 und 1990 Karl-Marx-Stadt?**

- Eisenhüttenstadt
- Zwickau
- Leipzig
- Chemnitz

3 **Welches Bundesland grenzt nicht an einen Nachbarstaat Deutschlands?**

- Thüringen
- Rheinland-Pfalz
- Niedersachsen
- Mecklenburg-Vorpommern

4 **Welcher der Flüsse ist kein linker Nebenfluss der Donau?**

- Regen
- Iller
- Altmühl
- Tauber

5 **Welche der deutschen Großstädte hat weniger als eine Million Einwohner?**

- Hamburg
- Köln
- München
- Frankfurt am Main

6 **Welches ist das größte Nachbarland Deutschlands?**

- Spanien
- Polen
- Österreich
- Frankreich

1 Der größte deutsche Binnenhafen ist **Duisburg** mit einem jährlichen Warenumschlag von rund 50 Mio. Tonnen.
Hinter Duisburg und Köln hat **Hamburg** neben dem größten Seehafen Deutschlands auch den drittgrößten Binnenhafen. **Mannheim** folgt dahinter auf Platz vier. **Magdeburg** war der größte Binnenhafen der DDR.

2 1953 wurde **Chemnitz** auf Beschluss der DDR-Regierung in Karl-Marx-Stadt umbenannt. Die Rückbenennung in Chemnitz erfolgte nach einer Volksabstimmung am 1. Juni 1990 noch vor dem Beitritt der DDR zur Bundesrepublik Deutschland. **Eisenhüttenstadt** trug von 1953 bis 1961 den Namen Stalinstadt, **Zwickau** und **Leipzig** hießen auch zu DDR-Zeiten nie anders als Zwickau und Leipzig.

3 Von den genannten Ländern grenzt **Thüringen** nicht an einen Nachbarstaat Deutschlands und ist daher sozusagen ein Binnenbundesland. **Rheinland-Pfalz** grenzt an Frankreich, Luxemburg und Belgien, **Niedersachsen** an die Niederlande. **Mecklenburg-Vorpommern** hat mit Polen eine gemeinsame Grenze.

4 In Fließrichtung der Donau gesehen ist die **Iller** ein rechter Donau-Nebenfluss.
Ob linker oder rechter Nebenfluss der Donau kann man sich mit dem Merkspruch „Iller, Lech, Isar, Inn fließen rechts zur Donau hin. Altmühl, Naab und Regen fließen links dagegen" einprägen. **Regen** und **Altmühl** sind demnach linke Nebenflüsse der Donau. Die **Tauber** ist ein linker Nebenfluss des Mains.

5 Mit rund 665 000 Einwohnern ist **Frankfurt am Main** noch weit von einer Million entfernt. Ende 2008 hatte **Köln** 995 000 Einwohner und zählte streng genommen damals ebenfalls nicht zu den Millionenstädten.
Neben Berlin (3,431 Mio.) gehören noch **Hamburg** (1,775 Mio.) und **München** (1,327 Mio.) zu den drei deutschen Städten mit deutlich mehr als einer Million Einwohner.

6 Mit einer Fläche von 543 965 km^2 ist **Frankreich** etwa 1,5-mal so groß wie die Bundesrepublik Deutschland und damit unser größtes Nachbarland. Auf dem zweiten und dritten Platz folgen **Polen** mit 312 685 km^2 und **Österreich** mit 83 871 km^2.
Spanien mit einer Fläche von 504 645 km^2 ist kein Nachbarland Deutschlands, sofern man unter Nachbarländern diejenigen versteht, mit denen Deutschland eine gemeinsame Grenze hat.

7 **Welches ist kein deutscher Grenzfluss?**

- Saar
- Rhein
- Ems
- Neiße

8 **Welche Stadt liegt nicht im Ruhrgebiet?**

- Bochum
- Gelsenkirchen
- Solingen
- Herne

9 **Welche Stadt wird nicht der Metropolregion Rhein/Neckar zugerechnet?**

- Heilbronn
- Heidelberg
- Mannheim
- Ludwigshafen

10 **Der Bodensee ist der größte deutsche See. Wie groß ist der Anteil, den Deutschland daran hat?**

- 60 km^2
- 117 km^2
- 173 km^2
- 305 km^2

11 **Welches Bundesland hat keinen Anteil am Westerwald?**

- Nordrhein-Westfalen
- Rheinland-Pfalz
- Bayern
- Hessen

12 **Welche deutsche Stadt liegt nicht in einem Dreiländereck, also nicht in unmittelbarer Grenznähe zu zwei Nachbarländern Deutschlands?**

- Lörrach
- Zittau
- Passau
- Aachen

7 Von den genannten Flüssen markiert nur die **Ems** keinen Grenzverlauf zwischen Deutschland und einem seiner Nachbarländer. Die Ems entspringt in Westfalen, fließt mehr oder weniger parallel zur niederländischen Grenze durch Niedersachsen und mündet bei Emden in die Nordsee.
Die **Saar** bildet - wenn auch nur auf 11 km - einen Teil der deutsch-französischen Grenze. Der **Rhein** ist Grenzfluss zu Frankreich und der Schweiz, die **Neiße** ist auf rund 200 km Teil der deutsch-polnischen Grenze.

8 Das durch seine Schneidwarenindustrie über Deutschland hinaus bekannte **Solingen** ist nach Wuppertal und vor Remscheid und Bergisch Gladbach die zweitgrößte Stadt des Bergischen Landes, das im Süden an das Ruhrgebiet angrenzt.
Die drei benachbarten kreisfreien Städte **Bochum**, **Gelsenkirchen** und **Herne** liegen im Zentrum des Ruhrgebiets.

9 **Heilbronn** zählt nicht zur Metropolregion Rhein/Neckar. Heilbronn liegt zwar am Neckar - etwa 50 km nördlich von Stuttgart -, aber rund 110 Flusskilometer von dessen Mündung in den Rhein entfernt.
Die Metropolregion Rhein/Neckar ist mit 2,4 Mio. Einwohnern der siebtgrößte Wirtschaftsraum Deutschlands. Am Dreiländereck Baden-Württemberg, Rheinland-Pfalz und Hessen umfasst sie die Städte **Mannheim**, **Heidelberg** und **Ludwigshafen** sowie deren Umland.

10 Den Bodensee muss sich Deutschland mit Österreich und der Schweiz teilen. Der deutsche Anteil an seiner Gesamtfläche von 508 km^2 beträgt **305 km^2**.
Die Schweiz hat einen Anteil von **117 km^2**, Österreich von **60 km^2**.
Der größte See, der vollständig auf deutschem Territorium liegt, ist die Müritz mit einer Fläche von rund **117 km^2**.

11 An dem zum Rheinischen Schiefergebirge gehörenden Mittelgebirge Westerwald hat **Bayern** keinen Anteil.
Der Westerwald wird im Süden und Osten von den Flüssen Lahn und Dill begrenzt. Grenzen im Westen und Norden sind der Rhein und die Sieg, die nordöstliche Grenze stellt das Flüsschen Heller dar. Der größte Teil dieses Gebiets liegt in **Rheinland-Pfalz**, der kleinere östliche und nordöstliche Teil gehört zu **Hessen** bzw. zu **Nordrhein-Westfalen**.

12 **Passau** an der Donau liegt an der Grenze zu Österreich. Von der tschechischen Grenze ist Passau knapp 40 km entfernt und liegt somit nicht in unmittelbarer Grenznähe zu zwei deutschen Nachbarländern.
Lörrach liegt dagegen im Dreiländereck Deutschland-Schweiz-Frankreich, **Aachen** im Dreiländereck Deutschland-Belgien-Niederlande und **Zittau** im Dreiländereck Deutschland-Polen-Tschechische Republik.

(13) **Helgoland kam erst 1890 durch Tausch gegen eine andere Insel zu Deutschland. Gegen welche Insel tauschte das Deutsche Reich sie damals ein?**

- Palau
- Samoa
- Sansibar
- Marianen

(14) **Welche der vier Städte ist die Hauptstadt von Mecklenburg-Vorpommern?**

- Stralsund
- Schwerin
- Rostock
- Stettin

(15) **Berlin ist in zwölf Bezirke gegliedert, die wiederum in 95 Ortsteile aufgeteilt sind. Welches ist kein Berliner Bezirk oder Ortsteil?**

- Weißensee
- Friedrichshain
- Babelsberg
- Wilmersdorf

(16) **Wie nennt man die kleinen, nur ein bis zwei Meter über dem mittleren Tidenhochwasserstand liegenden Inseln im nordfriesischen Wattenmeer?**

- Warften
- Halligen
- Köge
- Polder

(17) **1895 wurde der Kaiser-Wilhelm-Kanal feierlich eröffnet. Wie heißt er heute?**

- Nord-Ostsee-Kanal
- Oder-Spree-Kanal
- Mittellandkanal
- Main-Donau-Kanal

(18) **Welcher der vier baden-württembergischen Seen liegt nicht im Schwarzwald?**

- Feldsee
- Titisee
- Mummelsee
- Federsee

13 Das Deutsche Reich trat im Helgoland-Sansibar-Vertrag von 1890 die heute zum ostafrikanischen Tansania gehörende Insel **Sansibar** an Großbritannien ab und bekam im Tausch dafür Helgoland.
Teile der pazifischen Inselgruppen von **Palau**, **Samoa** und der **Marianen** waren vor dem Ersten Weltkrieg zwar allesamt deutsche Kolonien, wurden dies jedoch erst 1899, als Helgoland bereits wieder zu Deutschland gehörte.

14 Die Hauptstadt von Mecklenburg-Vorpommern ist **Schwerin**.
Mit rund 96 000 Einwohnern ist Schwerin die kleinste deutsche Landeshauptstadt und nur knapp halb so groß wie **Rostock**, die größte Stadt des Bundeslandes. **Stralsund** ist mit etwa 56 000 Einwohnern die größte Stadt des Landesteils Vorpommern. Die seit dem Zweiten Weltkrieg zu Polen gehörende Stadt **Stettin** in Westpommern heißt heute Szczecin.

15 **Babelsberg** ist kein Bezirk oder Ortsteil von Berlin, sondern der größte Stadtteil von Potsdam. Bekannt geworden ist Babelsberg durch seine Filmstudios und die 1954 gegründete größte und älteste Filmhochschule in Deutschland.
Weißensee ist ein Ortsteil in Berliner Bezirk Pankow, **Friedrichshain** Ortsteil im Bezirk Friedrichshain-Kreuzberg und **Wilmersdorf** ein Ortsteil im Bezirk Charlottenburg-Wilmersdorf.

16 Die kleinen, nicht eingedeichten Inseln im nordfriesischen Wattenmeer sind die **Halligen**. Zwar haben einige der größeren Halligen einen Sommerdeich, doch schützt dieser die Inseln nicht vor Sturmfluten, sodass die Siedlungen auf künstlich aufgeschütteten Hügeln, den **Warften**, errichtet werden müssen.
Als **Köge** oder **Polder** bezeichnet man Eindeichungen, die zur Landgewinnung aus dem Meer angelegt werden.

17 Der am 21. Juni 1895 von Kaiser Wilhelm II. nach achtjähriger Bauzeit eröffnete Kaiser-Wilhelm-Kanal wurde 1948 in **Nord-Ostsee-Kanal** umbenannt. Er verbindet die Elbmündung an der Nordsee mit der Kieler Förde an der Ostsee und ist der meistbefahrene Seeschifffahrtskanal der Welt.
Der **Oder-Spree-Kanal** (eröffnet 1891), der **Mittellandkanal** (eröffnet 1938) und der **Main-Donau-Kanal** (eröffnet 1992) sind wichtige deutsche Binnenschifffahrtskanäle.

18 Der 1,4 km^2 große **Federsee** liegt in Oberschwaben innerhalb des mit 33 km^2 größten zusammenhängenden Moorgebiets Südwestdeutschlands.
Feldsee, Titisee und Mummelsee sind durch eiszeitliche Gletscher entstandene kleine Seen im Schwarzwald. Der **Feldsee** am Fuße des Feldbergs und der **Titisee** liegen im Süd-, der **Mummelsee** im Nordschwarzwald.

19 **Wie nennt man an der Ostsee ein vom offenen Meer durch Landzungen abgetrenntes flaches Küstengewässer?**

- Förde
- Haff
- Nehrung
- Bodden

20 **Was liegt nicht auf Rügen?**

- Bakenberg
- Kap Arkona
- Stubbenkammer
- Königsstuhl

21 **Welche Region wurde früher als „Streusandbüchse Deutschlands" bezeichnet?**

- Pfalz
- Niedersachsen
- Mark Brandenburg
- Mecklenburg

22 **Welche der deutschen Inseln ist keine Nordseeinsel?**

- Usedom
- Föhr
- Fehmarn
- Spiekeroog

23 **Nur einer dieser Flüsse entspringt in Deutschland. Welcher ist es?**

- Mosel
- Isar
- Main
- Elbe

24 **In welchem deutschen Mittelgebirge ist der Fichtelberg der höchste Berg?**

- Erzgebirge
- Fichtelgebirge
- Hunsrück
- Rhön

(19) Die durch Inseln und Landzungen vom Meer abgetrennten lagunenähnlichen flachen Küstengewässer an der Ostsee werden **Bodden** genannt. Ist die Landzunge ein schmaler, sandiger Landstreifen, eine sogenannte **Nehrung**, dann wird die Lagune ein **Haff** genannt.
Als **Förde** bezeichnet man eine durch Gletscher ausgehobelte schmale, fjordähnliche Meeresbucht an der Ostküste von Schleswig-Holstein.

(20) Der **Bakenberg** ist mit 72 m ü. NN die höchste Erhebung von Hiddensee, der Rügen östlich vorgelagerten Ostseeinsel.
Kap Arkona ist die berühmte, bis 45 m hohe Kreideküste auf der Halbinsel Wittow im Norden von Deutschlands größter Insel. Als **Stubbenkammer** wird die Umgebung des 118 m hohen Kreidefelsens **Königsstuhl** auf der Halbinsel Jasmund im Nordosten von Rügen bezeichnet.

(21) Die Bezeichnung „Streusandbüchse Deutschlands“ oder „des Heiligen Römischen Reiches Streusandbüchse“ galt der **Mark Brandenburg** wegen der dort vorherrschenden unfruchtbaren Sandböden, auf denen nur wenig mehr als Kiefern- und Birkenwälder oder Heide gedeihen. Karge, wenig fruchtbare Sandböden gibt es jedoch auch in **Niedersachsen** und in **Mecklenburg**, und die Buntsandsteinböden der **Pfalz** sind gleichfalls nicht mit einer üppigen Fruchtbarkeit gesegnet.

(22) **Usedom** und **Fehmarn** liegen in der Ostsee. Usedom ist eine teils zu Deutschland, teils zu Polen gehörende, 445 km² große Insel vor dem Stettiner Haff und mit einem deutschen Anteil von 373 km² die zweitgrößte Insel Deutschlands. Das 185 km² große Fehmarn ist die drittgrößte Insel und war bis 1990 die größte Insel der Bundesrepublik Deutschland.
Föhr gehört zu den Nordfriesischen, **Spiekeroog** zu den Ostfriesischen Nordseeinseln.

(23) Von den genannten deutschen Flüssen ist der **Main** der einzige, der auch in Deutschland entspringt. Seine beiden Quellflüsse – der Rote und der Weiße Main – haben ihren Ursprung in der Fränkischen Alb und im Fichtelgebirge.
Die **Mosel**, der längste deutsche Nebenfluss des Rheins, entspringt in den Vogesen in Frankreich, die **Isar** im österreichischen Karwendelgebirge. Die **Elbe** hat ihren Ursprung im Riesengebirge nahe der polnisch-tschechischen Grenze.

(24) Der höchste Berg des Erzgebirges ist der 1215 m hohe **Fichtelberg**, zumindest auf deutschem Gebiet, denn der auf tschechischer Seite gelegene Klínovec (Keilberg) ist mit 1244 m noch etwas höher.
Der höchste Berg des **Fichtelgebirges** ist dagegen der Schneeberg mit 1053 m Höhe. Mit 816 m ist der Erbeskopf die höchste Erhebung im **Hunsrück**, der höchste Berg der **Rhön** ist die 950 m hohe Wasserkuppe.

25 **Welcher der genannten Gletscher zählt nicht zu den nur fünf Gletschern Deutschlands?**

- Blaueisgletscher
- Pasterze
- Höllentalferner
- Watzmanngletscher

26 **Welches ist das größte zusammenhängende Karstgebiet in Deutschland?**

- Sauerland
- Schwäbische Alb
- Weserbergland
- Fränkische Alb

27 **Die Grenze zu welchem von Deutschlands neun Nachbarländern ist die kürzeste?**

- Luxemburg
- Dänemark
- Belgien
- Schweiz

28 **In welcher Region liegt der östlichste Punkt Deutschlands?**

- Uckermark
- Niederlausitz
- Spreewald
- Oberlausitz

29 **Welche der Inseln gehört nicht zu den Ostfriesischen Inseln?**

- Amrum
- Borkum
- Wangerooge
- Baltrum

30 **Welches unserer Nachbarländer gehört im geografischen Sinne nicht zu Mitteleuropa?**

- Schweiz
- Polen
- Luxemburg
- Österreich

25 Die **Pasterze** am Fuße des Großglockners ist der größte Gletscher Österreichs.
Der **Höllentalferner** im Wettersteingebirge sowie der **Watzmanngletscher** und der **Blaueisgletscher** in den Berchtesgadener Alpen sind neben den beiden Schneeferner-Gletschern an der Zugspitze die einzigen Gletscher Deutschlands. Insgesamt haben sie eine Fläche von nur noch knapp hundert Hektar.

26 Die **Schwäbische Alb** und die **Fränkische Alb** bilden zusammen das größte Karstgebiet Deutschlands. Bei der Schwäbischen und der Fränkischen Alb handelt es sich ursprünglich um einen zusammenhängenden Mittelgebirgszug, der erst seit etwa 15 Mio. Jahren durch das durch einen Meteoriteneinschlag entstandene Nördlinger Ries geomorphologisch geteilt wurde.
Karstgebiete gibt es in Deutschland in allen Regionen mit Kalkgesteinen, so auch im **Sauerland** und **Weserbergland**.

27 Deutschland hat mit insgesamt neun Nachbarländern eine gemeinsame Grenze. Von diesen ist die Grenze zu **Dänemark** mit einer Länge von nur 58 km die kürzeste.
Die zweitkürzeste Grenze mit 138 km ist die zu **Luxemburg**, Deutschlands kleinstem Nachbarstaat. Mit **Belgien** hat Deutschland eine 167 km lange Grenze, die mit der **Schweiz** hat eine Länge von 363 km.

28 Der östlichste Punkt Deutschlands (rund 15° 03' östliche Länge) befindet sich etwa 10 km nördlich der Stadt Görlitz in der **Oberlausitz** in Sachsen, und zwar zwischen den Ortsteilen Deschka und Zentendorf der Gemeinde Neißeaue.
Die **Niederlausitz** mit dem **Spreewald** ist der südöstliche, die **Uckermark** der nordöstliche Landesteil von Brandenburg.

29 Die südlich von Sylt und westlich von Föhr gelegene Insel **Amrum** ist eine der fünf Nordfriesischen Inseln.
Borkum ist die westlichste der sieben zwischen Ems- und Wesermündung gelegenen Ostfriesischen Inseln, **Wangerooge** die östlichste. Die mittlere und zugleich kleinste der Inseln ist **Baltrum**. Die übrigen vier Ostfriesischen Inseln sind Spiekeroog, Langeoog, Norderney und Juist.

30 Geografisch gesehen gehört **Luxemburg** nicht zu Mitteleuropa, sondern ist Teil Westeuropas.
Zu Mitteleuropa, das durch den Südrand der Alpen sowie durch Nord- und Ostsee begrenzt ist und von der Schelde im Westen bis zur Weichsel im Osten reicht, werden Deutschland, die **Schweiz** und **Österreich** gezählt sowie die im politischen Sinne oft als osteuropäisch bezeichneten Staaten **Polen**, die Tschechische Republik, die Slowakische Republik und Ungarn.

31 **Wie heißt die für ihre roten Sandsteinfelsen bekannte deutsche Insel?**

- Fehmarn
- Rügen
- Helgoland
- Sylt

32 **Welches ist das am weitesten nach Westen reichende Bundesland?**

- Niedersachsen
- Nordrhein-Westfalen
- Rheinland-Pfalz
- Saarland

33 **Wie hoch ist in Deutschland die Durchschnittstemperatur des Monats April?**

- 7,6 °C
- 8,3 °C
- 12,2 °C
- 16,9 °C

34 **In welchem deutschen Mittelgebirge liegt die Quelle der Weser?**

- im Thüringer Wald
- in der Rhön
- im Rothaargebirge
- in keinem dieser Gebirge

35 **Mit welchem Bundesland hat Sachsen-Anhalt keine gemeinsame Grenze?**

- Brandenburg
- Niedersachsen
- Thüringen
- Mecklenburg-Vorpommern

36 **Wie nennt man eine von Gletschern ausgehobelte, in den Steilhängen der Alpen oder des Schwarzwalds oft mit einem kleinen See erfüllte Hohlform?**

- Maar
- Doline
- Kar
- Krater

31 Die Hauptinsel von **Helgoland** wird von rotem Buntsandstein aufgebaut, der im Westen der Insel bis zu 50 m hohe Klippen bildet.
Die berühmten weißen Felsen von **Rügen** bestehen aus Kreide, einem in der Kreidezeit vor rund 80 Mio. Jahren abgelagerten Kalksediment. Markante Felsformationen haben weder **Fehmarn** noch **Sylt** aufzuweisen. Sie sind im Wesentlichen aus eiszeitlichen Ablagerungen wie Grundmoränen aufgebaut.

32 **Nordrhein-Westfalen** reicht bis 5° 55' östlicher Länge über den sechsten Längengrad nach Westen und ist damit das westlichste Bundesland. Der westlichste Punkt Deutschlands liegt bei Isenbruch, einem Ortsteil der Gemeinde Selfkant im Kreis Heinsberg.
Der westlichste Punkt **Niedersachsens** liegt bei etwa 6° 40', der von **Rheinland-Pfalz** bei 6° 08' und jener des **Saarlands** bei rund 6° 24' östlicher Länge.

33 Die Durchschnittstemperatur im April – auf ganz Deutschland bezogen – liegt im langjährigen Mittel bei **7,6 °C**.
8,3 °C ist die mittlere Jahrestemperatur in Deutschland, jedoch deutet sich mit der Klimaerwärmung – wie auch für die monatlichen Mittelwerte – eine steigende Tendenz an. Im Mai wird es durchschnittlich **12,2 °C** warm und im August, dem wärmsten Monat, **16,9 °C**.

34 Die Quelle der Weser liegt **in keinem dieser Gebirge** – die Weser hat überhaupt keine Quelle; sie entsteht erst bei Hannoversch Münden durch die Vereinigung der beiden Flüsse Werra und Fulda.
Die Werra ihrerseits hat ihren Ursprung im **Thüringer Wald**, die Fulda in der **Rhön**. Im **Rothaargebirge** entspringen unter anderem die Ruhr und die Eder, ein Nebenfluss der Fulda.

35 Mit **Mecklenburg-Vorpommern** hat Sachsen-Anhalt keine gemeinsame Grenze.
Im Osten, Nordosten und Norden grenzt Sachsen-Anhalt an **Brandenburg**, im Südosten an Sachsen, im Südwesten an **Thüringen** und im Westen an **Niedersachsen**.

36 Eine durch Gletschertätigkeit entstandene nischen- oder sesselförmige Hohlform nennt man **Kar**.
Ein **Maar** ist eine durch eine vulkanische Gasexplosion entstandene rundliche, trichterförmige Vertiefung in der Erdoberfläche. Eine **Doline** ist eine durch Einbruch entstandene schüsselförmige Hohlform in Karstgebieten. Unter **Krater** versteht man die Öffnung eines Vulkanschlots.

37 **Welche Meeresstraße trennt die drittgrößte deutsche Ostseeinsel von der dänischen Insel Lolland?**

- Lübecker Bucht
- Fehmarnsund
- Kleiner Belt
- Fehmarnbelt

38 **Welcher der Flüsse fließt nur durch ein Bundesland?**

- Neckar
- Fulda
- Saale
- Ruhr

39 **Welches ist eine an der Nordseeküste verbreitete Dorfform?**

- Rundling
- Wurtendorf
- Waldhufendorf
- Haufendorf

40 **In Deutschland gibt es mehrere regionale Begriffe, mit denen ein Moor bezeichnet wird. Welche gehören nicht dazu?**

- Sumpf
- Ried
- Moos
- Fehn

41 **Welches Bundesland gehörte 1949 zur gegründeten Bundesrepublik Deutschland?**

- Saarland
- Berlin
- Niedersachsen
- Thüringen

42 **Wie nennt man die fruchtbaren, vorwiegend landwirtschaftlich genutzten Ebenen am Nordrand der deutschen Mittelgebirge?**

- Marsch
- Polder
- Geest
- Börden

37 Die drittgrößte deutsche Ostseeinsel – und drittgrößte Insel Deutschlands überhaupt – ist Fehmarn. Sie wird durch den **Fehmarnsund** vom schleswig-holsteinischen Festland getrennt. Dieser verbindet die Kieler mit der **Lübecker Bucht**.
Der **Kleine Belt** trennt das dänische Festland von der Insel Fünen. Die Meeresstraße zwischen Fehmarn und der dänischen Insel Lolland heißt **Fehmarnbelt**.

38 Die **Ruhr** fließt von ihrer Quelle im Rothaargebirge bis zu ihrer Mündung in den Rhein bei Duisburg ausschließlich durch Nordrhein-Westfalen.
Der **Neckar** fließt im Wesentlichen durch Baden-Württemberg, quert aber im Odenwald ein kurzes Stück hessisches Gebiet. Die **Saale** entspringt in Bayern, durchfließt Thüringen und mündet in Sachsen-Anhalt in die Elbe. Die **Fulda** fließt bis kurz vor ihrer Vereinigung mit der Werra zur Weser im niedersächsischen Hannoversch Münden durch Hessen.

39 Ein **Wurtendorf** ist eine vor allem im Bereich der Nordseeküste zum Schutz vor Sturmfluten auf einem künstlich aufgeschütteten Erdhügel errichtete Siedlung.
Ein **Rundling** ist eine dörfliche Siedlung in charakteristischer Rundform, die im einstigen deutsch-slawischen Grenzraum, etwa im Wendland, verbreitet ist. Das **Waldhufendorf** ist eine im Mittelalter planmäßig angelegte Siedlung zur Rodung. Ein **Haufendorf** ist ein gewachsenes, inzwischen geschlossen bebautes Dorf mit unregelmäßigem Grundriss.

40 Unter dem Begriff **Sumpf** wird ein durchnässtes, schlammiges Feuchtgebiet mit stehendem Wasser im Allgemeinen verstanden. Im Gegensatz zum Moor kommt es in Sümpfen jedoch nicht zur Torfbildung.
Ried und **Moos** sind in Süddeutschland gebräuchliche Begriffe für Moor, mit **Fehn** (auch Fenn, Venn oder Veen) werden im niederdeutschen Raum vertorfte Binnenseen oder Torfmoore bezeichnet.

41 Von den genannten Ländern gehörte nur **Niedersachsen** zu der 1949 gegründeten Bundesrepublik Deutschland.
Das **Saarland** war von 1947 bis 1956 eine autonome Region und trat erst 1957 der Bundesrepublik Deutschland bei. **Berlin** (West) war zwar faktisch ein Teil der Bundesrepublik Deutschland, aber konstitutiv kein Bundesland. **Thüringen** ging als Teil der sowjetischen Besatzungszone in der DDR auf.

42 Die durch ihre Lössböden fruchtbaren Ebenen entlang des Nordrands der Mittelgebirge, die überwiegend agrartechnisch genutzt werden, heißen **Börden**. Bekannte Beispiele sind die Magdeburger oder die Soester Börde.
Die **Geest** ist ein sandiges, trockenes und nur wenig fruchtbares Gebiet in Nordwestdeutschland. Unter **Polder** versteht man durch Eindeichung gewonnenes Neuland. Die **Marsch** ist eine fruchtbare, aus Schlick aufgebaute Niederung an der Nordseeküste.

43 **Welches ist die sonnenreichste Region Deutschlands?**

- Usedom
- Breisgau
- Bergstraße
- Rheinhessen

44 **Welches der deutschen Gebirge ist vulkanischen Ursprungs?**

- Vogelsberg
- Rhön
- Eifel
- Kaiserstuhl

45 **Luxemburg ist das kleinste der neun deutschen Nachbarländer. Welches ist das zweitkleinste?**

- Schweiz
- Belgien
- Dänemark
- Niederlande

46 **Welches ist die zweitgrößte Stadt Sachsens?**

- Chemnitz
- Dresden
- Leipzig
- Magdeburg

47 **In welchem Mittelgebirge Deutschlands findet man Maare?**

- Odenwald
- Schwäbische Alb
- Schwarzwald
- Eifel

48 **Der nördlichste Punkt Deutschlands ist …**

- der Lister Ellenbogen
- das Haldenwanger Eck
- der Rickelsbüller Koog
- das Kap Arkona

43
Die sonnenreichste Region ist die Insel **Usedom** im äußerten Nordosten Deutschlands. Dort scheint die Sonne durchschnittlich mehr als 1900 Stunden im Jahr, im Mittel also täglich fünfeinviertel Stunden.
Der **Breisgau** zählt zu den wärmsten Regionen in Deutschland, auch wenn die jährliche Sonnenscheindauer hier nur bei 1800 Stunden liegt. An der **Bergstraße** scheint die Sonne rund 1500, in **Rheinhessen** etwa 1600 Stunden im Jahr.

44
Von den genannten Gebirgen ist der **Vogelsberg** - mit 2500 km² das größte geschlossene Basaltvorkommen Zentraleuropas - weitgehend vulkanischen Ursprungs, ebenso der **Kaiserstuhl**. Entstanden sind beide Gebirge in der Tertiärzeit vor knapp 20 Mio. Jahren.
In der **Rhön** und in der **Eifel** gab es zwar auch Vulkanismus - in der Eifel noch bis vor 10 000 Jahren -, an ihrem Aufbau überwiegen jedoch Sedimentgesteine aus der Trias bzw. aus dem Devon.

45
Das zweitkleinste Nachbarland Deutschlands ist **Belgien**. Es hat eine Fläche von 32 545 km² und ist damit noch nicht einmal so groß wie das Bundesland Nordrhein-Westfalen.
Die Schweiz, die Niederlande und Dänemark haben ähnliche Größe. Die **Schweiz** hat eine Fläche von 41 285 km², **Dänemark** von 43 098 km². Die **Niederlande** sind mit 41 526 km² rund 600 km² kleiner als das benachbarte Niedersachsen.

46
Die zweitgrößte Stadt Sachsens ist entweder Dresden oder Leipzig, denn die Einwohnerzahlen beider Städte liegen nahe beieinander. Ende 2008 war **Dresden** mit 512 000 Einwohnern zweitgrößte Stadt hinter **Leipzig** mit 515 000 Einwohnern, doch das kann sich inzwischen bereits wieder geändert haben.
Sicher ist nur, dass **Chemnitz** mit 244 000 Einwohnern die drittgrößte Stadt Sachsens ist. **Magdeburg** mit 230 000 Einwohnern liegt nicht in Sachsen, sondern in Sachsen-Anhalt.

47
Maare entstehen durch vulkanische Gasexplosionen, wenn im Untergrund heißes Magma mit Grundwasser in Kontakt kommt. In Deutschland finden sich solche Explosionstrichter in der **Eifel**, wo sie gelegentlich mit einem Maarsee erfüllt sind, und in der **Schwäbischen Alb**.
Im **Odenwald** und **Schwarzwald** gab es in der jüngeren geologischen Geschichte zwar ebenfalls Vulkanismus, bedingt durch ihren Aufbau aus kristallinen Gesteinen kam es dort jedoch nicht zur Bildung von Maaren.

48
Der nördlichste Punkt Deutschlands liegt bei 55° 01' nördlicher Breite auf der Halbinsel **Lister Ellenbogen** im Norden der Insel Sylt.
Der nördlichste Punkt auf dem deutschen Festland ist der **Rickelsbüller Koog** an der Nordwestküste Schleswig-Holsteins. Das **Kap Arkona** gilt als nördlichster Punkt Rügens. Das **Haldenwanger Eck** an der Grenze von Bayern zu Tirol und Vorarlberg ist mit 47° 25' nördlicher Breite der südlichste Punkt Deutschlands.

49 **Der Feldberg ist der höchste Berg von welchem deutschen Mittelgebirge?**

- Schwarzwald
- Odenwald
- Harz
- Taunus

50 **Die Längen von drei dieser Flüsse – innerhalb der Grenzen Deutschlands – sind größer als 500 km. Welcher Fluss ist kürzer als 500 km?**

- Donau
- Main
- Rhein
- Weser

51 **Welches ist das waldreichste Bundesland Deutschlands?**

- Bayern
- Schleswig-Holstein
- Rheinland-Pfalz
- Sachsen

52 **Welche der vier Städte liegt am höchsten, bezogen auf den Meeresspiegel?**

- Chemnitz
- Erfurt
- Stuttgart
- Saarbrücken

53 **Die Landschaft der Norddeutschen Tiefebene wurde stark von den Eiszeiten geprägt. Welche eiszeitlich gebildete Geländeform findet man hier jedoch nicht?**

- Trogtäler
- Oser
- Drumlins
- Urstromtäler

54 **An der Mündung welches in die Nordsee mündenden Flusses liegt Wilhelmshaven?**

- Weser
- Ems
- Jade
- Elbe

49 Die höchsten Berge sowohl von **Schwarzwald** als auch von **Taunus** heißen Feldberg. Der 881 m hohe Feldberg im Taunus wird meist auch als Großer Feldberg bezeichnet, um ihn vom zweithöchsten Taunusgipfel, dem 824 m hohen Kleinen Feldberg, zu unterscheiden. Der Schwarzwälder Feldberg ist 1493 m hoch.
Die höchste Erhebung des **Odenwalds** ist der Katzenbuckel (626 m), im **Harz** ist es der Brocken (1142 m).

50 Die **Weser** misst von ihrer Entstehung durch den Zusammenfluss ihrer beiden Quellflüsse Fulda und Werra in Hannoversch Münden bis zur Mündung 440 km und ist damit deutlich kürzer als 500 km. Würde man die Länge ihres längeren Quellflusses, der Werra, zur Länge der Weser hinzurechnen, wäre sie mit 744 km jedoch um 220 km länger als der **Main** mit 524 km.
Auf deutschem Territorium beträgt die Länge des **Rheins** 867 km, die der **Donau** 647 km.

51 Das waldreichste Bundesland Deutschlands mit einem Anteil von 41,5 % Wald an der Gesamtfläche ist **Rheinland-Pfalz** vor Hessen mit 40,0 %. Der Hauptanteil entfällt dabei auf den Pfälzer Wald, das größte zusammenhängende Waldgebiet Deutschlands.
In **Bayern** liegt der Waldanteil bei 34,9 %, in **Sachsen** bei 26,8 %. Abgesehen von den Stadtstaaten Hamburg und Bremen hat **Schleswig-Holstein** mit nur 10,0 % den geringsten Waldanteil aller Bundesländer.

52 Von den vier Städten liegt das am Fuße des Erzgebirges gelegene **Chemnitz** mit 309 m ü. NN am höchsten.
Erfurt am Südrand des Thüringer Beckens liegt 200 m über dem Meeresspiegel, **Saarbrücken** mit 190 m nur unwesentlich tiefer. Für **Stuttgart** wird eine Höhenlage von 245 m ü. NN angegeben, wobei unberücksichtigt bleibt, dass der tiefste Punkt des Stadtgebiets bei 207 m, der höchste bei 549 m liegt, somit also Höhendifferenzen von rund 340 m vorkommen.

53 **Trogtäler** mit ihrem typischen U-förmigen Querschnitt entstehen durch die Erosionstätigkeit von Talgletschern in Gebirgen. Sie kommen in der von Inlandeis geprägten Norddeutschen Tiefebene nicht vor.
Häufige eiszeitliche Bildungen in Norddeutschland sind jedoch die **Urstromtäler**, die durch das abfließende Schmelzwasser der Gletscher entstanden sind. **Drumlins** sind längliche Hügel aus Grundmoränenmaterial, **Oser** zwischen Toteismassen entstandene, dammartige Wallberge.

54 Wilhelmshaven liegt am Jadebusen, der Mündungsbucht der **Jade**. Die Jade selbst ist ein kleines Flüsschen, das nördlich von Oldenburg entsteht und nach nur 22 km in die Nordsee mündet.
An der Mündung der **Weser** liegt Bremerhaven, an jener der **Elbe** Cuxhaven. Die **Ems** mündet bei Emden in die Nordsee.

55 **Welches ist die höchste Erhebung Mecklenburg-Vorpommerns?**

- Dachsberg
- Brohmer Berge
- Helpter Berge
- Piekberg

56 **Welchen Namen hat das Mündungsgebiet der Oder?**

- Jadebusen
- Stettiner Haff
- Dollart
- Greifswalder Bodden

57 **Welches der vier Bundesländer ist flächenmäßig das größte?**

- Sachsen
- Rheinland-Pfalz
- Sachsen-Anhalt
- Hessen

58 **Welche Quelle in Deutschland hat die größte Quellschüttung?**

- Rhumequelle
- Aachtopf
- Salzaspring
- Blautopf

59 **Welche Stadt liegt an der Gera?**

- Gera
- Erfurt
- Jena
- Zwickau

60 **Welches ist der nach Hamburg zweitgrößte deutsche Seehafen?**

- Bremerhaven
- Rostock
- Bremen
- Wilhelmshaven

55 Mecklenburg-Vorpommern ist nicht gerade als gebirgig bekannt, doch finden sich auch dort bis knapp 180 m hohe, meist Berge genannte Erhebungen. Die höchsten davon sind die 179 m hohen **Helpter Berge** im Landkreis Mecklenburg-Strelitz. Wie der 172 m hohe **Dachsberg** und die bis 153 m hohen **Brohmer Berge** gehören sie zum Baltischen Höhenrücken.
Mit einer Höhe von 161 m ist der **Piekberg** die höchste Erhebung Rügens.

56 Das Mündungsgebiet der Oder ist das **Stettiner Haff**, ein 900 km² großer, durch die Inseln Usedom und Wollin von der Pommerschen Bucht abgetrennter Brackwasserbereich, der nur durch drei schmale Meeresarme mit der Ostsee verbunden ist.
Im **Jadebusen** mündet der Fluss Jade in die Nordsee, **Dollart** ist eine Bucht der Nordsee westlich der Emsmündung. Der **Greifswalder Bodden** ist eine Bucht zwischen Rügen und der vorpommerschen Ostseeküste um Greifswald.

57 Schaut man sich die vier Bundesländer auf einer Deutschlandkarte an, lässt sich kaum entscheiden, welches das größte und welches das kleinste von ihnen ist. Tatsächlich sind ihre Größenunterschiede nur gering.
Mit einer Fläche von 21 115 km² ist **Hessen** das größte von ihnen, gefolgt von **Sachsen-Anhalt** mit 20 446 km² und **Rheinland-Pfalz** mit 19 853 km². **Sachsen** ist mit 18 146 km² das kleinste der vier Bundesländer.

58 Die **Aachtopf**, die Quelle der Radolfzeller Aach im Hegau, ist mit einer durchschnittlichen Förderung von 8600 l/s die Quelle mit der größten Quellschüttung Deutschlands.
Die **Rhumequelle** im südlichen Harzvorland und der **Blautopf** in der Schwäbischen Alb haben durchschnittliche Schüttungen von 2000 l/s. Der **Salzaspring**, ebenfalls im südlichen Harzvorland gelegen, hat eine mittlere Schüttung von 700 l/s.
Da es sich bei allen vier Quellen um Karstquellen handelt, sind ihre Quellschüttungen starken Schwankungen unterworfen.

59 Der Fluss Gera, ein 85 km langer Nebenfluss der Unstrut, fließt nicht etwa durch die Stadt Gera. Es ist vielmehr **Erfurt**, das an der Gera liegt.
Gera liegt an der Weißen Elster, die wie die Unstrut und die Zwickauer Mulde, welche durch **Zwickau** fließt, ein Nebenfluss der Saale ist. Und an der Saale, dem längsten Nebenfluss der Elbe, liegt **Jena**.

60 Nach Hamburg ist **Wilhelmshaven** der bedeutendste deutsche Seehafen. Der Güterumschlag in Wilhelmshaven ist in etwa genau so groß wie der von Bremerhaven und Bremen zusammen.
Gemessen am Güterumschlag ist **Bremerhaven** der drittgrößte, **Bremen** der sechstgrößte Seehafen Deutschlands. Neben Lübeck ist **Rostock** der wichtigste deutsche Ostseehafen. Beide Städte liegen in häufig wechselnder Reihenfolge auf Platz vier und fünf der größten Seehäfen Deutschlands.

61 **Wie heißt die deutsche Landschaft, die vor rund 14 Millionen Jahren durch den Einschlag eines Meteoriten entstanden ist?**

- Neuwieder Becken
- Chiemgau
- Nördlinger Ries
- Hegau

62 **Welche Küstenform gibt es an der deutschen Nord- oder Ostseeküste nicht?**

- Boddenküste
- Schärenküste
- Wattenküste
- Fördenküste

63 **Welche der folgenden „Hafen"-Städte liegen nicht an der See?**

- Friedrichshafen
- Wilhelmshaven
- Ludwigshafen
- Heiligenhafen

64 **In welcher der deutschen Städte regnet es am wenigsten?**

- Berlin
- Köln
- Hamburg
- München

65 **Welche Stadt erhebt nicht den Anspruch, an drei Flüssen zu liegen?**

- Hannoversch Münden
- Pforzheim
- Pirmasens
- Passau

66 **Welche Erscheinungen später vulkanischer Tätigkeit sind auch in Deutschland zu finden?**

- Fumarolen
- Geysire
- Mofetten
- Solfataren

61 Das **Nördlinger Ries**, ein fast kreisrundes Becken von etwa 20 km Durchmesser zwischen Schwäbischer und Fränkischer Alb, ist durch den Einschlag eines Meteoriten entstanden.
Mehr als 80 Meteoritenkrater deuten darauf hin, dass im **Chiemgau** um 500 v. Chr. ebenfalls ein Meteorit eingeschlagen ist. Das **Neuwieder Becken** ist ein tektonisches Senkungsgebiet im Rheinischen Schiefergebirge, der **Hegau** eine durch Vulkankegel geprägte Landschaft am Bodensee.

62 Die **Schärenküste** ist keine in Deutschland vorkommende Küstenform. Schären -kleine, in den Eiszeiten entstandene Inseln - prägen vor allem in Schweden und Finnland die skandinavischen Küsten.
Die deutsche Nordseeküste ist eine **Wattenküste** - das deutsch-niederländische Wattenmeer ist das größte der Welt. Die Ostseeküste von Schleswig-Holstein ist eine **Fördenküste**, die Küste Mecklenburg-Vorpommerns in großen Teilen eine **Boddenküste**.

63 Von den genannten „Hafen“-Städten liegen **Friedrichshafen** und **Ludwigshafen** nicht am Meer. Friedrichshafen ist eine Stadt am Bodensee, Ludwigshafen liegt am Rhein; es gibt jedoch auch ein Ludwigshafen am Bodensee.
Dagegen liegen **Wilhelmshaven** und **Heiligenhafen** an „der See“, nämlich an der Nordsee bzw. an der Ostsee.

64 Von den vier größten deutschen Städten ist **Berlin** diejenige, in der es am wenigsten regnet. Dort fallen im Jahresdurchschnitt 580 mm Niederschläge, nur wenig mehr als in der regenärmsten Region Deutschlands um Magdeburg, Halle und Leipzig mit 500 mm. Die jährliche Regenmenge in **Köln** liegt bei 800 mm, in **Hamburg** bei 750 mm. Am höchsten ist die Niederschlagsmenge in **München** mit rund 1000 mm.

65 **Pirmasens** im Südwesten des Pfälzer Waldes liegt nicht an drei Flüssen; tatsächlich fließt durch Pirmasens weder ein Fluss noch ein Bach. In **Hannoversch Münden** vereinigen sich Werra und Fulda zur Weser und **Passau** liegt am Zusammenfluss von Donau, Inn und Ilz, womit die beiden Städte an jeweils drei Flüssen liegen. In Pforzheim mündet die Würm in die Nagold, bevor sich diese mit der Enz vereinigt, **Pforzheim** nennt sich daher auch Drei-Täler-Stadt.

66 Im Vulkangebiet der Eifel finden sich sowohl **Geysire** als auch **Mofetten**. Bekanntester Geysir ist jener von Andernach; er ist der höchste Kaltwassergeysir der Welt und stößt sein Wasser regelmäßig alle hundert Minuten aus. Mofetten sind kalte Kohlendioxidquellen, wie man sie etwa im Gebiet des Laacher Sees findet.
Fumarolen sind bis 1000 °C heiße Ausströmungen von Wasserdampf. Enthalten diese zudem noch Schwefelgase, spricht man von **Solfataren**. Beide gibt es in Deutschland nicht.

GEOGRAFIE II

Heimatkunde

Deutschland besteht nicht nur aus Naturräumen, sondern seine Landschaften und Regionen haben ihre Ausprägung und Gestaltung durch eine Vielzahl von Faktoren erfahren. Dazu zählen die klimatisch bedingte nacheiszeitliche Landschaftsentwicklung, aber auch die menschlichen Eingriffe im Laufe der Siedlungsgeschichte oder der Entwicklung von Wirtschaft und Landwirtschaft sowie von Verkehr bzw. von Verkehrswegen. Diese sind ihrerseits eng verknüpft mit Geschichte, Politik und Kultur. Insofern decken die Fragen, mit denen Sie in diesem Kapitel konfrontiert werden, ein weites Feld ab, das man am ehesten mit dem etwas altertümlichen Begriff Heimatkunde überschreiben könnte.

1 **Um was handelt es sich beim Hamburger Michel, um …**

- ein Volksfest
- eine Kirche
- Hamburgs Flaniermeile
- einen Fernmeldeturm

2 **Einige ehemalige Hansestädte führen noch heute diese Bezeichnung in ihrem KFZ-Kennzeichen. Welche Stadt gehört nicht zu ihnen?**

- Wismar
- Lüneburg
- Rostock
- Lübeck

3 **In welcher Stadt kommt der Senat im Roten Rathaus zusammen?**

- Bremen
- Berlin
- Hamburg
- Lübeck

4 **Welche Felsformation ist die namentlich bekannteste im Elbsandsteingebirge?**

- Braut und Bräutigam
- Jungfernsprung
- Bastei
- Teufelstisch

5 **Welches Bundesland ist, gemessen an den Übernachtungszahlen, das beliebteste Reiseziel?**

- Schleswig-Holstein
- Baden-Württemberg
- Bayern
- Mecklenburg-Vorpommern

6 **Wen erreicht man bundesweit unter der Nummer 115?**

- Feuerwehr
- Rettungsdienst
- Bürgertelefon
- Polizei

① Der Hamburger Michel ist eine **Kirche** – umgangssprachlich wird die evangelische Hauptkirche St. Michaelis so bezeichnet. Mit ihrem weithin sichtbaren, 132 m hohen charakteristischen Kirchturm ist sie ein Wahrzeichen der Hansestadt.
Das regelmäßig im Frühjahr, Sommer und Winter stattfindende **Volksfest** wird Hamburger Dom genannt, **Hamburgs Flaniermeile** ist der Jungfernstieg. Bei dem Tele-Michel genannten Heinrich-Hertz-Turm handelt es sich um einen **Fernmeldeturm**.

② Insgesamt 18 nicht nur an der Nord- oder Ostseeküste gelegene Städte führen heute – noch oder wieder – offiziell die Bezeichnung Hansestadt in ihrem Namen, einige davon auch in ihrem KFZ-Kennzeichen.
Die Hansestadt **Lüneburg** zählt nicht zu Letzteren; ihr KFZ-Kennzeichen ist LG. **Wismar** hat das Kennzeichen HWI, für **Rostock** und **Lübeck** stehen HRO bzw. HL, wobei das H für Hansestadt steht.

③ Nach der Wiedervereinigung wurde 1991 das wegen seiner roten Klinkerfassade sogenannte Rote Rathaus in **Berlin** wieder Sitz des Senats, der Landesregierung des Bundeslands Berlin.
Der Senat der Freien und Hansestadt Hamburg, der Landesregierung von **Hamburg**, tagt im Hamburger Rathaus. Das Bremer Rathaus ist Sitz des Senats der Freien Hansestadt **Bremen**. **Lübeck** hat keinen Senat, seine Stadtvertretung wird als Bürgerschaft bezeichnet.

④ Die bekannteste Felsformation des Elbsandsteingebirges und vermutlich auch ganz Deutschlands ist die **Bastei** bei Königsstein in der Sächsischen Schweiz. Bis 194 m ragen die Felstürme des berühmten Touristenziels steil über der Elbe auf.
Braut und Bräutigam, **Jungfernsprung** und **Teufelstisch** sind drei der mehr als 200 bizarren Sandsteinformationen im Dahner Felsenland im Wasgau, dem Südteil des Pfälzer Waldes.

⑤ Wie in den Jahren zuvor war **Bayern** im Jahr 2008 das beliebteste Reiseland unter den deutschen Bundesländern. Von den 370 Mio. Übernachtungen entfielen 20,8 % auf den Freistaat.
Abgeschlagen auf dem zweiten Platz folgt **Baden-Württemberg** mit 11,8 %. Mit 7,4 % der Übernachtungen kommt **Mecklenburg-Vorpommern** auf den fünften Platz, **Schleswig-Holstein** liegt mit 6,5 % auf Platz sieben.

⑥ Seit März 2009 können unter der einheitlichen Behördenrufnummer 115, dem sogenannten **Bürgertelefon**, die Bürger in Deutschland direkte telefonische Auskünfte über Leistungen von Ämtern und Behörden erhalten.
Unter derselben Rufnummer konnte in der ehemaligen DDR „Schnelle medizinische Hilfe“ angefordert werden. Sie wurde durch die Notrufnummer 112 ersetzt, unter der man die **Feuerwehr**, die Polizei und den **Rettungsdienst** alarmieren kann. In Deutschland ist die **Polizei** auch unter dem Notruf 110 zu erreichen.

7 **Welche sächsische Stadt ist für ihre Spitzenerzeugnisse bekannt?**

- Dresden
- Meißen
- Plauen
- Freiberg

8 **Welchen Namen trägt der Eisenbahndamm zwischen der Insel Sylt und dem schleswig-holsteinischen Festland?**

- Britzer Damm
- Kladower Damm
- Wilhelmsruher Damm
- Hindenburgdamm

9 **In welcher deutschen Stadt gibt es so unübertroffen kurze Adressen wie C3,5 oder Q7,16?**

- Mainz
- Mannheim
- Minden
- Münster

10 **Welche deutsche Stadt trägt den Beinamen Fächerstadt?**

- Leipzig
- Fürth
- Karlsruhe
- Solingen

11 **Welche Autokennzeichen, die mit nur einem Buchstaben anfangen – wie beispielsweise B für Berlin – gibt es in Deutschland nicht?**

- Y
- Q
- O
- T

12 **Welcher Orkan mit Spitzengeschwindigkeiten von bis zu 285 km/h richtete 1990 in Deutschland immense Schäden an?**

- Wiebke
- Emma
- Lothar
- Kyrill

7 **Plauen** im Vogtland ist bekannt für seine Spitzenerzeugnisse, womit nicht etwa Top-Produkte gemeint sind, sondern Textilerzeugnisse wie Spitzen für Damenbekleidung oder Tischwäsche.
Für seinen Christstollen, seine Oper und seine barocke Architektur ist **Dresden** weit über die Grenzen Deutschlands hinaus bekannt. **Meißen** ist berühmt für seine jahrhundertealte Tradition der Porzellanherstellung, **Freiberg** für die älteste noch existierende Bergakademie der Welt.

8 Der elf Kilometer lange, 1927 eröffnete Damm, der die Insel Sylt mit dem schleswig-holsteinischen Festland verbindet und ausschließlich dem Eisenbahnverkehr dient, ist der nach dem damaligen deutschen Reichspräsidenten Paul von Hindenburg benannte **Hindenburgdamm**. Einen Hindenburgdamm gibt es auch als Straße in Berlin-Lichterfelde. Auch der **Britzer Damm** (Neukölln), der **Kladower Damm** (Kladow) und der **Wilhelmsruher Damm** (Reinickendorf) sind Berliner Straßen.

9 Die Innenstadt von **Mannheim** ist schachbrettartig angelegt, und wie die Felder auf einem Schachbrett sind die quadratischen Häuserblocks durch Buchstaben und Ziffern gekennzeichnet. So finden sich hier für Deutschland einzigartig kurze Adressen wie Q7,16, wobei Q7 das Häuserquadrat und 16 die Hausnummer ist.
In **Mainz**, in **Minden** und in **Münster** besteht eine Adresse wie in jeder übrigen deutschen Stadt aus Straßennamen und Hausnummern.

10 Wegen ihrer fächerartigen Anlage – die Straßen im bebauten Stadtgebiet laufen radial auf das Schloss zu – wird **Karlsruhe** auch die Fächerstadt genannt.
Wegen ihrer großen Musiktradition, die auf Namen wie Johann Sebastian Bach und Felix Mendelssohn Bartholdy zurückblicken kann, nennt sich **Leipzig** auch Musikstadt. Nach ihrem Wappen, das ein dreiblättriges grünes Kleeblatt zeigt, heißt **Fürth** auch Kleeblattstadt. **Solingen** als Zentrum der deutschen Schneidwarenindustrie trägt den Beinamen Klingenstadt.

11 Kraftfahrzeugkennzeichen, die mit einem allein stehenden **Q** oder **T** beginnen, werden in Deutschland nicht vergeben, obwohl es Städte wie Quedlinburg oder Trier gibt, die mit diesen Buchstaben anfangen und somit potenzielle Kandidaten für ein einbuchstabiges KFZ-Kennzeichen hätten sein können.
Kennzeichen mit dem Buchstaben **O** sind Fahrzeugen des diplomatischen Korps, **Y** jenen der Bundeswehr vorbehalten.

12 Der Orkan **Wiebke** wütete Ende Februar/Anfang März 1990 über Deutschland und Teilen der Schweiz und Österreichs. Die Sachschäden gingen in die Milliardenhöhe, 35 Menschen kamen ums Leben.
Auch die Orkane **Lothar** (26. Dezember 1999), **Kyrill** (18./19. Januar 2007) und **Emma** (Ende Februar/Anfang März 2008) richteten schwere Schäden an und forderten zahlreiche Todesopfer.

13 **Das um 1900 ausgegrabene und wieder aufgebaute Limeskastell bei Bad Homburg ist die …**

- Wartburg
- Saalburg
- Yburg
- Wewelsburg

14 **Was ist das Maximilianeum in München?**

- Universität
- Skulpturensammlung
- Monumentalstatue
- Parlamentsgebäude

15 **Welche Stadt ist das Zentrum der deutschen Schmuckindustrie?**

- Pirmasens
- Jena
- Offenbach
- Pforzheim

16 **Das Wahrzeichen welcher deutschen Stadt ist der Herkules?**

- Kassel
- Göttingen
- Karlsruhe
- Bremen

17 **Welches ist das höchste Denkmal Deutschlands (und Europas)?**

- Hermannsdenkmal
- Niederwalddenkmal
- Kyffhäuserdenkmal
- Völkerschlacht-denkmal

18 **Das Wahrzeichen von welcher deutschen Stadt ist keine Kirche?**

- München
- Köln
- Hamburg
- Frankfurt am Main

13 Das zwischen 1897 und 1907 ausgegrabene und wieder aufgebaute Limeskastell bei Bad Homburg ist die **Saalburg**, in der Römerzeit eines von etwa 60 Kastellen am Obergermanisch-Rätischen Limes.
Die **Wartburg** ist eine mittelalterliche Burg bei Eisenach und unter anderem durch den Aufenthalt Luthers bekannt. Die **Yburg** ist eine Burgruine bei Baden-Baden, die **Wewelsburg** ein Bergschloss bei Paderborn.

14 Ursprünglich war das Maximilianeum als Gemäldegalerie und als Bildungsanstalt für angehende Beamte bestimmt. Heute ist es **Parlamentsgebäude** und Sitz des Bayerischen Landtags.
Die zweitgrößte **Universität** Deutschlands ist die Münchener Ludwig-Maximilians-Universität. Die Glyptothek ist eine **Skulpturensammlung**, eine der bedeutendsten in Europa. Bekannteste **Monumentalstatue** Münchens ist die Bavaria, ein Bronzestandbild der weiblichen Symbolgestalt Bayerns.

15 Auch wenn seine besten Zeiten vorüber sind, ist **Pforzheim** noch immer das Zentrum der deutschen Schmuckwarenindustrie und wird daher auch „Goldstadt" genannt. **Pirmasens** galt lange Zeit als die deutsche Schuhmetropole, **Offenbach** war vor allem als Zentrum der Lederwarenindustrie bekannt. **Jena** ist ein Schwerpunkt der deutschen Optikindustrie.

16 Das Wahrzeichen der Stadt **Kassel** ist der Herkules, eine vor 300 Jahren errichtete, 8,25 m hohe Kupferstatue im Bergpark Wilhelmshöhe.
Die Gänseliesel, eine Brunnenfigur vor dem alten Rathaus, ist das Wahrzeichen **Göttingens**, jenes von **Karlsruhe** ist die knapp 7 m hohe Pyramide auf dem Marktplatz, die Grabstätte des Stadtgründers Markgraf Karl Wilhelm. Die Rolandstatue auf dem Bremer Marktplatz, die 2004 zusammen mit dem Rathaus von der UNESCO zum Weltkulturerbe erklärt wurde, ist Wahrzeichen **Bremens**.

17 Das 91 m hohe **Völkerschlachtdenkmal** in Leipzig, das an die Niederlage Napoleons gegen die Truppen von Preußen, Österreich, Schweden und Russland 1813 erinnert, ist das höchste Denkmal Deutschlands und Europas.
Das **Hermannsdenkmal** im Teutoburger Wald ist 53 m, das **Niederwalddenkmal** bei Rüdesheim 38 m hoch. Das **Kyffhäuserdenkmal** zu Ehren von Kaiser Wilhelm I. hat eine Höhe von 81 m.

18 Mit dem Römer, seit mehr als 600 Jahren das Rathaus, hat **Frankfurt am Main** von den genannten Städten keine Kirche als Wahrzeichen.
Eines der Wahrzeichen von **München** ist der Dom zu Unserer Lieben Frau, jenes von **Köln** der Kölner Dom. Der Hamburger Michel, die Kirche St. Michaelis, ist eines der Wahrzeichen von **Hamburg**.

19 **Welche der Städte an der Romantischen Straße liegt nicht in Bayern?**

- Nördlingen
- Tauberbischofsheim
- Schongau
- Dinkelsbühl

20 **Aus welchem Land kommen die meisten ausländischen Gäste nach Deutschland?**

- Großbritannien
- USA
- Niederlande
- Frankreich

21 **Welche der deutschen Ferienstraßen ist länderübergreifend?**

- Deutsche Wildstraße
- Deutsche Schuhstraße
- Deutsche Alleenstraße
- Deutsche Weinstraße

22 **Eine ehemalige Eisenhütte wurde von der UNESCO als Weltkulturerbe unter Schutz gestellt. In welcher Stadt steht diese Hütte?**

- Essen
- Völklingen
- Kassel
- Oberhausen

23 **Wie wurde das Abgeordnetenhochhaus in Bonn seinerzeit im Volksmund genannt?**

- Langer Heinrich
- Langer Lulatsch
- Lange Anna
- Langer Eugen

24 **Welche deutsche Stadt wird auch „Stadt der Brücken“ genannt?**

- Bremen
- Berlin
- Duisburg
- Hamburg

19 Die Romantische Straße von Würzburg nach Füssen verläuft fast ausschließlich in Bayern. Kurz nach Würzburg macht sie jedoch einen Schlenker durch Baden-Württemberg, unter anderem durch **Tauberbischofsheim**.
Auf ihrem weiteren Verlauf kommt man durch **Dinkelsbühl**, **Nördlingen** und **Schongau**, die allesamt in Bayern liegen.

20 Das Gros der ausländischen Gäste, die Deutschland besuchen, kommt aus den **Niederlanden**. Die Niederländer stellten 2008 mit 17,2 der 56,5 Mio. Übernachtungen 30 % der Touristen aus dem Ausland.
Auf Platz zwei und drei kamen Gäste aus den **USA** und **Großbritannien** mit 14 und 13 %. Besucher aus **Frankreich** lagen mit rund 7,6 % hinter denen aus der Schweiz, Italien, Österreich und Belgien nur auf Rang acht.

21 Die rund 3000 km lange **Deutsche Alleenstraße** führt von der Ostsee bis zum Bodensee. Als Deutschlands längste Ferienstraße führt sie zwar nicht durch alle, aber durch die Mehrzahl der Bundesländer.
Die anderen drei Ferienstraßen verlaufen ausschließlich in Rheinland-Pfalz: Die **Deutsche Wildstraße** führt durch die Eifel, die **Deutsche Schuhstraße** durch die Südwestpfalz und die **Deutsche Weinstraße** durch die Hügellandschaft der Vorderpfalz.

22 Die 1987 stillgelegte Eisenhütte des Röchling'schen Eisen- und Stahlwerks in **Völklingen** wurde 1994 in die Liste des Weltkulturerbes der UNESCO aufgenommen.
Das Industriedenkmal Zeche Zollverein in **Essen** gehört seit 2001 zum Weltkulturerbe der UNESCO. Der Messinghof, ein ehemaliges Hammerwerk mit Gießerei, ist das bekannteste Industriedenkmal von **Kassel**. Ein Wahrzeichen von **Oberhausen** ist der 1988 stillgelegte Gasometer.

23 Das 114 m hohe Hochhaus, das bis zum Umzug des Bundestags nach Berlin die Büros der Abgeordneten beherbergte, wurde umgangssprachlich **Langer Eugen** genannt.
Der **Lange Heinrich** war ein 108 m hoher Industrieschornstein in Magdeburg; er wurde im Oktober 2009 gesprengt. Der Berliner Funkturm wird im Volksmund **Langer Lulatsch** genannt. Die **Lange Anna** ist eine 47 m hohe Felsnadel im Nordwesten Helgolands.

24 **Duisburg** wird auch als „Stadt der Brücken“ bezeichnet. Es hat mit 650 Brücken mehr als Venedig und auch mehr als **Bremen**, das auf etwas über 600 Brücken kommt.
Die brückenreichste Stadt Deutschlands ist **Hamburg**, mit rund 2300 Brücken auch Europameister; es heißt daher – ebenso wie **Berlin**, wo es nach offiziellen Angaben 916 Brücken gibt, – „Venedig des Nordens“.

25 **Unter welchem Namen kennt man die Straßenverbindung zwischen Othmarschen und Waltershof?**

- Elbtunnel
- Ruhrschnellweg
- Schottenbergtunnel
- Europabrücke

26 **Die Geschichte der niedersächsischen Stadt Salzgitter ist eng verknüpft mit dem Bergbau auf …**

- Kohle
- Salz
- Eisenerz
- Silber

27 **Welche der großen gotischen Kirchen des deutschen Mittelalters wurde als letzte fertiggestellt?**

- Ulmer Münster
- Straßburger Münster
- Kölner Dom
- Freiburger Münster

28 **In welcher Stadt wurde die älteste noch bestehende protestantische Universität Deutschlands gegründet?**

- Tübingen
- Jena
- Marburg
- Wittenberg

29 **Die Frauenkirche ist ein Wahrzeichen welcher Stadt?**

- Nürnberg
- München
- Meißen
- Dresden

30 **In welcher Stadt sprudeln die heißesten Thermalquellen Deutschlands?**

- Wiesbaden
- Bad Aachen
- Bad Wildbad
- Baden-Baden

25 Die Straßenverbindung zwischen den Hamburger Ortsteilen Othmarschen und Waltershof ist der **Elbtunnel**. Der 2653 m ist einer der längsten Unterwasserstraßentunnel der Welt. Als **Ruhrschnellweg** wird die Autobahn A40 von Duisburg bis Dortmund bezeichnet. Der **Schottenbergtunnel** in Meißen ist Deutschlands steilster Straßentunnel. Die Rheinbrücke zwischen Straßburg und Kehl ist die **Europabrücke**.

26 Salzgitter wurde 1942 zum Zwecke des Abbaus und der Verhüttung des in der Region in umfangreichen Lagerstätten vorkommenden **Eisenerzes** gegründet.
Die Gewinnung von **Salz** aus den in Salzgitter vorkommenden Solquellen war wirtschaftlich von nur geringer Bedeutung. Nennenswerte Vorkommen von **Kohle** gibt es in der näheren Umgebung von Salzgitter nicht; **Silber** wurde in der 30 km weiter südlich gelegenen Stadt Goslar abgebaut.

27 Mit dem Bau des **Ulmer Münsters** wurde 1377 begonnen, der Hauptturm, mit 161,53 m der höchste Kirchturm der Welt, wurde jedoch erst 1890 fertiggestellt.
Noch länger war die Bauzeit des **Kölner Doms**, der 1248 begonnen und 1880 vollendet wurde. Das **Straßburger Münster** war nach 263-jähriger Bauzeit 1439 fertig. Baubeginn des offiziell 1513 fertiggestellten **Freiburgers Münsters** war um 1200.

28 Die älteste, noch heute bestehende protestantische Universität Deutschlands ist die Philipps-Universität in **Marburg**. Sie wurde bereits 1527, nur zehn Jahre nach Beginn der Reformation, gegründet.
Ein Hauptziel der Gründung der Universität **Jena** im Jahr 1558 war die Ausbildung von protestantischen Geistlichen. Die Universitäten von **Tübingen** und **Wittenberg** wurden 1477 bzw. 1502, also noch vor der Reformation gegründet.

29 Die Frauenkirche ist sowohl eines der Wahrzeichen von **München** als auch von **Dresden**. Der Name Frauenkirche ist die volkstümliche Bezeichnung für den Dom zu Unserer Lieben Frau in München, die Dresdener Frauenkirche hieß ursprünglich Kirche Unserer Lieben Frauen.
Das Wahrzeichen der Stadt **Nürnberg** ist die Nürnberger Burg. Zusammen mit der Albrechtsburg stellt der Dom St. Johannis und St. Donatus das Wahrzeichen von **Meißen** dar.

30 Wegen seiner bis über 70 °C heißen Thermalquellen, den wärmsten nördlich der Alpen in Deutschland, darf sich Aachen auch **Bad Aachen** nennen.
Die bekannten Thermalquellen von **Baden-Baden** erreichen Temperaturen von bis zu 68 °C, jene von **Wiesbaden** bis 66 °C. Damit verglichen sind die Quellen von **Bad Wildbad** im Nordschwarzwald mit lediglich 41 °C geradezu kühl.

31 **Die Altstadt von welcher deutschen Stadt zählt nicht zum Weltkulturerbe der UNESCO?**

- Bamberg
- Regensburg
- Lübeck
- Heidelberg

32 **Welches ist keine Burg am Mittelrhein?**

- Katz
- Maus
- Pfalzgrafenstein
- Eltz

33 **Die Deutsche Alleenstraße führt von Rügen quer durch Deutschland nach Konstanz am Bodensee. Welches Bundesland berührt sie nicht?**

- Saarland
- Sachsen-Anhalt
- Bayern
- Rheinland-Pfalz

34 **Welches ist der größte Berliner See?**

- Große Müggelsee
- Lange See
- Große Wannsee
- Tegeler See

35 **Welche Stadt liegt nicht an der Burgenstraße?**

- Mannheim
- Nürnberg
- Würzburg
- Prag

36 **Der Dom welcher deutschen Stadt zählt nicht zum Weltkulturerbe der UNESCO?**

- Kölner Dom
- Aachener Dom
- Dom zu Speyer
- Mainzer Dom

31 Die Altstadt von **Heidelberg** mit dem weltberühmten Schloss und der Alten Brücke ist nicht Weltkulturerbe der UNESCO. Auch im zweiten Anlauf war der Antrag Heidelbergs auf Aufnahme in die Welterbeliste von der UNESCO 2007 abgewiesen worden. Dagegen sind die Altstädte von **Bamberg** (seit 1993), **Regensburg** (seit 2006) und **Lübeck** (seit 1987) Stätten des Weltkulturerbes.

32 Burg **Eltz** liegt am Elzbach, einem Nebenflüsschen der Mosel in der Eifel. Sie zählt zu den schönsten Burgen Deutschlands und zierte von 1965 bis 1992 den damaligen 500-DM-Schein.
Die beiden Burgen **Katz** und **Maus** bei St. Goarshausen liegen im oberen Mittelrheintal, ebenso die Burg **Pfalzgrafenstein** bei Kaub.

33 Das **Saarland** und **Bayern** werden von keinem der zehn Abschnitte der Deutschen Alleenstraße gequert oder berührt, ebenso wenig die drei Stadtstaaten und Schleswig-Holstein.
Sie führt von Mecklenburg-Vorpommern und Brandenburg über **Sachsen-Anhalt**, Sachsen, Thüringen und Hessen (bzw. über Sachsen-Anhalt, Niedersachsen und Nordrhein-Westfalen) nach **Rheinland-Pfalz** und von dort nach Baden-Württemberg.

34 Der größte See Berlins mit einer Fläche von 7,66 km^2 ist der **Große Müggelsee** im Bezirk Treptow-Köpenick im Südosten Berlins.
Der **Tegeler See** im Bezirk Reinickendorf ist mit einer Fläche von 3,84 km^2 der zweitgrößte Berliner See, gefolgt vom **Langen See** im Bezirk Treptow-Köpenick mit 2,90 km^2. Der **Große Wannsee** im Bezirk Steglitz-Zehlendorf ist zwar der bekannteste See Berlins, mit 2,73 km^2 aber nur der viertgrößte.

35 **Würzburg** ist Ausgangspunkt der Romantischen Straße, an der Burgenstraße liegt die Stadt am Main jedoch nicht.
Die Burgenstraße führte ursprünglich nur von **Mannheim** über Heidelberg, Heilbronn, Rothenburg ob der Tauber bis nach **Nürnberg**. 1994 konnte die Burgenstraße in die Tschechische Republik verlängert werden, sodass heute **Prag** der östliche Endpunkt einer der traditionsreichsten deutschen Ferienstraße ist.

36 Der **Mainzer Dom** zählt nicht zu den deutschen Kirchenbauten, die von der UNESCO als schützenswertes Weltkulturerbe erfasst sind.
Der **Aachener Dom**, die Krönungskirche einer Vielzahl deutscher Könige, und der **Dom zu Speyer**, die Grabeskirche der Salierkaiser, sind bereits seit 1978 und 1981 Welterbestätten und damit die ältesten in Deutschland. Der **Kölner Dom** wurde erst im Jahr 1996 in die Welterbeliste aufgenommen.

37 **Welches ist die größte, noch erhaltene Burganlage Deutschlands?**

- Burg Querfurt
- Festung Rosenberg
- Burg zu Burghausen
- Burg Lichtenberg

38 **Wie nennt man die schiffbaren Wasserwege in Hamburg?**

- Fleete
- Siele
- Priele
- Grüppen

39 **In welcher Stadt ist ein ehemaliges Bergwerk seit 1992 Welterbestätte der UNESCO?**

- Goslar
- Wörlitz
- Eisenach
- Lorsch

40 **Wie groß ist die landwirtschaftliche Nutzfläche in Deutschland?**

- 9 %
- 13 %
- 31 %
- 47 %

41 **Zwischen welchen Städten wurde 1986 die erste deutsch-deutsche Städtepartnerschaft geschlossen?**

- Dresden und Hamburg
- Eisenhüttenstadt und Saarlouis
- Bonn und Potsdam
- Braunschweig und Magdeburg

42 **Welches der genannten Bundesländer führt ein Tier im Wappen?**

- Hamburg
- Bremen
- Nordrhein-Westfalen
- Sachsen

37 Die **Burg zu Burghausen** in Oberbayern dürfte die größte, noch erhaltene Burganlage Deutschlands sein. Auf alle Fälle ist sie mit 1043 m die längste Burg der Welt.
Mit 23,6 Hektar gilt die **Festung Rosenberg** bei Kronach in Oberfranken als eine der größten Befestigungsanlagen Deutschlands. **Burg Querfurt** in Sachsen-Anhalt ist die größte Burg Mitteldeutschlands, **Burg Lichtenberg** bei Kusel in der Pfalz Deutschlands größte Burgruine.

38 Die künstlich angelegten, schiffbaren Wasserwege in Hamburg werden **Fleete** genannt. Im Gegensatz zu einem Kanal wurde der Wasserstand in einem Fleet ursprünglich nicht durch Schleusen geregelt, sondern veränderte sich mit Ebbe und Flut. **Siele** sind Deichschleusen für ablaufende Binnengewässer. **Priele** sind natürliche Wasserläufe in der Marsch und im Watt, **Grüppen** Entwässerungsgräben bei Uferschutzanlagen im Wattenmeer.

39 Das 1988 stillgelegte Bergwerk Rammelsberg bei **Goslar**, in dem mehr als 1000 Jahre lang Silber, Blei, Kupfer und Zink gewonnen wurden, fand 1992 zusammen mit der Goslarer Altstadt Aufnahme in die UNESCO-Liste des Weltkulturerbes.
UNESCO-Welterbestätten sind auch das aus mehreren Bauwerken und Landschaftsparks bestehende Gartenreich von Dessau und **Wörlitz**, die Wartburg bei **Eisenach** und die Benediktinerabtei **Lorsch**.

40 Die landwirtschaftlich genutzte Fläche in Deutschland beträgt mit **47 %** fast die Hälfte unseres Staatsgebiets. Rund **31 %** der deutschen Gesamtfläche werden derzeit von Wald eingenommen, wobei hier wie bei den Siedlungs- und Verkehrsflächen **(13 %)** in den vergangenen Jahren eine Zunahme auf Kosten der landwirtschaftlichen Fläche zu verzeichnen ist. Der verbleibende Flächenanteil von **9 %** wird von Wasserflächen, Ödland usw. eingenommen.

41 **Eisenhüttenstadt und Saarlouis** waren die ersten beiden Städte aus der DDR und der Bundesrepublik, die am 19. September 1986 mit der Unterzeichnung einer entsprechenden Vereinbarung eine deutsch-deutsche Städtepartnerschaft eingingen. Eine Vielzahl innerdeutscher Städtepartnerschaften folgte, unter anderem im Jahr 1987 zwischen **Dresden und Hamburg** sowie zwischen **Braunschweig und Magdeburg** und 1988 zwischen **Bonn und Potsdam**.

42 Von den genannten Bundesländern führt lediglich **Nordrhein-Westfalen** mit einem Pferd ein Tier im Wappen. Die Wappen von **Hamburg** und **Bremen** sind eine weiße Burg bzw. ein weißer Schlüssel in jeweils rotem Schild. Das Wappen von **Sachsen** ist ein waagerecht neun Mal von Schwarz und Gold geteiltes Feld mit einem schrägrechten grünen Rautenkranz.

43 **Wie wird die Insel Reichenau im Bodensee noch genannt?**

- Klosterinsel
- Herreninsel
- Blumeninsel
- Sonneninsel

44 **Welches ist das älteste deutsche Seebad?**

- Norderney
- Binz
- Wyk auf Föhr
- Heiligendamm

45 **Hinter welchem lateinischen Namen verbirgt sich die Universität Göttingen?**

- Ruperto Carola
- Albertina
- Georgia Augusta
- Academia Gryphica

46 **Wodurch ist die Stadt Lauscha in Thüringen bekannt geworden?**

- Schnitzkunst
- Waffenherstellung
- Glasbläserhandwerk
- Silberbergbau

47 **Welcher Begriff steht nicht für eine Kaltzeit des Eiszeitalters?**

- Mindel
- Weichsel
- Holstein
- Elster

48 **Wo befindet sich die älteste Bergwetterwarte der Welt?**

- Zugspitze
- Freudenstadt
- Hohenpeißenberg
- Lindenberg

43 Die Insel Reichenau wird auch **Klosterinsel** genannt. Das 724 vom heiligen Pirmin auf ihr gegründete Benediktinerkloster ist seit 2000 UNESCO-Welterbestätte.
Ebenfalls im Bodensee liegt die **Blumeninsel** Mainau. Die auch unter dem Namen Herrenchiemsee bekannte **Herreninsel** ist die größte der drei Inseln im Chiemsee. Als **Sonneninsel** bezeichnet sich Usedom, die sonnenreichste Insel Deutschlands.

44 Das älteste deutsche Seebad ist **Heiligendamm**. Der an der Ostseeküste in der Mecklenburger Bucht gelegene Badeort wurde bereits 1793 durch Herzog Friedrich Franz von Mecklenburg gegründet.
Norderney als ältestes deutsches Nordseebad wurde 1797 gegründet. Das erste Seebad Schleswig-Holsteins wurde 1819 in **Wyk auf Föhr** errichtet. **Binz** auf Rügen wurde 1885 offiziell zum Badeort ernannt.

45 **Georgia Augusta** ist die latinisierte Bezeichnung für die älteste, 1734 gegründete Universität Niedersachsens, die Georg-August-Universität in Göttingen.
Die **Ruperto Carola** ist die Ruprecht-Karls-Universität in Heidelberg. Als **Albertina** wird die Albert-Ludwigs-Universität in Freiburg bezeichnet, aber auch die Albertus-Universität in Königsberg wurde Albertina genannt. Die Ernst-Moritz-Arndt-Universität Greifswald nennt sich auch **Academia Gryphica**.

46 Die Stadt Lauscha im Thüringer Schiefergebirge ist durch das **Glasbläserhandwerk** bekannt geworden und gilt als der Geburtsort des gläsernen Christbaumschmucks.
Die **Schnitzkunst** ist eine in weiten Teilen des Erzgebirges verbreitete Volkskunst, ihr Zentrum liegt in der auch als „Spielzeugwinkel“ bekannten Region um Seiffen. In der „Waffenstadt“ Suhl im Thüringer Wald hat die **Waffenherstellung** eine bis ins 16. Jahrhundert reichende Tradition. Zentren des **Silberbergbaus** waren im Mittelalter die Erzgebirgsstädte Freiberg und Annaberg.

47 **Holstein** bezeichnet keine Kaltzeit des Eiszeitalters, sondern vielmehr die Warmzeit zwischen der dritt- und der zweitletzten Kaltzeit.
Im nördlichen Mitteleuropa werden die Kalt- und Warmzeiten durch regionale geografische Begriffe aus Norddeutschland unterschieden, die Kaltzeiten etwa nach Flüssen. Die **Weichsel**-Kaltzeit ist die letzte, die **Elster**-Kaltzeit die drittletzte Kaltzeit, die im alpinen Raum auch als **Mindel**-Kaltzeit bezeichnet wird.

48 Die älteste Bergwetterwarte der Welt ist das 977 m hoch gelegene Meteorologische Observatorium **Hohenpeißenberg** in Oberbayern. Bereits 1758/59 wurden hier die ersten Wetterbeobachtungen gemacht.
Die in 797 m Höhe liegende Wetterwarte **Freudenstadt** gibt es seit 1825, die Wetterstation **Zugspitze** wurde im Jahr 1900 eingerichtet. Das 1905 gegründete Meteorologische Observatorium **Lindenberg** ist keine Bergwetterwarte; es liegt in Brandenburg in einer Höhe von 98 m.

49 **Womit kann man den Frohnauer Hammer in Annaberg-Buchholz nicht in Verbindung bringen, mit …**

- einer Schmiede
- einer Münze
- einem Museum
- einem Sportgerät

50 **Wie viele Menschen lebten 2009 auf der kleinsten der sechs bewohnten Halligen?**

- Zwei
- 17
- 30
- 120

51 **In Deutschland liegt der geografische Mittelpunkt der EU. In welcher Region?**

- Fränkische Alb
- Westerwald
- Vogelsberg
- Niederbayern

52 **Das höchstgelegene deutsche Heilbad ist …**

- Bad Hindelang
- Bad Kohlgrub
- Bad Staffelstein
- Bad Füssing

53 **Der Einwohnerzahl welcher Großstadt kommt die Zahl der täglich abgefertigten Passagiere am Flughafen in Frankfurt am Main am nächsten?**

- Heidelberg
- Braunschweig
- Trier
- Bielefeld

54 **Welche Stadt ist nach Berlin und Hamburg – bezogen auf die Fläche – die drittgrößte Stadt Deutschlands?**

- München
- Möckern
- Köln
- Neustadt am Rübenberge

(49) Mit dem leichtathletischen **Sportgerät** Hammer hat der Frohnauer Hammer im Annaberg-Buchholzer Ortsteil Frohnau nichts zu tun.
Zunächst war der Frohnauer Hammer eine **Münze**, in der um 1500 die sächsische Silbermünze Schreckenberger geprägt wurde. Danach wurde er zur mechanischen **Schmiede** ausgebaut und diente als Silber- und Kupferhammer, später dann als Eisenhammer. Bis 1904 wurden im Frohnauer Hammer Werkzeuge hergestellt, heute ist er ein **Museum**.

(50) Auf den Halligen, kleinen, nicht eingedeichten Inseln im nordfriesischen Wattenmeer, lebten 2009 insgesamt knapp 300 Menschen. Süderoog, die kleinste der sechs bewohnten Halligen, brachte es auf gerade mal **zwei** Bewohner.
Auf Gröde waren es immerhin **17**, auf Oland **30**. Hooge, die mit 5,74 km^2 flächenmäßig zweitgrößte der Inseln, hatte **120** Bewohner.

(51) Der geografische Mittelpunkt der Europäischen Union liegt seit dem Beitritt von Bulgarien und Rumänien am 1. Januar 2007 bei Gelnhausen im **Vogelsberg**. Zuvor lag er seit dem 1. Mai 2004 in der Gemeinde Kleinmaischeid im **Westerwald**.
Mit der vorgesehenen Aufnahme weiterer Balkanstaaten in die Gemeinschaft wird der Mittelpunkt der EU sich weiter nach Südosten verschieben und kommt dann vielleicht in der **Fränkischen Alb** oder in **Niederbayern** zu liegen.

(52) Mit dem Titel, das höchste Heilbad Deutschlands zu sein, schmückt sich **Bad Kohlgrub**. Dem 828 m hoch gelegenen Moorbadeort in Oberbayern sitzt jedoch **Bad Hindelang** im Allgäu mit 825 m dicht auf den Fersen.
Bad Staffelstein und Bad Füssing liegen ebenfalls in Bayern, jedoch bei Weitem nicht so hoch. **Bad Staffelstein** in Oberfranken bringt es gerade mal auf 274 m ü. NN, **Bad Füssing** in Niederbayern auf 320 m.

(53) Der Flughafen von Frankfurt zählte im Mittel der Jahre 2007 bis 2009 knapp 53 Mio. Passagiere im Jahr. Das entspricht einem Fluggastaufkommen von 145 000 am Tag – ebenso viele Einwohner hat die Stadt **Heidelberg**.
Die Einwohnerzahl von **Trier** wird damit um 40 000 übertroffen, an die Einwohnerzahl von **Braunschweig** (245 000) oder gar **Bielefeld** (325 000) reicht die tägliche Passagierzahl derzeit jedoch noch nicht heran.

(54) **Möckern** im Landkreis Jerichower Land in Sachsen-Anhalt, ein Städtchen mit lediglich 14 000 Einwohnern, ist mit 517 km^2 die Stadt mit der drittgrößten Fläche Deutschlands.
Köln mit 405 km^2 folgt erst auf Platz sechs, knapp vor **Neustadt am Rübenberge**, einer Stadt bei Hannover, mit 357 km^2 auf Platz acht. **München** liegt mit 310 km^2 nur auf dem fünfzehnten Rang der flächengrößten deutschen Städte.

55 **In welcher Stadt befindet sich die Kirche mit dem höchsten Backsteinturm der Welt?**

- Lübeck
- Greifswald
- Schwerin
- Landshut

56 **Alle vier Bundesländer führen Löwen in ihrem Wappen. Welches von ihnen hat die meisten aufzubieten?**

- Schleswig-Holstein
- Baden-Württemberg
- Bayern
- Thüringen

57 **Welches dieser deutschen Heilbäder ist das am tiefsten gelegene?**

- Bad Liebenstein
- Bad Lauterberg
- Bad Liebenzell
- Bad Liebenwerda

58 **Welche Stadt führt kein Pferd in ihrem Wappen?**

- Herne
- Stuttgart
- Passau
- Freilassing

59 **In welcher Stadt befindet sich – gemessen an der Zahl der Reisenden – der größte Bahnhof Deutschlands?**

- Hamburg
- Düsseldorf
- München
- Leipzig

60 **Wie heißt die Exklave des deutschen Hoheitsgebiets, die gänzlich von Schweizer Staatsgebiet umgeben ist?**

- Mützenich
- Kleinwalsertal
- Rückschlag
- Büsingen

55 Die Kirche mit dem höchsten Backsteinturm der Welt befindet sich nicht etwa in Norddeutschland mit seinen unzähligen Backsteinkirchen. Vielmehr ist es die Kirche St. Martin im niederbayerischen **Landshut**; ihr Turm ist 131 m hoch.
Die beiden Türme der Marienkirche in **Lübeck** haben eine Höhe von rund 125 m, der Turm des Doms von **Schwerin** ist 117,5 m hoch. Der Westturm der St. Nikolaikirche in **Greifswald** misst 100 m.

56 Mit insgesamt vier Löwen - einem goldenen und drei schwarzen - sowie einem zusätzlichen blauen Panther hat **Bayern** in seinem Wappen die meisten Raubkatzen aller Bundesländer aufzubieten.
Jeweils auf goldenem Grund stehen die drei schwarzen Löwen **Baden-Württembergs** und die beiden blauen Löwen von **Schleswig-Holstein**. Das Wappen von **Thüringen** zeigt nur einen einzigen rot und silbern geteilten Löwen auf blauem Grund.

57 Von den genannten Kurbädern ist **Bad Liebenwerda** im südlichen Brandenburg mit nur 86 m ü. NN die am tiefsten liegende der vier Badestädte.
Bad Liebenstein im Nordosten des Thüringer Waldes ist das mit 344 m ü. NN am höchsten gelegene der vier, gefolgt von **Bad Liebenzell** im Nagoldtal im Nordschwarzwald mit 333 m. **Bad Lauterberg** im Südharz liegt 296 m hoch.

58 Das Wappen von **Passau** ziert kein Pferd. Passaus Wappen stellt vielmehr einen roten Wolf auf weißem Schild dar.
Die Wappen von **Herne** und **Stuttgart** zeigen beide ein steigendes schwarzes Pferd auf goldenem Schild, das von Herne zusätzlich das Bergbausymbol, ins Kreuz gestellte Eisen und Schlägel. Das Wappen von **Freilassing** ist ein springendes silbernes Pferd auf rot-grünem Schild.

59 Mit durchschnittlich 450 000 Reisenden am Tag ist der Hauptbahnhof von **Hamburg** der größte deutsche Bahnhof.
Der Hauptbahnhof **München** hat 40 Gleise, mehr als alle anderen Bahnhöfe in Deutschland. Die größte Grundfläche hat der Hauptbahnhof **Leipzig**; er ist zudem der größte Kopfbahnhof Europas. Ältester deutscher Bahnhof ist der 1838 eingerichtete Bahnhof von Gerresheim, einem Stadtteil von **Düsseldorf**.

60 Die Gemeinde **Büsingen** am Hochrhein ist als deutsche Exklave vollständig vom Staatsgebiet der Schweiz umgeben und gehört daher auch zum Schweizer Zollgebiet.
Mützenich und **Rückschlag** sind zwei von fünf deutschen Exklaven in der Eifel, die von der Trasse der Vennbahn, die belgisches Staatsgebiet ist, vom Rest Deutschlands abgeschnitten werden. Das **Kleinwalsertal** ist eine funktionale österreichische Exklave, da sie aufgrund ihrer Lage nur über deutsches Gebiet zu erreichen ist.

Was hierzulande kreucht und fleucht

Deutschland ist eines der waldreichsten Länder in der Europäischen Union – der viel besungene deutsche Wald ist geradezu sprichwörtlich geworden. In unseren Laub- und Nadelwäldern leben auch die größten und bekanntesten der etwa 48 000 in Deutschland beheimateten Tierarten: Reh, Rothirsch, Wildschwein, Fuchs und Marder. Otter und Biber sind selten geworden, auch der Seeadler, der deutsche Wappenvogel, zählt nur noch einige Hundert Brutpaare. Doch inzwischen erholen sich die Populationen langsam wieder.
Zur einheimischen Tierwelt haben sich mittlerweile mehrere Hundert, teilweise durch den Menschen eingeführte fremde Tierarten gesellt. Der Waschbär und der Marderhund zählen dazu, aber auch der Damhirsch, das Kaninchen oder der Fasan, die bei uns ursprünglich nicht heimisch waren. Auch unter den rund 28 000 hierzulande bekannten Pflanzenarten gibt es zahlreiche Zuwanderer, die sich wie der Riesenbärenklau inzwischen erfolgreich bei uns eingebürgert haben.

1 **Was versteht man unter einem Harzer Roller, …**

- einen Käse
- einen Hund
- einen Kanarienvogel
- eine Grubenlampe

2 **Welches der in Mitteleuropa ganz oder nahezu ausgerotteten Tiere hat sich in Deutschland bisher nicht wieder angesiedelt?**

- Wolf
- Biber
- Luchs
- Braunbär

3 **Welches ist der Deutschen liebste Hunderasse?**

- Deutsch Drahthaar
- Deutscher Schäferhund
- Retriever
- Dackel

4 **Die Zahl der Wildpflanzen, die in Deutschland wachsen, ist größer, als man gemeinhin annimmt. Welche Pflanze ist nicht giftig?**

- Stechapfel
- Fingerhut
- Tollkirsche
- Hundsrose

5 **Welches ist der größte einheimische Rabenvogel?**

- Saatkrähe
- Alpendohle
- Rabenkrähe
- Kolkrabe

6 **Unter der Vielzahl der Pilze, die man in deutschen Wäldern findet, gibt es zahlreiche Giftpilze. Doch nur einer der genannten Pilze ist nicht essbar. Welcher?**

- Totentrompete
- Hexenröhrling
- Satanspilz
- Judasohr

① Der Begriff Harzer Roller bezeichnet ursprünglich eine im Oberharz gezüchtete Rasse des **Kanarienvogels**. Später wurde auch der als kleine Rolle verkaufte Harzer **Käse** Harzer Roller genannt.
Ein Harzer Fuchs ist eine im Harz gezüchtete Rasse von **Hunden**, der Harzer Frosch eine bis Ende des 19. Jahrhunderts im Harzer Bergbau gebräuchliche **Grubenlampe**.

② Der letzte **Braunbär** wurde in Deutschland 1835 in Bayern erlegt; seitdem hat er sich bei uns noch nicht wieder ansiedeln können: Bruno, der erste Bär in Deutschland seit 170 Jahren, wurde 2006 umgehend abgeschossen.
Dagegen hat der **Wolf** sich seit den 1990er-Jahren im Osten Deutschlands wieder angesiedelt. Der **Luchs** ist seit einigen Jahrzehnten in vielen Mittelgebirgen wieder heimisch, und **Biber** haben sich wieder so stark vermehrt, dass sie mancherorts als Plage gesehen werden.

③ Auch wenn Mops, Französische Bulldogge oder Australien Shepherd derzeit als Modehunde angesagt sind, ist der Statistik des Verbands für deutsches Hundewesen zufolge der **Deutsche Schäferhund** hierzulande nach wie vor der beliebteste Hund.
Auf Platz zwei und drei folgen **Dackel** und **Deutsch Drahthaar**, danach kommen **Retriever** wie der Labrador oder der Golden Retriever.

④ Die **Hundsrose**, auch Hecken- oder Hagrose genannt, ist die häufigste wild wachsende Rosenart in Mitteleuropa. Ihre Früchte, die Hagebutten, können zu Marmelade oder Tee verarbeitet werden.
Dagegen ist im **Stechapfel** und in der **Tollkirsche** das Alkaloid Atropin enthalten, das alle Pflanzenteile hochgiftig macht. Der Rote **Fingerhut** enthält in allen Teilen giftige, herzwirksame Digitaloide.

⑤ Der größte unserer einheimischen Rabenvögel ist der bis zu 65 cm große **Kolkrabe**. Der einst in ganz Deutschland verbreitete Vogel hat heute nur noch in Alpennähe und in Schleswig-Holstein flächendeckende Brutgebiete.
Die **Rabenkrähe**, wie die Nebelkrähe eine Unterart der Aaskrähe, und die **Saatkrähe** werden rund 45 cm groß. Die **Alpendohle** erreicht eine Größe von maximal 40 cm.

⑥ Trotz ihrer abschreckenden Namen sind drei der Pilze essbar, nur der **Satanspilz** ist giftig. Sein Genuss ruft nachhaltige Verdauungsstörungen hervor.
Der mit dem Steinpilz verwandte **Hexenröhrling** – roh angeblich leicht giftig – ist gekocht ein vorzüglicher Speisepilz. Das **Judasohr** wird getrocknet als Mu-err-Pilz häufig in der Küche Ostasiens verwendet. Die **Totentrompete** hat ihren Namen von ihrer Form und grauen Farbe und ist ein geschätzter Trocken- und Würzpilz.

7 **Orchideen gibt es nicht nur in den Tropen, auch in Deutschland wachsen mehr als 50 Arten. Welches ist keine Orchideenart?**

- Ragwurz
- Pestwurz
- Sumpfwurz
- Nestwurz

8 **Nach welcher deutschen Stadt ist keine Hunderasse benannt?**

- Rottweil
- Weimar
- Hamburg
- Leonberg

9 **Welche heimische Pflanze gehört zu den fleischfressenden Pflanzen?**

- Bärenklau
- Frauenmantel
- Natternkopf
- Sonnentau

10 **In welchem Bundesland brüten die meisten Störche?**

- Baden-Württemberg
- Mecklenburg-Vorpommern
- Brandenburg
- Sachsen-Anhalt

11 **Welche Art gehört nicht zu den Gänsen, die in Deutschland in jüngerer Zeit zu Brutvögeln geworden sind?**

- Nilgans
- Ringelgans
- Nonnengans
- Kanadagans

12 **Die Früchte welches Baumes werden in Deutschland als Vogelbeeren bezeichnet?**

- Schwarzdorn
- Eberesche
- Hartriegel
- Steinweichsel

(7) Lediglich die **Pestwurz** gehört nicht zur Familie der Orchideen. Sie ist eine bis knapp einen Meter große, besonders auf feuchten Standorten verbreitete Korbblütlergattung. **Sumpfwurz** und **Ragwurz** sind zwei Gattungen einheimischer Orchideen, zu denen die Sumpfstendelwurz bzw. die Hummelragwurz oder die Fliegenragwurz gehören. Die **Nestwurz** ist eine auf dem Boden von Laubwäldern wachsende Orchideenart, die wie alle deutsche Orchideenarten unter Naturschutz steht.

(8) Nach **Hamburg** ist zwar keine Hunderasse, dafür aber eine Hühnerrasse benannt. Vor der industriellen Haltung von Hühnern war das Hamburger Huhn wegen seiner Legeleistung ein wichtiges Wirtschaftshuhn.
Die alte deutsche Hunderasse Rottweiler wurde schon im Mittelalter nach der Stadt **Rottweil** am Neckar benannt. Der Weimaraner Vorstehhund wurde bereits um 1800 am Hof zu **Weimar** gehalten und kam so zu seinem Namen. Der Leonberger ist eine im 19. Jahrhundert in **Leonberg** bei Stuttgart entstandene Kreuzung.

(9) Der **Sonnentau** ist eine fleischfressende Pflanze. Die drei in Deutschland unter Naturschutz stehenden Arten des Sonnentaus fangen mit ihren mit klebrigen Sekrettropfen besetzten Tentakeln kleine Insekten und decken so ihren Stickstoffbedarf. Der **Bärenklau**, auch Herkulesstaude genannt, ist eine giftige, über 3 m hohe Staude aus der Familie der Doldenblütler. Der **Frauenmantel** ist ein heimisches Rosengewächs, der **Natternkopf** ein Raublattgewächs.

(10) **Brandenburg** ist das Bundesland mit den meisten Störchen. Knapp ein Drittel der etwa 4500 Brutpaare in Deutschland nistet hier.
Rund 1200 Brutpaare verzeichnet **Mecklenburg-Vorpommern**, in **Sachsen-Anhalt** sind es etwa halb so viele. In **Baden-Württemberg** brüten mittlerweile wieder mehr als 250 Storchenpaare, die meisten von ihnen sind ausgewilderte Nachkommen von Aufzuchtstationen.

(11) Die **Ringelgans** brütet in Spitzbergen, Grönland und Sibirien und ist in Deutschland nur als Wintergast an den Küsten oder als Durchzügler anzutreffen.
Dagegen sind die Weißwangen- oder **Nonnengans** und die aus Nordamerika stammende **Kanadagans** seit den 1990er-Jahren in Deutschland etablierte Brutvögel. Auch die **Nilgans** ist seit einigen Jahren als Brutvogel in Mitteleuropa eingebürgert.

(12) Die Früchte der **Eberesche** werden landläufig auch als Vogelbeeren bezeichnet. Vogelbeeren, die im Volksglauben fälschlicherweise als giftig angesehen werden, sind roh unbekömmlich, lassen sich aber zu Marmelade, Obstwein oder Schnaps verarbeiten.
Schlehen sind die Früchte des **Schwarzdorns**, jene von **Hartriegel** und **Steinweichsel** werden Kornelkirsche bzw. Weichselkirsche genannt.

13 Welcher mitteleuropäische Brutvogel ist kein Zugvogel?

- Steinschmätzer
- Mittelsäger
- Zilpzalp
- Ziegenmelker

14 Welches ist das kleinste in Mitteleuropa beheimatete Säugetier?

- Zwergspitzmaus
- Haselmaus
- Zwergmaus
- Zwergfledermaus

15 In Mitteleuropa brüten mehr als 100 Singvogelarten. Welcher der heimischen Vögel zählt nicht zu ihnen?

- Elster
- Wasseramsel
- Kleiber
- Eisvogel

16 Niedersachsen ist das deutsche Zentrum der Pferdezucht. Eine der Pferderassen ist jedoch keine niedersächsische Züchtung. Welche ist es?

- Oldenburger
- Friese
- Dülmener
- Hannoveraner

17 Welches Tier heißt in deutschen Märchen und Fabeln Grimbart?

- Fuchs
- Hase
- Wolf
- Dachs

18 Welche der in Deutschland unter Naturschutz stehenden Amphibien werden in der Roten Liste als stark gefährdet geführt?

- Feuersalamander
- Teichmolch
- Laubfrosch
- Gelbbauchunke

(13) Von den vier Vögeln mit den merkwürdigen Namen ist nur der **Mittelsäger** kein Zugvogel. Mittelsäger gehören zu den Entenvögeln; in Deutschland brüten sie im Bereich der Ostseeküste von Schleswig-Holstein und Mecklenburg-Vorpommern. Der zu den Nachtschwalben zählende **Ziegenmelker** überwintert im tropischen Afrika. Der **Steinschmätzer** und der **Zilpzalp** sind Singvögel und ebenfalls Zugvögel.

(14) Das kleinste Säugetier Mitteleuropas ist die maximal 4,5 cm große **Zwergfledermaus**. Mit einem Gewicht von bis zu 8 g ist sie jedoch etwas schwerer als die **Zwergspitzmaus**, die bei 5 cm Körperlänge nur 6 g wiegt. Beide Tiere sind, wie die bis 40 g schwere, zu den Bilchen zählende **Haselmaus**, indes keine Mäuse. Die kleinste in Deutschland heimische „echte“ Maus, die **Zwergmaus**, ist 5 bis 7 cm lang und bis 10 g schwer.

(15) Der in Deutschland weit verbreitete, wenn auch nirgendwo häufige **Eisvogel** zählt nicht zu den Singvögeln, sondern zur Ordnung der Rackenvögel.
Die Sangeskünste der **Elster** sind zwar bescheiden, sie zählt aber wie ihre Verwandten aus der Familie der Rabenvögel zu den Singvögeln. Der **Kleiber** ist ein Verwandter der Meisen und kann als einziger einheimischer Vogel kopfunter an Baumstämmen klettern. Auch die vorwiegend an Bergbächen lebende **Wasseramsel** ist ein Singvogel.

(16) **Dülmener** sind keine niedersächsische Züchtung. In dem rund 350 Hektar großen Naturschutzgebiet Merfelder Bruch westlich der Stadt Dülmen im Münsterland leben rund 300 dieser Tiere als die letzte Wildpferdherde auf dem europäischen Kontinent.
Der **Hannoveraner**, die im Turnierreitsport führende Pferderasse, der **Oldenburger**, ein vielseitiges Sportpferd, und der ausschließlich als Rappe gezüchtete **Friese** sind Züchtungen aus Niedersachsen.

(17) Der **Dachs**, das Tier des Jahres 2010, wird in der deutschen Tierfabel – häufig mit dem Vorsatz Meister – Grimbart genannt.
Der **Fuchs** heißt Reineke, wobei dieser Fabelname vielfach als ein Vorname gebraucht wird, etwa in Goethes Versepos Reineke Fuchs. Reineke ist die norddeutsche Form von Reinhard, der Name des **Hasen** – Lampe bzw. Meister Lampe – leitet sich von Lamprecht ab. Der altdeutsche Heldenname Isegrim wurde zum Fabelnamen des **Wolfs**.

(18) Die **Gelbbauchunke** ist der Roten Liste zufolge eine stark gefährdete Art. Wie der **Laubfrosch** ist sie durch das Bundesnaturschutzgesetz streng geschützt, jedoch wird der Laubfrosch in der Roten Liste als „nur“ gefährdet geführt.
Der **Feuersalamander** und der **Teichmolch** sind „besonders geschützt“, werden aber als bundesweit derzeit nicht gefährdet bewertet.

19 **Welcher Papageienvogel ist in Mitteleuropa kein Brutvogel?**

- Alexandersittich
- Graupapagei
- Gelbscheitelamazone
- Halsbandsittich

20 **Welcher Begriff bezeichnet eine in Mitteleuropa heimische Schmetterlingsart?**

- Englische Schecke
- Russischer Bär
- Deutscher Widder
- Spanische Fahne

21 **Welches der einheimischen Tiere hält keinen Winterschlaf?**

- Fledermäuse
- Igel
- Haselmäuse
- Eichhörnchen

22 **Welcher Schmetterling ist in Deutschland vom Aussterben bedroht?**

- Schwalbenschwanz
- Trauermantel
- Apollofalter
- Totenkopfschwärmer

23 **Welcher unserer einheimischen Bäume erreicht das höchste Alter?**

- Eiche
- Eibe
- Espe
- Esche

24 **Welches der in Deutschland heimischen Wildtiere ist nicht vom Aussterben bedroht?**

- Wildkatze
- Fischotter
- Auerhuhn
- Feldhamster

(19) Der **Graupapagei** wurde zwar in den 1990er-Jahren in Deutschland schon einmal bei der Brut beobachtet, als Brutvogel kann er indes nicht gelten. Anders beim **Alexandersittich** und bei der **Gelbscheitelamazone**; die Nachkommen entflogener oder freigelassener Tiere zählen zu den fest etablierten Brutvögeln. Erfolgreichster Neubürger ist der **Halsbandsittich**; sein Bestand wird in Deutschland inzwischen auf mehr als zehntausend Exemplare geschätzt.

(20) Der **Russische Bär** und die **Spanische Fahne** sind zwei etwa 5 cm große Schmetterlinge aus der Familie der Spinner, die in Mitteleuropa weit verbreitet sind. Die beiden Nachtfalter fliegen untypischerweise vorwiegend am Tag und sehen sich zudem recht ähnlich.
Englische Schecke und **Deutscher Widder** sind die Namen von zwei Hauskaninchenrassen.

(21) Das **Eichhörnchen** hält keinen Winterschlaf, sondern lediglich eine Winterruhe. Bei diesem oft für die Nahrungssuche unterbrochenen Ruhezustand bleiben Körpertemperatur und Stoffwechsel normal.
Fledermäuse, **Igel** und **Haselmäuse** fallen dagegen in einen Winterschlaf, bei dem die Körpertemperatur der schlafenden Tiere tief unter die Normaltemperatur absinkt und der Stoffwechsel stark verlangsamt wird.

(22) Der **Apollofalter** ist ein in den mitteleuropäischen Gebirgen lokal verbreiteter, bis zu 7,5 cm großer Tagfalter. In Deutschland ist er stark bedroht und daher streng geschützt.
Auch wenn ihre Populationen rückgängig sind, gelten der **Schwalbenschwanz** und der **Trauermantel** in den meisten Regionen noch nicht als gefährdet. Der **Totenkopfschwärmer** ist ein häufiger und weitverbreiteter Nachtfalter und wird in Deutschland als ungefährdet eingestuft.

(23) Das höchste Alter unter den einheimischen Bäumen kann die **Eibe** erreichen. Der älteste Baum Deutschlands, eine Eibe in der Nähe von Hindelang im Allgäu, wird auf rund 2000 Jahre geschätzt.
Die **Eiche** kann bis 800 Jahre, in Ausnahmefällen sogar bis über 1300 Jahre alt werden. Die auch Zitterpappel genannte **Espe** wird dagegen höchstens 120 Jahre alt, die **Esche** bringt es auf maximal 250 bis 300 Jahre.

(24) Der **Fischotter**, eine an das Wasserleben angepasste Marderart, war in Deutschland vor 50 Jahre nahezu ausgerottet, doch seit etwa 1990 nehmen dank eines verstärkten Schutzes seine Bestände wieder zu.
Dagegen wird die **Wildkatze** in der Roten Liste in einzelnen Bundesländern als vom Aussterben bedroht geführt. **Auerhuhn** und **Feldhamster** sind bundesweit akut gefährdet.

25 **Bis auf eine Ausnahme legen alle 20 in Mitteleuropa heimischen Amphibien Eier. Welche Art bringt lebende Jungen zur Welt?**

- Alpensalamander
- Grasfrosch
- Teichmolch
- Geburtshelferkröte

26 **Drei dieser Namen bezeichnen ein und denselben einheimischen Vogel. Welcher gehört nicht dazu?**

- Rotrückenwürger
- Dorndreher
- Neuntöter
- Bienenfresser

27 **Nach Fossilfunden in der Schwäbischen Alb wird ein Dinosaurier auch als „Schwäbischer Lindwurm" bezeichnet. Wie heißt er wissenschaftlich?**

- Apatosaurus
- Plateosaurus
- Archaeopteryx
- Plesiosaurus

28 **Welcher der genannten einheimischen Bäume hat die kleinsten Blätter?**

- Hängebirke
- Bergahorn
- Stieleiche
- Silberweide

29 **Welcher Pilz wurde von der Deutschen Gesellschaft für Mykologie bisher noch nicht zum Pilz des Jahres erkoren?**

- Ästiger Stachelbart
- Stachelsporige Mäandertrüffel
- Papageigrüner Saftling
- Rauchblättriger Schwefelkopf

30 **Von den vier genannten heimischen Fischarten sind drei Süßwasserbewohner. Welcher ist ein Meeresfisch?**

- Scharbe
- Quappe
- Äsche
- Groppe

25 Bei dem in Höhen von bis 3000 m lebenden, unter Naturschutz stehenden **Alpensalamander** bringt das Weibchen nach einer Tragzeit von zwei bis drei Jahren pro Wurf zwei lebende, fast völlig entwickelte lungenatmende Jungen zur Welt. **Grasfrosch** und **Teichmolch** legen ihre Eier, aus denen nach einigen Tagen die Kaulquappen schlüpfen, in Gewässern ab. Bei der **Geburtshelferkröte** wickelt sich das Männchen die Laichschnüre um die Hinterbeine und trägt die Eier rund vier Wochen auf dem Rücken mit sich herum.

26 Der **Bienenfresser** ist ein farbenprächtiger, etwa drosselgroßer Vogel aus der Ordnung der Rackenvögel. In Deutschland brüten die südländisch anmutenden Vögel örtlich in Süddeutschland, beispielsweise am Kaiserstuhl.
Rotrückenwürger und **Neuntöter** sind Namen für ein und dieselbe Vogelart aus der Singvogelfamilie der Würger. Der etwa lerchengroße Vogel ernährt sich von Insekten, aber auch von kleineren Wirbeltieren, die er häufig auf Dornen spießt, weshalb er auch **Dorndreher** genannt wird.

27 Der „Schwäbische Lindwurm“ wird wissenschaftlich als **Plateosaurus** bezeichnet. Er war bis zu 10 m lang und lebte als Vegetarier vor etwa 200 Millionen Jahren. Gemessen an der Zahl der Fossilfunde ist er der häufigste Dinosaurier hierzulande.
Spuren des 20 m langen und 30 Tonnen schweren **Apatosaurus** finden sich im niedersächsischen Münchehagen, der Urvogel **Archaeopteryx** stammt aus Solnhofen in Franken.
Fossile Reste eines 4 m langen **Plesiosaurus** wurden in einer Tongrube bei Höxter entdeckt.

28 Unter den genannten Bäumen hat die **Hängebirke** die kleinsten Blätter. Ihr Blatt ist ohne Stiel um die 5 cm lang und 3 cm breit.
Der **Bergahorn** hat von den vier Bäumen die größten Blätter; sie werden mehr als 10 cm lang und ebenso breit. Ein Blatt der **Stieleiche** wird um die 10 cm lang und 5 cm breit. Ebenso lang sind auch die Blätter der **Silberweide**, doch werden diese nur 2 cm breit.

29 Seit 1994 kürt die deutsche Gesellschaft für Mykologie einen Pilz des Jahres. Die Auswahl erfolgt dabei nach der Gefährdung der Art oder ihres Lebensraums. Zu den häufigsten und weitgehend ungefährdeten Pilzarten zählt der **Rauchblättrige Schwefelkopf**, der daher auch bisher nie Pilz des Jahres war.
Die **Stachelsporige Mäandertrüffel** war 2001, der **Papageigrüne Saftling** 2003 Pilz des Jahres. 2006 trug der **Ästige Stachelbart** die Auszeichnung.

30 Die auch Kliesche genannte **Scharbe** ist ein zu den Schollen gehörender Plattfisch, der in der westlichen Ostsee und in der südlichen Nordsee weit verbreitet ist.
Die **Quappe** wird in Süddeutschland auch Rutte oder Trüsche genannt. Sie bewohnt Flüsse vom Brackwasser bis zum Oberlauf. Die **Äsche** ist vorwiegend in Flüssen der Gebirgsvorländer anzutreffen, die **Groppe** bevölkert klare, schnell fließende Gebirgsbäche.

BEVÖLKERUNG

Von der Steinzeit bis heute

Wer sind die Bewohner jenes Landes im Herzen Europas? Woher kommen die Deutschen, wer waren ihre Vorfahren? Einst bevölkerten die Kelten weite Teile Mitteleuropas, dann germanische Stämme wie die Franken, Sachsen oder Alemannen. Die Römer errichteten hier ihre Garnisonen und Städte, und die erste jüdische Gemeinde wurde bereits 321 in Köln urkundlich erwähnt. Die Hunnen fegten über das Land, Slawen und Wikinger hinterließen ihre Spuren. Wer zählt die Völker, kennt die Namen?
Eine Studie aus dem Jahr 2008 mit dem Titel „Die Zusammensetzung der Bevölkerung Deutschlands hinsichtlich der genetischen Abstammung“, die sich auf rund 20 000 Genanalysen stützt, nennt die Namen und Völker unserer Ahnen: So sollen 45 Prozent unserer männlichen Vorfahren von Kelten abstammen, 25 Prozent von Skythen und Wikingern (aus Nordeuropa) und 15 Prozent von Slawen und Wikingern (aus Nordasien); 10 Prozent haben jüdische Wurzeln und 5 Prozent stammen von Phöniziern ab.

1 **Welches ist die älteste von den Römern gegründete Stadt Deutschlands?**

- Augsburg
- Trier
- Andernach
- Neuss

2 **Von welchem römischen Historiker stammt die erste Beschreibung der Geografie und Kultur Germaniens?**

- Caesar
- Livius
- Tacitus
- Plinius

3 **Mit welchem Schimpf- oder Spottnamen werden die Deutschen von den Niederländern bedacht?**

- Piefkes
- Boches
- Moffen
- Krauts

4 **Welche historische bedeutende Schlacht zwischen Römern und Germanen ist auch unter dem Namen des Verlierers bekannt? Die Schlacht** …

- bei Arausio
- vom Teutoburger Wald
- bei Noreia
- auf den Raudischen Feldern

5 **Der urgeschichtlich älteste bisher bekannte Mitteleuropäer wäre ein Deutscher gewesen, wenn es seinerzeit Deutschland schon gegeben hätte. Es war der** …

- Homo steinheimensis
- Neandertaler
- Home erectus von Bilzingsleben
- Homo heidelbergensis

6 **Welches ist das älteste Haustier, das unsere Vorfahren im steinzeitlichen Mitteleuropa domestiziert haben?**

- Pferd
- Schwein
- Ziege
- Hund

1 Mit Sicherheit lässt sich die Frage nach der ältesten Stadt Deutschlands nicht beantworten, jedoch dürfte **Trier**, 16 v. Chr. als Augusta Treverorum gegründet, das größte Anrecht auf den Titel haben. **Neuss** wurde im selben Jahr gegründet, jedoch nicht als Stadt, sondern als militärisches Kastell Novaesium. Die Gründung der Städte **Augsburg** als Augusta Vindelicorum 15 v. Chr. und **Andernach** als Antunnacum 12 v. Chr. war nur kurze Zeit später.

2 Die erste Beschreibung der Geografie und Kultur Germaniens ist die „Germania“ des römischen Historikers **Tacitus** aus dem Jahr 98 n. Chr. Tacitus, der vermutlich selbst nie in Germanien war, fasste dabei das Wissen über die Germanen aus älteren Quellen zusammen, etwa aus **Caesars** „De bello Gallico“, dem Geschichtswerk von **Livius** oder den „Bella Germaniae“ von **Plinius** dem Älteren.

3 Fast jede Nation hat abwertende oder beleidigende Ausdrücke für die Deutschen, so auch die Niederländer. Von ihnen werden wir mit dem Schimpf- oder Spottnamen **Moffen** bedacht. Woher das Wort stammt und was es bedeutet, ist indessen unklar.
Die Briten nennen uns **Krauts**, die Franzosen **Boches**, was seinen Ursprung in Holzkopf hat. **Piefke** ist eine abwertende Bezeichnung der Österreicher für Deutsche außerhalb des süddeutschen Sprachraums.

4 In der Schlacht **vom Teutoburger Wald**, die vermutlich bei Kalkriese im Osnabrücker Land stattfand, vernichteten die Germanen 9 n. Chr. drei römische Legionen. Sie ist auch unter dem Namen des unterlegenen römischen Feldherrn als Varusschlacht bekannt.
In der Schlacht **bei Noreia** (113 v. Chr.) und in der Schlacht **bei Arausio** (105 v. Chr.) besiegten die Kimbern und Teutonen die Römer, ehe sie von diesen 101 v. Chr. in der Schlacht **auf den Raudischen Feldern** geschlagen wurden.

5 Der **Homo heidelbergensis**, von dem in einer Sandgrube bei Heidelberg allerdings nur ein kräftiger Unterkieferknochen gefunden wurde, gilt mit einem Alter von rund 600 000 Jahren als das älteste deutsche Menschenfossil.
Der **Home erectus von Bilzingsleben** in Thüringen lebte vor etwa 370 000 Jahren, der **Homo steinheimensis** von Steinheim in Baden-Württemberg vor 250 000 bis 300 000 Jahren. Der **Neandertaler** aus dem Neandertal von Düsseldorf wird auf 42 000 Jahre datiert.

6 Der **Hund** ist das älteste Haustier, das in Mitteleuropa domestiziert und gehalten wurde. Schon in der Eiszeit, seit spätestens 12000 v. Chr., war er Begleiter der altsteinzeitlichen Jäger und Sammler.
Schwein und **Ziege** waren wie Schaf und Rind bereits in der älteren Jungsteinzeit (5500 bis 5000 v. Chr.) wichtige Wirtschaftshaustiere, das **Pferd** kam spätestens am Übergang von der Jungsteinzeit zur Bronzezeit (um 2200 v. Chr.) dazu.

7 **Wie viele Großstädte mit über 100 000 Einwohnern gab es 1914 in Deutschland?**

- Sechs
- 35
- 50
- 80

8 **Wie groß ist die Bevölkerungsdichte (Einwohnerzahl pro Quadratkilometer) im heutigen Deutschland?**

- 121
- 231
- 300
- 409

9 **Die Bewohner Deutschlands während der Eisenzeit (1000 bis 0 v. Chr.) waren die …**

- Kelten
- Gallier
- Germanen
- Goten

10 **Welche heutige deutsche Stadt verbirgt sich hinter der von den Römern erbauten und Aquae Aureliae genannten Siedlung?**

- Worms
- Speyer
- Mainz
- Baden-Baden

11 **Welches war der Beschreibung von Tacitus' „Germania" zufolge kein germanischer Stamm?**

- Helvetier
- Sueben
- Chatten
- Friesen

12 **Wer zählt in Deutschland nicht zu den nationalen Minderheiten?**

- Friesen
- Belgier
- Dänen
- Sinti und Roma

(7) Die Zahl der deutschen Großstädte mit mehr als 100 000 Einwohnern lag 1914 – vor dem Ersten Weltkrieg – bei **35**. Bis zum Beginn des Zweiten Weltkriegs 1939 stieg ihre Zahl auf etwa **50** an. Heute gibt es in Deutschland etwa **80** Großstädte – aufgrund Zu- und Abwanderung mal eine mehr, mal eine weniger.
Bei seiner Gründung 1871 zählte das Deutsche Reich gerade mal **sechs** Großstädte: Berlin, Hamburg, München, Dresden, Köln und Leipzig.

(8) Deutschland hat bei einer Fläche von 357 104 km^2 rund 81,88 Millionen Einwohner, womit auf einen Quadratkilometer **231** Einwohner kommen. Bei den Bundesländern variiert die Bevölkerungsdichte zwischen 74 (Mecklenburg-Vorpommern) und 3807 (Berlin) Einwohner je km^2. In Sachsen-Anhalt liegt sie bei **121**, in Baden-Württemberg bei **300** und im Saarland bei **409** Einwohner je km^2.

(9) Die Bewohner Deutschlands in der Eisenzeit waren **Kelten** und **Germanen**. Norddeutschland nördlich der Mittelgebirge war von germanischen Stämmen besiedelt, während die Bewohner von Süd- und Mitteldeutschland dem keltischen Kulturkreis angehörten.
Als **Gallier** wurden die keltischen Stämme auf dem Gebiet des heutigen Frankreich und Belgien bezeichnet. Die **Goten** waren ein ostgermanisches Volk, das nie auf dem Gebiet des späteren Deutschland siedelte.

(10) Um 70 n. Chr. gründeten die Römer die Siedlung Aquae Aureliae und errichteten um die heißen Quellen des Ortes ausgedehnte Badeanlagen. Später wurde aus der Römeransiedlung die Stadt **Baden-Baden**.
Auch die Kaiserstädte **Worms**, **Speyer** und **Mainz** wurden unter den Namen Borbetomagus, Noviomagus und Mogontiacum von den Römern gegründet.

(11) Die nach Germanien gezogenen, im Schweizer Mittelland siedelnden **Helvetier** beschrieb Tacitus als keltischen bzw. gallischen Stamm.
Dem germanischen Stamm der **Chatten** aus dem heutigen Hessen widmete Tacitus in seiner „Germania“ zwei, den **Sueben**, die das Gebiet zwischen Ostsee und den deutschen Mittelgebirgen bewohnten, sogar ganze acht Kapitel. Die **Friesen** beschrieb er als westgermanischen Stamm an der Nordseeküste.

(12) Die **Belgier** sind in Deutschland keine nationale Minderheit. Umgekehrt gibt es im Osten Belgiens aber eine kleine deutsche Minderheit, weswegen Deutsch neben Flämisch und Französisch auch die dritte Amtssprache Belgiens ist.
Die **Friesen** sind eine eigene Volksgruppe mit eigener Sprache und als solche als nationale Minderheit anerkannt. Die in Schleswig-Holstein wohnenden **Dänen** und die **Sinti und Roma** zählen ebenfalls zu den nationalen Minderheiten.

13 **In welcher Epoche sind im norddeutschen Raum die sogenannten Hünengräber entstanden?**

- Altsteinzeit
- Jungsteinzeit
- Bronzezeit
- Keltische Zeit

14 **Die häufigsten deutschen Familiennamen gehen auf einen Beruf zurück. Welcher von den vier Familiennamen ist der in Deutschland am wenigsten verbreitete?**

- Wagner
- Schneider
- Schäfer
- Weber

15 **Wie groß war die Einwohnerzahl Deutschlands bei Gründung des Deutschen Reiches 1871?**

- 18 Millionen
- 41 Millionen
- 48 Millionen
- 69 Millionen

16 **Zahlreiche zuvor selbstständige Stammesherzogtümer wurden im 7. Jahrhundert von den Franken unterworfen. Welches zählte nicht dazu? Das der …**

- Thüringer
- Bajuwaren
- Alamannen
- Sachsen

17 **Welche deutsche Stadt wird im Spanischen mit Aquisgran bezeichnet?**

- Regensburg
- Speyer
- Aachen
- Göttingen

18 **Welches Volk aus den Steppen Asiens fiel Ende des 4. Jahrhunderts in Mitteleuropa ein?**

- Mongolen
- Hunnen
- Ungarn
- Awaren

13
Die in Deutschland vorwiegend nördlich der Mittelgebirgsschwelle errichteten, volkstümlich auch als Hünengräber bezeichneten Megalithgräber stammen aus der jüngeren **Jungsteinzeit**. Die ältesten von ihnen werden auf 3500 v. Chr. datiert.
Auch wenn einige Hünengräber noch in der frühen **Bronzezeit** errichtet wurden, war dies doch weit vor der **keltischen Zeit**, die früher als ihre Entstehungszeit angesehen wurde. Aus der **Altsteinzeit** sind keine Megalithbauten bekannt.

14
Viele Familiennamen in Deutschland waren ursprünglich einmal Berufsbezeichnungen. Von den zehn heute am häufigsten vorkommenden ist der Name **Schäfer** der seltenste.
Die drei am meisten verbreiteten Familiennamen sind Müller sowie die verschiedenen Varianten von Schmidt und Meier. Auf Platz vier liegt **Schneider**, gefolgt von Hofmann/Hoffmann, Fischer, **Weber** und Becker. **Wagner** liegt vor Schäfer auf dem neunten Rang.

15
Das Deutsche Reich hatte 1871, im Jahr seiner Gründung, bei einer Fläche, die etwa 1,5-mal so groß war wie die des heutigen Deutschland, rund **41 Millionen** Einwohner.
Bis 1939 war die Fläche Deutschlands auf das 1,3-Fache der heutigen geschrumpft, die Bevölkerungszahl aber auf **69 Millionen** angewachsen. 1952 lebten in Deutschland nur noch 66 Millionen Menschen – **18 Millionen** in der DDR und **48 Millionen** in der Bundesrepublik.

16
Die zu Anfang des 7. Jahrhunderts noch selbstständigen rechtsrheinischen Stammesherzogtümer der **Thüringer** und der **Alamannen** wurden unter dem karolingischen Hausmeier Karl Martell zu fränkischen Herzogtümern.
Die **Bajuwaren** wurden erst durch Karl den Großen im 8. Jahrhundert ins fränkische Reich eingegliedert, die **Sachsen** konnten sich bis 804 als eigenständiges Herzogtum behaupten.

17
So wie im Deutschen das italienische Napoli Neapel genannt wird, gibt es auch zahlreiche fremdsprachliche Benennungen für deutsche Städte, sogenannte Exonyme.
Im Spanischen sind rund 20 deutsche Städte mit einem eigenen Namen bedacht, darunter auch **Aachen**, das von den Spaniern Aquisgran genannt wird. **Regensburg** heißt im Spanischen Ratisbona, **Speyer** Espira und **Göttingen** Gotinga.

18
Ab 375 n. Chr. fiel das Reitervolk der **Hunnen** aus den Steppen Asiens in Europa ein. Ihre Eroberungszüge führten sie bis über den Rhein, doch nach dem Tod Attilas 453 zerfiel ihr Reich rasch wieder.
Die **Mongolen** drangen im 13. Jahrhundert bis nach Mitteleuropa vor, den Einfällen der nomadischen Reiterheere der **Ungarn** wurde 955 in der Schlacht am Lechfeld ein Ende gemacht. Das Reich der aus Innerasien stammenden **Awaren** im Gebiet des heutigen Ungarn wurde um 800 von Karl dem Großen vernichtet.

19 **Drei der Bezeichnungen sind die italienischen Namen deutscher Großstädte, eine stammt aus einer anderen Sprache. Welche ist es?**

- Magonza
- Lipsia
- Trèves
- Monaco

20 **Das Gebiet welches deutschen Bundeslandes war keine Provinz – auch nicht in Teilen – des spätantiken Römischen Reichs mehr?**

- Bayern
- Baden-Württemberg
- Rheinland-Pfalz
- Nordrhein-Westfalen

21 **Der finnische Name für Deutschland ist …**

- Germania
- Tyskland
- Niemcy
- Saksa

22 **Welches ist keine in Deutschland gesprochene Sprache?**

- Sächsisch
- Sorbisch
- Saterfriesisch
- Schwäbisch

23 **Wie heißt die Periode, in der in Mitteleuropa die Bronze vom Eisen als Gebrauchsmetall abgelöst wurde?**

- La-Tène-Zeit
- Urnenfelderzeit
- Hügelgräberzeit
- Hallstattzeit

24 **Wann bauten die Römer die erste Brücke über den Rhein?**

- 55 v. Chr.
- 15 n. Chr.
- 30 n. Chr.
- 50 n. Chr.

19 **Trèves** ist das französische Exonym für Trier, das im Italienischen Treviri genannt wird. Beide Bezeichnungen gehen auf Augusta Treverorum, den römischen Namen Triers, zurück.
Mit **Magonza** bezeichnen die Italiener Mainz, mit **Lipsia** Leipzig. Dem Namen **Monaco** für München wird häufig der Zusatz „di Bavaria“ angehängt, zwecks besserer Unterscheidung von Monaco an der Côte d'Azur.

20 Das heutige **Baden-Württemberg** gehörte zur Gänze nicht mehr zum römischen spätantiken Reich.
Im 4. und 5. Jahrhundert verlief die Grenze zwischen Römischem Reich und dem freien Germanien entlang des Rheins bis zum Bodensee und von dort über Kempten entlang der Iller und der Donau. **Bayern** südlich der Donau sowie die Landesteile von **Rheinland-Pfalz** und **Nordrhein-Westfalen** westlich des Rheins waren noch römische Provinz.

21 Der finnische Name für Deutschland ist **Saksa**. Er leitet sich vom germanischen Stamm der Sachsen ab, wie sich auch die französische Bezeichnung Allemagne auf den Stamm der Alemannen zurückführen lässt.
In Italien heißt Deutschland **Germania**, die Schweden bezeichnen unser Land als **Tyskland**. Deutschlands polnischer Name lautet **Niemcy**.

22 Sowohl **Sächsisch** als auch **Schwäbisch** sind keine in Deutschland gesprochenen Sprachen. Es handelt sich vielmehr um regionale Mundarten der deutschen Sprache – Schwäbisch ist eine oberdeutsche, Sächsisch eine ostmitteldeutsche Mundart.
Das **Saterfriesisch** ist eine Variante des Friesischen, eine in Ostfriesland gesprochene, vom Aussterben bedrohte Sprache. Das in der Lausitz gesprochene **Sorbisch** ist eine westslawische Sprache.

23 Mit der **Hallstattzeit** beginnt um etwa 800 v. Chr. die mitteleuropäische Eisenzeit, in der das Eisen zum vorherrschenden Gebrauchsmetall wurde. Sie endet um 450 v. Chr. mit dem Beginn der jüngeren Eisenzeit, der **La-Tène-Zeit**, die bis zur Zeitenwende andauert.
Die **Urnenfelderzeit** war eine Kulturepoche der späten Bronzezeit in Mitteleuropa. Nach einer gebräuchlichen Bestattungskultur wird die mittlere Bronzezeit gelegentlich auch als **Hügelgräberzeit** bezeichnet.

24 Die erste römische Rheinbrücke ließ Caesar im Jahr **55 v. Chr.** bei Neuwied während des Gallischen Kriegs errichten. In seinem „De bello Gallico“ beschreibt Caesar diese pioniertechnische Leistung.
Um **15 n. Chr.** ließ Germanicus bei Xanten eine Rheinbrücke bauen, um **30 n. Chr.** wurde bei Mainz eine Steinbrücke über den Rhein errichtet, die bis ins 5. Jahrhundert Bestand hatte. Um **50 n. Chr.** folgte in Koblenz der Bau einer Rhein- und möglicherweise auch einer Moselbrücke.

25 **Welche Kulturgruppe siedelte in der ausgehenden Jungsteinzeit im Gebiet des heutigen Deutschland?**

- Glockenbecherkultur
- Trichterbecherkultur
- Bandkeramikkultur
- Schnurkeramikkultur

26 **Die in Höhlen der Schwäbischen Alb gemachten Funde von Kunstobjekten zählen mit einer Ausnahme zu den ältesten der Welt. Was hat man dort nicht gefunden?**

- Musikinstrumente
- Elfenbeinskulpturen
- Höhlenmalereien
- Schmuckanhänger

27 **In welchem Jahr sprach man zum ersten Mal von einem „Deutschen Reich"?**

- 51 v. Chr.
- 842
- 921
- 1254

28 **Wann kamen in Mitteleuropa Pfeil und Bogen als Distanzwaffen bei der Jagd auf? In der …**

- späten Altsteinzeit
- Mittelsteinzeit
- Jungsteinzeit
- Bronzezeit

29 **Welche der großen deutschen Stammesgruppen spricht keine hochdeutsche Mundart?**

- Franken
- Schwaben
- Niedersachsen
- Westfalen

30 **Wie hoch war im ausgehenden Mittelalter der Anteil der städtischen Einwohner an der Gesamtbevölkerung Deutschlands?**

- 2 %
- 15 %
- 37 %
- 70 %

25 Am Ende der Jungsteinzeit, der sogenannten Kupferzeit, bis in die frühe Bronzezeit war Deutschland Siedlungsgebiet der **Glockenbecherkultur**. Sie hat ihren Namen von den glockenähnlichen Tonbechern, die als Grabbeigaben gefunden wurden.
Der gleichen jungsteinzeitlichen Epoche gehörte auch die **Schnurkeramikkultur** im Nordosten Deutschlands an. Die **Trichterbecherkultur** war eine Kulturgruppe der jüngeren bis späten, die **Bandkeramikkultur** eine der älteren bis mittleren Jungsteinzeit Mitteleuropas.

26 **Höhlenmalereien** wurden in den Höhlen der Schwäbischen Alb bisher nicht entdeckt.
Anderen bedeutenden Funden wie **Elfenbeinskulpturen** und **Schmuckanhängern** zufolge war die schwäbische Region aber das kulturelle Zentrum der Aurignacien-Kulturstufe der jüngeren Altsteinzeit. Eine 35 000 Jahre alte Venusfigurine und eine fast ebenso alte Knochenflöte sind die älteste bekannte Menschenfigur und das älteste **Musikinstrument** der Welt.

27 Mit der Teilung des Frankenreichs in ein West- und ein Ostreich **912** bürgerte sich die Bezeichnung „Regnum Teutonicum“ für das ostfränkisch-deutsche Reich ein.
Bereits in den Straßburger Eiden von **842** wurden die Ostfranken als „Teutonici“ bezeichnet. In „De bello Gallico“ verwendet Caesar **51 v. Chr.** erstmals den Begriff Germanen in seiner heutigen Bedeutung. Für **1254** ist zum ersten Mal die Bezeichnung Heiliges Römisches Reich belegt.

28 In der **späten Altsteinzeit** ab etwa 12 000 v. Chr. kamen bei den Jägern der sogenannten Federmesser-Gruppen Pfeil und Bogen auf. Sie waren auch für die nacheiszeitlichen Jäger der **Mittelsteinzeit** weiterhin die wichtigste Jagdwaffe.
Mit Ackerbau und Viehzucht entwickelten sich zu Beginn der **Jungsteinzeit** die ersten Bauern- und Hirtenkulturen, in der **Bronzezeit** wurde die Bronze zum wichtigsten Werkstoff für Waffen und Werkzeuge.

29 Die **Niedersachsen** und die **Westfalen** sprechen keine hochdeutsche Mundart, auch wenn im niedersächsischen Hannover das reinste Hochdeutsch – sprich: die reinste Variante der deutschen Schriftsprache – gesprochen wird.
Nördlich einer Linie von Düsseldorf über Magdeburg bis Frankfurt/Oder wird niederdeutsch gesprochen, nur südlich davon hochdeutsch. **Franken** und **Schwaben** sprechen somit eine hochdeutsche – mittel- und oberdeutsche – Mundart.

30 Wenn im Mittelalter ein vormals Leibeigener ein Jahr in einer Stadt verbrachte, wurde er zum freien Bürger. Stadtluft macht frei – aus diesem Grund nahm die Stadtbevölkerung von nur etwa **2 %** Mitte des 12. Jahrhunderts rapide auf knapp **15 %** um das Jahr 1450 zu.
Im Jahr 1871 war der Anteil der städtischen Einwohner an der Gesamtbevölkerung Deutschlands auf **37 %** gestiegen, 1939 betrug er mit **70 %** schon knapp das Doppelte.

GESCHICHTE I

Vom Mittelalter bis zum Zweiten Weltkrieg

Es ist bis heute umstritten, seit wann es eine „deutsche Geschichte" wirklich gibt. Waren Arminius, Theoderich oder Karl der Große bereits „deutsche" Helden? Wohl eher nicht. Nachweisbar ist, dass sich rechts des Rheins bis zum 10. Jahrhundert aus dem Ostfränkischen Reich, das von Bayern, Schwaben, Thüringern, Sachsen sowie Rhein- und Mainfranken bewohnt wurde und zum größten Teil nicht dem Römischen Reich untertan gewesen war, das „Regnum Teutonicum", das „Deutsche Reich" entwickelt hat. Erst im ausgehenden Mittelalter wird der Begriff Deutschland erstmals schriftlich erwähnt. Doch wollen wir nicht päpstlicher als der Papst sein und in diesem Kapitel die deutsche Geschichte mit dem Ende der Antike beginnen lassen.

1. **Am 20. Juli 1944 wurde von einer Gruppe von Wehrmachtsoffizieren ein Anschlag auf Hitler verübt. Der Deckname dieses Putschversuchs war Unternehmen ...**
   - Weserübung
   - Seelöwe
   - Barbarossa
   - Walküre

2. **Welches der Länder war das letzte, das von Deutschland im Zweiten Weltkrieg angegriffen wurde?**
   - Sowjetunion
   - Frankreich
   - Norwegen
   - Polen

3. **Bismarck führte zwischen 1884 und 1889 die Sozialversicherung ein. Was gehörte damals noch nicht zur Sozialversicherung?**
   - Krankenversicherung
   - Unfallversicherung
   - Rentenversicherung
   - Arbeitslosen-versicherung

4. **In welchem Jahr fand in Deutschland die Revolution statt, die unter dem Namen Märzrevolution Eingang in die Geschichtsbücher fand?**
   - 1789
   - 1848
   - 1917
   - 1918

5. **Welches war die offizielle Bezeichnung für die deutschen Streitkräfte von 1919 bis 1935?**
   - Bundeswehr
   - Reichswehr
   - Wehrmacht
   - Volksarmee

6. **Welches bedeutende Ereignis der deutschen Geschichte fand nicht an einem 9. November statt?**
   - Reichspogromnacht
   - Fall der Berliner Mauer
   - Gründung des Deutschen Reiches
   - Novemberrevolution

1 Der am 20. Juli 1944 fehlgeschlagene Putschversuch von Wehrmachtsoffizieren gegen Hitler trug den Codenamen Unternehmen **Walküre**.
Im Unternehmen **Weserübung** hatten deutsche Truppen im Zweiten Weltkrieg Dänemark und Norwegen besetzt, das Unternehmen **Seelöwe** war der Deckname für die geplante, nie in Angriff genommene Landung in Großbritannien. Unternehmen **Barbarossa** war der Codename der Angriffspläne der deutschen Heeresleitung auf die Sowjetunion.

2 Als letztes der genannten Länder wurde am 22. Juni 1941 unter Bruch eines Nichtangriffspaktes die **Sowjetunion** von der deutschen Wehrmacht angegriffen.
Mit dem Angriff auf **Polen** begann am 1. September 1939 der Zweite Weltkrieg. Am 9. April 1940 landeten deutsche Truppen ohne Kriegserklärung in **Norwegen**, der Einmarsch in **Frankreich** begann am 5. Juni 1940.

3 Unter dem Begriff der Sozialversicherung werden in Deutschland Pflichtversicherungen zusammengefasst, die mit Ausnahme der **Arbeitslosenversicherung** und der Pflegeversicherung auf die bismarckschen Sozialgesetze zurückgehen.
Durch diese wurden 1883 die **Krankenversicherung**, 1884 die **Unfallversicherung** und 1889 die gesetzliche **Rentenversicherung** eingeführt. Die Arbeitslosenversicherung gibt es seit 1927, die Pflegeversicherung erst seit 1995.

4 Die Märzrevolution war die **1848** von der französischen Februarrevolution im selben Jahr ausgelöste Erhebung des Bürgertums in Deutschland mit dem Ziel liberaler Reformen und nationaler Einheit.
Die Französische Revolution begann **1789** mit der Erstürmung der Bastille, die russische Revolution von **1917** wird auch Oktoberrevolution genannt. Die Revolution im Deutschen Reich kurz vor und nach dem Ende des Ersten Weltkriegs **1918** war die Novemberrevolution.

5 Die deutschen Streitkräfte während der Weimarer Republik und der ersten beiden Jahre des Dritten Reichs wurden offiziell **Reichswehr** genannt. Nach der „Wiedererlangung der Wehrhoheit“ durch die Nationalsozialisten ging die Reichswehr am 16. März 1935 in der neu geschaffenen **Wehrmacht** auf.
Die am 5. Mai 1955 gegründete **Bundeswehr** ist der Name der Streitkräfte der Bundesrepublik Deutschland. Die Nationale **Volksarmee** war vom 18. Januar 1956 bis zur deutschen Wiedervereinigung 1990 die Armee der DDR.

6 Die **Gründung des Deutschen Reiches** durch die Kaiserproklamation Wilhelms I. erfolgte am 18. Januar 1871.
Der Beginn der **Novemberrevolution** 1918, die Ausschreitungen gegen jüdische Einrichtungen der auch Kristallnacht genannten **Reichspogromnacht** 1938 und **der Fall der Berliner Mauer** 1989 fielen alle auf einem 9. November, weshalb dieser Tag auch als „deutscher Schicksalstag“ bezeichnet wird.

7 **In welcher Stadt wurde das Deutsche Kaiserreich gegründet?**

- Frankfurt am Main
- Berlin
- Versailles
- Aachen

8 **In welchem Staat wurde 1849 die erste Briefmarke Deutschlands ausgegeben?**

- Oldenburg
- Baden
- Sachsen
- Bayern

9 **Was fand nicht im Jahr der Machtergreifung Hitlers 1933 statt?**

- Zerschlagung der Gewerkschaften
- Bücherverbrennungen
- Erlass der Rassengesetze
- Beginn der Judenverfolgung

10 **Welcher Freiheitskämpfer der 1848er-Revolution wurde nach einem Standgerichtsurteil hingerichtet?**

- Robert Blum
- Friedrich Hecker
- Gustav Struve
- Georg Herwegh

11 **Wem erklärte Deutschland zu Beginn des Ersten Weltkriegs den Krieg?**

- Frankreich
- Russland
- Großbritannien
- Italien

12 **Welches heutige Nachbarland Deutschlands gehörte um das Jahr 1000 nicht zum römisch-deutschen Reich?**

- Luxemburg
- Dänemark
- Österreich
- Niederlande

7 Das Deutsche Reich wurde am 18. Januar 1871 durch die Ausrufung von Wilhelm I. zum „Deutschen Kaiser“ gegründet. Diese Kaiserproklamation fand noch während des Deutsch-Französischen Kriegs im Spiegelsaal des Schlosses von **Versailles** statt. Der Deutsch-Französische Krieg wurde durch den Friedensschluss von **Frankfurt am Main** am 10. Mai 1871 beendet. Die alte Kaiserresidenz **Aachen** hatte für das Deutsche Reich keine politische Bedeutung, seine Hauptstadt wurde **Berlin**.

8 Als erste Briefmarke Deutschlands wurde ab dem 1. November 1849 von **Bayern** die als „Schwarzer Einser“ bekannt gewordene 1-Kreuzer-Marke ausgegeben.
Im Jahr darauf gab **Sachsen** mit dem „Roten Dreier“ eine Briefmarke im Nominalwert von drei Pfennigen heraus. Als erste Briefmarke **Badens** erschien 1851 eine Marke im Wert von einem Kreuzer, von **Oldenburg** wurde 1852 die erste Briefmarke im Nominalwert von $^1/_4$ Silbergroschen ausgegeben.

9 Mit dem **Erlass der Rassengesetze**, den sogenannten Nürnberger Gesetzen, im Jahr 1935 sollten die Juden von der Mitwirkung am politischen Leben in Deutschland ausgeschlossen werden.
Der **Beginn der Judenverfolgung** datiert jedoch bereits auf den 1. April 1933, als die Nationalsozialisten gerade mal zwei Monate an der Macht waren. Die **Zerschlagung der Gewerkschaften** folgte am 2. Mai, am 10. Mai kam es in zahlreichen Städten zu **Bücherverbrennungen**.

10 **Robert Blum** war einer der führenden Vertreter der liberalen Opposition in Sachsen und 1848 Mitglied der Frankfurter Nationalversammlung. Als Teilnehmer beim Oktoberaufstand in Wien wurde er am 9. November 1848 standrechtlich erschossen.
Friedrich Hecker, **Gustav Struve** und **Georg Herwegh** waren prominente Teilnehmer der Märzrevolution in Baden. Sie konnten sich der Hinrichtung durch Flucht in die Schweiz oder in die Vereinigten Staaten entziehen.

11 Nach der Kriegserklärung Österreich-Ungarns an Serbien am 28. Juli 1914 und der daraufhin erfolgten Generalmobilmachung Russlands erklärte das Deutsche Reich als Bündnispartner Österreich-Ungarns am 1. August **Russland** den Krieg. Am 3. August folgte die deutsche Kriegserklärung an **Frankreich**, was am Tag darauf die Kriegserklärung von **Großbritannien** an Deutschland nach sich zog. Nachdem sich **Italien** bereits seit 1915 mit Österreich-Ungarn im Kriegszustand befand, erklärte es am 28. August 1916 auch Deutschland den Krieg.

12 **Dänemark** war um 1000 ein selbstständiges Königreich und in seiner gesamten Geschichte nie ein Teil des römisch-deutschen Reichs.
Dagegen gehörten **Luxemburg** und die **Niederlande** als Teile des Herzogtums Lothringen und die das Gebiet des heutigen **Österreich** umfassenden Herzogtümer Bayern und Kärnten damals zum römisch-deutschen Reich.

13 **Gegen wen richtete sich Bismarcks Kulturkampf?**

- Freimaurer
- Sozialisten
- Katholische Kirche
- Völkerbund

14 **Wie nannte man am mittelalterlichen Königshof den Stallmeister?**

- Hausmeier
- Marschall
- Kämmerer
- Truchsess

15 **In welchem Jahr wurde der Norddeutsche Bund gegründet?**

- 1806
- 1815
- 1866
- 1871

16 **Mit dem Vertrag von Versailles verlor Deutschland 1919 sämtliche Kolonien. Welcher heutige afrikanische Staat war keine deutsche Kolonie?**

- Togo
- Kamerun
- Senegal
- Ruanda

17 **Einer der Begriffe bezeichnet keine Widerstandsgruppe während des Zweiten Weltkriegs. Welcher ist es?**

- Weiße Rose
- Rote Kapelle
- Kreisauer Kreis
- Edelweißpiraten

18 **Aus welchem deutschen Fürstenhaus stammte der englische König Georg I.?**

- Hannover
- Braunschweig-Lüneburg
- Sachsen-Coburg-Gotha
- Hohenzollern

(13) Bismarcks Kulturkampf war eine nach der Gründung des Deutschen Reichs beginnende Auseinandersetzung mit der **Katholischen Kirche**. Mit repressiven Gesetzen sollte der Einfluss der Kirche im staatlichen Leben zurückgedrängt werden. Maßnahmen gegen die **Freimaurer** gab es vonseiten Bismarcks nicht, gegen die **Sozialisten** ging er mit den Sozialistengesetzen vor. Den **Völkerbund** gab es seinerzeit noch nicht, als Vorläufer der UNO wurde er erst 1919 gegründet.

(14) Der Stallmeister am mittelalterlichen Königshof war der **Marschall**. Ursprünglich beaufsichtigte er den Marstall, den Pferdestall, bekam in späteren Zeiten als Befehlshaber der Reitertruppen aber auch eine militärische Funktion.
Der **Truchsess** war der oberste Aufseher über die königliche Tafel und Vorsteher der Hofhaltung, der **Kämmerer** der königliche Schatzmeister. Der **Hausmeier** war für die Verwaltung der königlichen Güter zuständig.

(15) Der **1866** nördlich der Mainlinie entstandene Norddeutsche Bund war der erste deutsche Bundesstaat, in dem sich 22 deutsche Staaten zusammenschlossen. Er hatte bis zur Reichsgründung **1871** Bestand.
Auf Betreiben Napoleons wurde **1806** der Rheinbund gegründet, ein Staatenbund von 16 west- und süddeutschen Staaten. Der Deutsche Bund, ein Zusammenschluss der deutschen Einzelstaaten, wurde **1815** auf dem Wiener Kongress ins Leben gerufen.

(16) **Senegal** war keine deutsche Kolonie, sondern gehörte bis zu seiner Unabhängigkeit 1960 zu Französisch-Westafrika.
Togo und **Kamerun** in Westafrika, Namibia als Deutsch-Südwestafrika sowie Tansania, **Ruanda** und Burundi als Deutsch-Ostafrika waren deutsche Schutzgebiete, wie die Kolonien Deutschlands offiziell bezeichnet wurden.

(17) **Edelweißpiraten** nannten sich oppositionelle Jugendgruppen außerhalb der Hitlerjugend, bei denen aktiver Widerstand gegen den Nationalsozialismus aber die Ausnahme blieb. **Weiße Rose** nannte sich die religiös-sittlich motivierte Münchener Widerstandsgruppe um die Geschwister Scholl. Die linksgerichtete **Rote Kapelle** war eine der größten deutschen Widerstandsgruppen mit über 100 Mitgliedern. Der **Kreisauer Kreis** war eine christlich-konservative Gruppe der deutschen Widerstandsbewegung um Graf Moltke.

(18) Kurfürst Georg Ludwig von **Braunschweig-Lüneburg** wurde 1714 als Georg I. König von Großbritannien und Irland. Damit begann die Personalunion von Großbritannien und dem späteren Königreich **Hannover**. 1901 wurde das britische Königshaus nach dem Ehemann von Königin Viktoria in **Sachsen-Coburg-Gotha** umbenannt. Die **Hohenzollern** stellten die Deutschen Kaiser und Könige von Preußen, jedoch keinen britischen König.

19 **Welches deutsche Adelsgeschlecht hatte seinen Stammsitz nicht in Schwaben?**

- Staufer
- Hohenzollern
- Wettiner
- Wittelsbacher

20 **Wann wurde für die deutschen Länder erstmals ein einheitliches Zollgebiet geschaffen?**

- 1834
- 1871
- 1968
- 1990

21 **Die drei Reichseinigungskriege führten 1871 zur Bildung des Deutschen Reichs. Welches Land war kein Gegner Deutschlands in diesen Kriegen?**

- Österreich
- Polen
- Frankreich
- Dänemark

22 **Wann wurde in Deutschland zum ersten Mal die Sommerzeit eingeführt?**

- 1916
- 1940
- 1945
- 1980

23 **Was wurde am 20. Januar 1942 auf der Wannseekonferenz beschlossen?**

- Hitler-Stalin-Pakt
- Angriff auf die Sowjetunion
- Kriegserklärung an die USA
- Endlösung der Judenfrage

24 **Welches Land zählte nicht zu den Verbündeten Deutschlands im Ersten Weltkrieg?**

- Österreich-Ungarn
- Bulgarien
- Italien
- Osmanisches Reich

19 Die **Wettiner**, die von 1032 bis 1918 Markgrafen, Kurfürsten und Könige von Sachsen stellten, haben ihren Stammsitz auf der Burg Wettin in Sachsen-Anhalt.
Burg Hohenstaufen, der Stammsitz der **Staufer**, die im Mittelalter mehrere römisch-deutsche Kaiser hervorbrachten, und die Stammburg der **Hohenzollern**, die den letzten deutschen Kaiser stellten, liegen beide am Rand der Schwäbischen Alb.
Stammsitz der **Wittelsbacher**, die von 1180 bis 1918 Bayern regierten, ist die Burg Wittelsbach bei Aichach in Bayerisch-Schwaben.

20 Mit der Gründung des Deutschen Zollvereins im Jahr **1834**, dem unter Führung Preußens fast alle deutschen Staaten angehörten, entstand zum ersten Mal ein einheitliches deutsches Zollgebiet. Mit der Reichsverfassung von **1871** wurde das gesamte Deutsche Reich einheitliches Zoll- und Handelsgebiet.
Seit **1968** besteht innerhalb der EU eine Zollunion, zu der seit **1990** auch das Gebiet der ehemaligen DDR gehört.

21 **Polen** war kein Gegner eines der drei zwischen 1864 und 1871 geführten Reichseinigungskriege, die der Entstehung des Deutschen Reichs vorausgingen.
Gegner Preußens und Österreichs im ersten dieser Kriege war **Dänemark** im Jahr 1864. Im Deutschen Krieg 1866 standen sich der Norddeutsche Bund unter Führung Preußens und **Österreich** gegenüber, im dritten Reichseinigungskrieg war **Frankreich** 1870/71 Gegner einer Koalition deutscher Staaten.

22 Zum ersten Mal gab es **1916** im Ersten Weltkrieg eine Umstellung der Uhren auf Sommerzeit. Bis 1918 galt sie von Ende April bis Ende September.
Während des Zweiten Weltkriegs wurde sie **1940** wieder eingeführt. Zwischen **1945** und 1949 gab es in den einzelnen Besatzungszonen unterschiedliche Regelungen, **1980** führten Bundesrepublik Deutschland und DDR eine gemeinsame Sommerzeitregelung ein.

23 Unter Vorsitz des Chefs des Reichssicherheitshauptamtes Reinhard Heydrich wurde auf der sogenannten Wannseekonferenz die „**Endlösung der Judenfrage**“ erläutert und beschlossen.
Der **Hitler-Stalin-Pakt**, ein deutsch-sowjetischer Nichtangriffspakt, wurde am 23. August 1939 unterzeichnet und am 22. Juni 1941 durch Deutschlands **Angriff auf die Sowjetunion** gebrochen. Die deutsche **Kriegserklärung an die USA** erfolgte am 11. Dezember 1941.

24 **Italien** war während des Ersten Weltkriegs kein Verbündeter von Deutschland. Italien hatte zwar 1882 mit Deutschland und Österreich-Ungarn den sogenannten Dreibund geschlossen, sich 1902 durch einen geheimen Nichtangriffsvertrag mit Frankreich aber den Westmächten angenähert.
Mit **Österreich-Ungarn** war Deutschland 1879 den Zweibund eingegangen, 1914 wurde ein geheimes Bündnis mit dem **Osmanischen Reich** geschlossen. **Bulgarien** trat 1915 an der Seite Deutschlands und seiner Verbündeten in den Krieg ein.

25 **Wo vereinbarten die Alliierten die Grundlagen der politischen Aufteilung von Deutschland und Europa nach dem Zweiten Weltkrieg? Auf der Konferenz von …**

- Potsdam
- Casablanca
- Teheran
- Jalta

26 **Welche der Personen war keiner der Gründungsväter der SPD?**

- Ferdinand Lassalle
- Wilhelm Liebknecht
- August Bebel
- Karl Liebknecht

27 **Mit welchem Land schloss das Deutsche Reich 1887 den Rückversicherungsvertrag, mit …**

- Frankreich
- Österreich-Ungarn
- Russland
- Italien

28 **Was hatte das Edikt von Potsdam zum Inhalt?**

- Nachkriegsordnung in Deutschland
- Glaubensfreiheit in Brandenburg
- Wirtschaftliche Privilegien
- Ausgleich zwischen Hitler und Hindenburg

29 **Welcher deutsche Kaiser trat 1077 den sprichwörtlich gewordenen Gang nach Canossa an?**

- Heinrich I.
- Maximilian I.
- Heinrich IV.
- Gregor VII.

30 **Welches ist das älteste Rechtsbuch des deutschen Mittelalters?**

- Sachsenspiegel
- Schwabenspiegel
- Klagspiegel
- Deutschenspiegel

(25) Auf der Konferenz von **Teheran** vereinbarten die Alliierten 1943 die Grundzüge der territorialen Neuordnung von Deutschland und Europa nach Ende des Zweiten Weltkriegs. Die Konferenz von **Potsdam** 1945 regelte die Besatzungspolitik in Deutschland, auf der Konferenz von **Casablanca** wurde 1943 die bedingungslose Kapitulation Deutschlands gefordert. Auf der Konferenz von **Jalta** wurde 1945 die Gründung der Vereinten Nationen beschlossen.

(26) **Karl Liebknecht** zählt nicht zu den Gründungsvätern der SPD, sondern war einer der Gründer der Deutschen Kommunistischen Partei. Am 15. Januar 1919 wurde er von Freikorpsoffizieren ermordet.
Sein Vater **Wilhelm Liebknecht** gründete 1869 zusammen mit **August Bebel** die Sozialdemokratische Arbeiterpartei, die 1875 mit dem Allgemeinen Deutschen Arbeiterverein von **Ferdinand Lassalle** vereinigt und 1890 in SPD umbenannt wurde.

(27) Der 1887 abgeschlossene Rückversicherungsvertrag war ein geheimes Neutralitätsabkommen zwischen dem Deutschen Reich und **Russland**. Deutschland und Russland sicherten sich darin bei einem Angriff von **Österreich-Ungarn** auf Russland bzw. einem Angriff **Frankreichs** auf Deutschland Neutralität zu.
Mit **Italien** und Österreich-Ungarn schloss das Deutsche Reich 1882 den Dreibund.

(28) Mit dem 1685 von Kurfürst Friedrich Wilhelm erlassenen Edikt von Potsdam wurde den aus Frankreich vertriebenen Hugenotten **Glaubensfreiheit in Brandenburg** zugesichert. Außerdem gewährte es ihnen **wirtschaftliche Privilegien**.
Im Potsdamer Abkommen regelten die Alliierten 1945 die **Nachkriegsordnung in Deutschland**. Der **Ausgleich zwischen Hitler und Hindenburg** fand am 21. März 1933 am „Tag von Potsdam“ statt, an dem die Nationalsozialisten ihre Verbundenheit mit der preußischen Tradition bekundeten.

(29) Der deutsche Kaiser **Heinrich IV.** trat 1077 den Bußgang an. Er stand angeblich tagelang barfuß im Büßergewand vor der Burg von Canossa, um Papst **Gregor VII.** zur Aufhebung des 1075 über ihn verhängten Kirchenbanns zu bewegen.
Der sagenumrankte **Heinrich I.** war deutscher König und gilt als Gründer des Deutschen Reichs. **Maximilian I.**, der „letzte Ritter“, wurde 1508 römisch-deutscher Kaiser.

(30) Das älteste und einflussreichste Rechtsbuch des deutschen Mittelalters war der um 1224 bis 1231 entstandene **Sachsenspiegel**. Er fasste die im sächsischen Gebiet geltenden Regeln des Landrechts und des Lehensrechts zusammen und war die Vorlage der oberdeutschen Rechtsbücher **Schwabenspiegel** und **Deutschenspiegel**, die um 1275 verfasst wurden.
Der um 1436 entstandene **Klagspiegel** ist das erste Rechtsbuch, das römisches Recht in deutscher Sprache vermittelt.

31 **Der erste Putschversuch von rechts gegen die Weimarer Republik war der …**

- Röhm-Putsch
- Hitler-Putsch
- Kapp-Putsch
- Tresckow-Dohnanyi-Putsch

32 **Welches Gesetz zählte nicht zu den sogenannten Kulturkampfgesetzen Bismarcks?**

- Kanzelparagraf
- Verbot sozialdemokratischer Aktivitäten
- Einführung der Zivilehe
- Jesuitengesetz

33 **Unter welchem Namen ist die 1803 getroffene Entscheidung bekannt, die geistlichen und die meisten kleineren Reichsgebiete aufzulösen?**

- Reichsregiment
- Wormser Edikt
- Reichsdeputationshauptschluss
- Restitutionsedikt

34 **Welcher deutsche Staat war nicht an der Gründung des Rheinbunds 1806 beteiligt?**

- Württemberg
- Baden
- Sachsen
- Bayern

35 **Welche Gebiete musste Deutschland nach dem verlorenen Ersten Weltkrieg nicht abtreten?**

- Elsass-Lothringen
- Westpreußen
- Eupen-Malmedy
- Niederschlesien

36 **Wann wurde der Begriff „Heiliges Römisches Reich deutscher Nation“ zum offiziellen Namen für das Deutsche Reich?**

- 1034
- 1157
- 1254
- 1512

31 Der erste gegen die Weimarer Republik gerichtete Putschversuch von Rechts war der **Kapp-Putsch**.
Rechtsradikale Freikorps und Militärs hatten 1920 den Politiker Wolfgang Kapp zum Reichskanzler erklärt.
Der **Hitler-Putsch** in München wurde 1923 von der Polizei niedergeschlagen, der **Tresckow-Dohnanyi-Putsch** war ein 1944 gescheiterter Putsch gegen Hitler. Der **Röhm-Putsch** diente Hitler 1934 als Vorwand zur Abrechnung mit der SA.

32 Mit dem Sozialistengesetz von 1878 und dem darin verfügten **Verbot sozialdemokratischer Aktivitäten** außerhalb der Parlamente wollte Bismarck die Parteiorganisation der SPD im Deutschen Reich zerschlagen.
Zu den Kulturkampfgesetzen zählten der „**Kanzelparagraf**" (1871), der Geistlichen in Ausübung ihres Amtes die Behandlung staatlicher Angelegenheiten untersagte, das **Jesuitengesetz** (1872), das neue Niederlassungen der Jesuiten verbot, und die **Einführung der Zivilehe** (1973).

33 Der Beschluss des Reichstags von 1803, die geistlichen und die meisten kleineren Reichsgebiete aufzulösen, war der **Reichsdeputationshauptschluss**.
Reichsregiment hießen die Regierungsorgane, die nach dem Reichstag von Augsburg 1500 dem Reich eine einheitliche politische Führung geben sollten. Im **Wormser Edikt** wurde 1521 die Reichsacht über Martin Luther verhängt. Das **Restitutionsedikt** war ein kaiserlicher Erlass von 1629, der die Rückführung aller von Protestanten beanspruchten Kirchengüter zur Katholischen Kirche anordnete.

34 **Sachsen** zählte nicht zu den 16 west- und süddeutschen Fürstentümern, die am 12. Juli 1806 auf Initiative von Napoleon den Rheinbund und damit eine Militärallianz mit Frankreich gründeten.
Unter den Gründungsmitgliedern waren die nur wenige Monate zuvor neu geschaffenen Königreiche **Bayern** und **Württemberg** sowie das Großherzogtum **Baden**. Das Königreich Sachsen und die sächsischen Herzogtümer traten jedoch noch im selben Jahr dem Rheinbund bei.

35 Bis auf kleinere Grenzgebiete verblieb **Niederschlesien** nach dem Ersten Weltkrieg beim Deutschen Reich.
Dagegen fiel **Elsass-Lothringen**, seit 1871 Teil des Deutschen Reichs, wieder an Frankreich, das seit 1815 preußische Gebiet **Eupen-Malmedy** wurde Belgien zugeschlagen. Bis auf Danzig, das als Freie Stadt der Kontrolle des Völkerbunds unterstellt wurde, bekam Polen fast ganz **Westpreußen** zugesprochen.

36 Seit dem Jahr **1512** ist „Heiliges Römisches Reich deutscher Nation" (Sacrum Romanum Imperium Nationis Germanicae) die offizielle Bezeichnung für das Deutsche Reich.
Die Bezeichnung „Römisches Reich" (Romanum Imperium) wurde **1034** amtlicher Titel des Reichs. Der Name „Heiliges Reich" (Sacrum Imperium) ist seit **1157** urkundlich belegt, ab **1254** bürgerte sich der Titel „Heiliges Römisches Reich" ein. Der Zusatz „deutscher Nation" kam erstmals Mitte des 15. Jahrhunderts auf.

37 **Welches „moderne“ Kampfmittel wurde von Deutschland während des Ersten Weltkriegs zum ersten Mal eingesetzt?**

- Luftschiffe
- Panzer
- Giftgas
- Flugzeuge

38 **Wer war während des Deutschen Reichs von 1918 bis 1945 kein Reichskanzler?**

- Joseph Goebbels
- Hans Luther
- Wilhelm Marx
- Paul von Hindenburg

39 **Mit welchem Land schloss das nationalsozialistische Deutschland 1939 den Stahlpakt?**

- Großbritannien
- Sowjetunion
- Frankreich
- Italien

40 **In welchem Jahr wurde in Deutschland erstmals der Muttertag begangen?**

- 1907
- 1914
- 1923
- 1934

41 **Welches historische deutsche Land wurde am längsten ununterbrochen von ein und derselben Fürstendynastie regiert?**

- Brandenburg-Preußen
- Hannover
- Bayern
- Sachsen

42 **Was wurde bei der Deutschen Reichsreform 1495 abgeschafft?**

- Allgemeine Reichssteuer
- „Ewiger Landfrieden“
- Fehderecht
- Reichskammergericht

37 Mit verheerenden Wirkungen verwendete Deutschland bei der Schlacht von Ypern im April 1915 zum ersten Mal **Giftgas** als Kampfmittel, obwohl chemische Kampfstoffe durch die Haager Landkriegsordnung von 1907 verboten waren.
In der Sommeschlacht setzten die Briten im Oktober 1916 erstmals ihre „Tanks“ genannten **Panzer** ein. **Luftschiffe** und **Flugzeuge** waren seit Beginn des Kriegs auf beiden Seiten im Einsatz.

38 **Paul von Hindenburg** war nie Reichskanzler. Der populäre Generalfeldmarschall des Ersten Weltkriegs wurde 1925 zum zweiten deutschen Reichspräsidenten gewählt.
Der Zentrumspolitiker **Wilhelm Marx** war von November 1923 bis Januar 1925 deutscher Reichskanzler. Sein Nachfolger im Amt war bis Mai 1926 der parteilose **Hans Luther**. **Joseph Goebbels** war nach dem Tod von Adolf Hitler am 30. April 1945 bis zu seinem Selbstmord am 1. Mai 1945 formal ebenfalls Reichskanzler.

39 Am 22. Mai 1939 schlossen Deutschland und das faschistische **Italien** einen Freundschafts- und Bündnisvertrag, den sogenannten Stahlpakt. Mit der Unterzeichnung des Münchner Abkommens stimmten am 29. September 1938 **Frankreich** und **Großbritannien** der Abtretung des Sudetenlands an das Deutsche Reich zu. Der am 23. August zwischen Deutschland und der **Sowjetunion** geschlossene Nichtangriffspakt wird auch als Hitler-Stalin-Pakt bezeichnet.

40 In Deutschland wurde am 13. Mai **1923** zum ersten Mal der Muttertag gefeiert.
In den Vereinigten Staaten wird er seit **1907** am zweiten Sonntag im Mai begangen; mit der „Mother's day bill“ wurde er **1914** durch den amerikanischen Kongress zum Staatsfeiertag erklärt. Die Nationalsozialisten machten sich den Muttertag für ihre bevölkerungspolitischen Ziele zunutze. Als „Gedenk- und Ehrentag der deutschen Mütter“ war er ein offizieller Feiertag, der **1934** erstmals begangen wurde.

41 Das am längsten ununterbrochen von ein und derselben Fürstendynastie regierte deutsche Land war **Bayern**. Von 1180 bis 1918 waren hier die Wittelsbacher an der Macht.
In **Brandenburg-Preußen** wurden die Herrscher von 1417 bis 1871 von den Hohenzollern gestellt. In **Hannover** waren von 1692 bis 1886 die Welfen an der Macht. **Sachsen** wurde 1485 bis 1918 von den Albertinern – zunächst als Herzöge und Kurfürsten, später als Könige – regiert.

42 Bei der auf dem Wormser Reichstag von 1495 unter dem König und späteren Kaiser Maximilian I. beschlossenen Deutschen Reichsreform wurde der „**Ewige Landfrieden**“ eingeführt und damit das **Fehderecht** aufgehoben.
Außerdem wurden auf dem Reichstag die Einrichtung eines vom König unabhängigen **Reichskammergerichts** und mit der Erhebung des „Gemeinen Pfennigs“ eine **allgemeine Reichssteuer** verfügt.

43 **Womit machte der letzte deutsche Kaiser Wilhelm II. nicht von sich reden?**

- Hunnen-Rede
- Emser Depesche
- Daily-Telegraph-Affäre
- Krüger-Depesche

44 **Welche Stadt war die erste Hauptstadt Deutschlands?**

- Aachen
- Frankfurt am Main
- Berlin
- Bonn

45 **Wie wurden Deutschland und seine Verbündeten im Ersten Weltkrieg genannt?**

- Mittelmächte
- Vierbund
- Entente
- Achsenmächte

46 **Wie hieß das Abkommen, mit dem Deutschland 1931 ein Aufschub für seine Reparationszahlungen gewährt wurde?**

- Hoover-Moratorium
- Young-Plan
- Kellogg-Pakt
- Dawes-Plan

47 **Nach dem Ende des Ersten Weltkriegs fand 1919 die Pariser Friedenskonferenz statt. Welcher Staat nahm daran nicht teil?**

- Italien
- Frankreich
- Deutschland
- USA

48 **Im sogenannten Dreikaiserjahr 1888 waren drei deutsche Kaiser auf dem Thron. Welcher Herrscher zählte nicht dazu?**

- Wilhelm I.
- Friedrich II.
- Friedrich III.
- Wilhelm II.

43 Die **Emser Depesche** war eine von Bismarck in verkürzter Form veröffentlichte Forderung der französischen Regierung an den preußischen König Wilhelm I. und Auslöser des Deutsch-Französischen Kriegs 1870/71.
Mit der **Krüger-Depesche** (1896), seiner **Hunnen-Rede** (1900) und der **Daily-Telegraph-Affäre** (1908) löste Kaiser Wilhelm II. innen- und außenpolitische Kritik und diplomatische Verwicklungen aus.

44 Die erste Hauptstadt Deutschlands wurde 1815 mit der Schaffung eines locker gefügten Bunds deutscher Staaten, dem Deutschen Bund, **Frankfurt am Main**.
Berlin wurde 1871 Hauptstadt des Deutschen Reichs, war aber schon zuvor seit 1867 Hauptstadt des Norddeutschen Bundes. **Bonn** war von 1949 bis 1990 Regierungssitz der Bundesrepublik Deutschland, aber formal nie Bundeshauptstadt.
Aachen war im Mittelalter Krönungsort der deutschen Könige, eine deutsche Hauptstadt gab es damals jedoch nicht.

45 Aufgrund ihrer zentraleuropäischen Lage wurde das Bündnis von Deutschland und Österreich-Ungarn im Ersten Weltkrieg **Mittelmächte** genannt. Nach dem Beitritt des Osmanischen Reichs und Bulgariens war auch der Begriff **Vierbund** gebräuchlich.
Die **Entente** war das Bündnis der Kriegsgegner Frankreich, Großbritannien und Russland. **Achsenmächte** wurden die Verbündeten Deutschland und Italien im Zweiten Weltkrieg genannt.

46 Auf Vorschlag des amerikanischen Präsidenten Hoover erhielt Deutschland 1931 durch das **Hoover-Moratorium** einen Aufschub für seine Reparationszahlungen.
Deutschland hatte seinen im **Dawes-Plan** von 1924 festgelegten und im **Young-Plan** von 1929 neu geregelten Reparationsverpflichtungen nicht nachkommen können und war am Ende der 1920er-Jahre zahlungsunfähig. Der **Kellogg-Pakt** (auch Briand-Kellogg-Pakt) war ein Kriegsächtungspakt, der 1928 von elf Staaten, darunter auch Deutschland, unterzeichnet wurde.

47 An der ab Januar 1919 von den Siegermächten des Ersten Weltkriegs abgehaltenen Pariser Friedenskonferenz nahm **Deutschland** nicht teil – Vertreter der ehemaligen Feindmächte waren nicht zugelassen.
Sämtliche Entscheidungen wurden ohne Anhörung der unterlegenen Staaten im Wesentlichen vom Ministerpräsidenten **Frankreichs**, dem Präsidenten der **USA**, dem britischen Premierminister und dem Regierungschef **Italiens** getroffen.

48 **Friedrich II.** war keiner der Herrscher des Dreikaiserjahrs 1888. Als Friedrich der Große regierte er von 1740 bis 1786 die Geschicke des Königreichs Preußen.
Nachfolger des am 9. März 1888 verstorbenen Kaisers **Wilhelm I.** wurde sein Sohn Friedrich Wilhelm als Kaiser **Friedrich III.** An Kehlkopfkrebs erkrankt, starb dieser am 15. Juni nach nur 99 Tagen Regentschaft. Ihm folgte sein ältester Sohn Friedrich Wilhelm als **Wilhelm II.** auf dem Kaiserthron.

49 Was waren die Vitalienbrüder, die Ende des 14. Jahrhunderts in der Gegend der norddeutschen Küsten für Aufsehen sorgten?

- Strandräuber
- Korsaren
- Bettelmönche
- Seeräuber

50 Wie heißt das wichtigste Verfassungsgesetz des 1802 aufgelösten Heiligen Römischen Reichs?

- Magna Charta
- Goldene Bulle
- Privilegium maius
- Corpus Iuris Canonici

51 In welchem Jahr fand in Deutschland der letzte Hexenprozess statt?

- 1484
- 1756
- 1775
- 1831

52 Welche Schlacht endete für Napoleon I. nicht siegreich?

- Doppelschlacht von Jena und Auerstedt
- Dreikaiserschlacht bei Austerlitz
- Völkerschlacht bei Leipzig
- Schlacht bei Wagram

53 Wo wurde am 10. Mai 1871 der Friedensvertrag unterzeichnet, der den Deutsch-Französischen Krieg 1870/71 beendete?

- Versailles
- Sedan
- Compiègne
- Frankfurt am Main

54 Wie hieß die Veranstaltung, bei der 1817 mehrere Hundert Burschenschafter für einen Nationalstaat und eine Verfassung demonstrierten?

- Kölner Dombaufest
- Hambacher Fest
- Wartburgfest
- Frankfurter Wachensturm

49 Die Vitalienbrüder waren **Korsaren**, die mit schwedischen Kaperbriefen versehen waren, um das von der dänischen Königin Margarete I. von 1389 bis 1392 belagerte Stockholm mit Lebensmitteln zu versorgen. Danach verlegten sie ihre Tätigkeit als **Seeräuber** in die Nordsee.
Über Aktivitäten als **Strandräuber** oder gar als **Bettelmönche** ist von den Vitalienbrüdern nichts bekannt; ihr Anführer Klaus Störtebeker wurde 1401 in Hamburg vielmehr wegen Seeräuberei hingerichtet.

50 Die 1356 beschlossene **Goldene Bulle** war das wichtigste Verfassungsgesetz des Heiligen Römischen Reichs; sie regelte vor allem die deutsche Königswahl.
Die **Magna Charta** von 1215/25 ist das bedeutendste englische Grundgesetz. Das **Privilegium maius** ist eine Fälschung, mit der die Habsburger 1358/59 ihre Macht in Österreich und Reichsunabhängigkeit sicherten. Das **Corpus Iuris Canonici** ist eine im Mittelalter entstandene Sammlung von römisch-katholischem Kirchenrecht.

51 Der letzte Hexenprozess auf deutschem Boden fand **1775** in Kempten statt. Das Urteil wurde aber nicht vollstreckt, die Verurteilte starb 1781 im Gefängnis eines natürlichen Todes.
Mit der Hexenbulle von Papst Innozenz VIII. begann **1484** die systematische Hexenverfolgung. Die letzte Hexe wurde in Deutschland vermutlich **1756** in Landshut hingerichtet. Mit der Enthauptung der Serienmörderin Gesche Gottfried fand **1831** in Bremen die letzte öffentliche Hinrichtung in Deutschland statt.

52 Im Oktober 1813 besiegten die verbündeten Truppen von Österreich, Preußen, Russland und Schweden in der **Völkerschlacht bei Leipzig** die Armee des französischen Kaisers Napoleon I.
In der **Dreikaiserschlacht bei Austerlitz** schlug Napoleon im Dezember 1805 die vereinigten österreichischen und russischen Truppen. In der **Doppelschlacht von Jena und Auerstedt** besiegte er im Oktober 1806 die preußische, in der **Schlacht bei Wagram** im Juli 1809 die österreichische Armee.

53 Der Friedensvertrag, der den Deutsch-Französischen Krieg von 1870/71 beendete, wurde am 10. Mai 1871 in **Frankfurt am Main** unterzeichnet.
Am 26. Februar 1871 war der Vorfriede von **Versailles** geschlossen worden. Die kriegsentscheidende Schlacht, bei der auch Napoleon II. in Gefangenschaft geriet, hatte am 2. September 1870 bei **Sedan** stattgefunden. In **Compiègne** wurde 1918 der Waffenstillstand im Ersten Weltkrieg geschlossen.

54 1817 kamen mehr als 400 Studenten aus allen Teilen Deutschlands zum **Wartburgfest** zusammen, um für einen Nationalstaat und eine Verfassung zu demonstrieren.
Mit dem Kölner **Dombaufest** sollte ab 1842 die Fertigstellung des Kölner Doms in Angriff genommen werden. Das **Hambacher Fest** von 1832 war der Höhepunkt liberaler bürgerlicher Opposition im Vormärz. Der **Frankfurter Wachensturm** von 1933 war eine gescheiterte Erhebung von Studenten und Handwerkern.

55 **In welcher Stadt wurden im Mittelalter die meisten deutschen Könige gekrönt?**

- Regensburg
- Aachen
- Frankfurt am Main
- Mainz

56 **Wann wurde die SPD erstmals stärkste Fraktion in einem deutschen Parlament?**

- 1912
- 1919
- 1930
- 1972

57 **Welches Königsgeschlecht stellte keinen der römisch-deutschen Kaiser namens Heinrich?**

- Welfen
- Staufer
- Ottonen
- Salier

58 **In welchem Jahr erhielt das Saargebiet die Gelegenheit, über seine staatliche Zugehörigkeit zu entscheiden?**

- 1920
- 1935
- 1946
- 1955

59 **Wann trat die erste demokratisch beschlossene Verfassung Deutschlands, die sogenannte Paulskirchenverfassung, in Kraft?**

- 1849
- 1871
- 1919
- Nie

60 **Beflügelt von den Ideen der Reformation, brach 1524/25 in Süd- und Mitteldeutschland der Bauernkrieg aus. Wer zählte nicht zu seinen Führern?**

- Florian Geyer
- Bauernjörg
- Thomas Müntzer
- Götz von Berlichingen

55 Die meisten Könige des römisch-deutschen Reiches wurden im Mittelalter und in der frühen Neuzeit in **Aachen** gekrönt, es fanden aber auch einige Krönungen in **Mainz**, Köln und Bonn statt.
Die Wahl der Könige fand seit dem 14. Jahrhundert in **Frankfurt am Main** statt, und dort wurden ab 1562 – mit der Ausnahme einiger der Habsburger-Könige, deren Krönungsort **Regensburg** war – auch alle deutschen Könige gekrönt.

56 Bei den Reichstagswahlen von **1912** feierte die SPD einen überwältigenden Wahlsieg. Mit 110 von 379 Mandaten wurde die Partei zum ersten Mal stärkste Fraktion.
Auch in der Weimarer Republik zwischen **1919** und **1930** war die SPD stets die dominierende politische Kraft im Reichstag. Bei Wahlen zum Deutschen Bundestag gelang ihr **1972** zum ersten Mal, stärkste Fraktion zu werden.

57 Insgesamt gab es mit Heinrich I. bis Heinrich VI. sechs römisch-deutsche Kaiser namens Heinrich. Aus dem Geschlecht der **Welfen** stammte nur ein einziger Kaiser, nämlich Otto IV. Heinrich I. und Heinrich II. waren **Ottonen**. Heinrich II. bis Heinrich V. waren aus dem Geschlecht der **Salier** und Heinrich VI. war ein **Staufer**. Der letzte Kaiser namens Heinrich, Heinrich VII., entstammte dem Geschlecht der Luxemburger.

58 Das Saargebiet erhielt gleich zweimal die Gelegenheit, über seine staatliche Zugehörigkeit zu entscheiden. **1935** stimmten 90,8 % der Saarländer für die „Heimkehr ins Reich“. **1955** lehnten 67,7 % der Wähler das Saarstatut ab und sprachen sich somit für den Beitritt zur Bundesrepublik Deutschland aus.
Von **1920** bis 1935 stand das Saargebiet unter der Verwaltung des Völkerbunds, **1946** wurde das Saarland zollrechtlich Teil des französischen Wirtschaftsraums.

59 Die von der Frankfurter Nationalversammlung ausgearbeitete und **1849** verkündete Paulskirchenverfassung war die erste demokratisch beschlossene Verfassung für ganz Deutschland, die jedoch **nie** in Kraft trat.
Am 16. April **1871** wurde die Verfassung des Deutschen Reichs erlassen, die im Wesentlichen der Verfassung des Norddeutschen Bunds entsprach.
Die **1919** in Kraft getretene Weimarer Verfassung galt – formal auch in der Zeit des Dritten Reichs – bis 1945.

60 Der **Bauernjörg** genannte Georg Truchsess von Waldburg war keiner der Führer des Bauernkriegs, sondern warf als Heerführer des Schwäbischen Bundes die aufständischen Bauern 1525 vielmehr grausam nieder.
Die Reichsritter **Florian Geyer** und **Götz von Berlichingen** führten die aufständischen Bauern in Franken und im Odenwald, der evangelische Theologe **Thomas Müntzer** war der Führer eines Bauernheers in Thüringen.

61 **Wegen ihres Protests gegen die Aufhebung der Verfassung von Hannover wurden 1837 sieben Göttinger Professoren entlassen. Wer zählte nicht zu ihnen?**

- Wilhelm Grimm
- Wilhelm Weber
- Ernst Heinrich Weber
- Jakob Grimm

62 **Welcher der heutigen Staaten war nicht Teil des ehemaligen Kolonialgebiets Deutsch-Ostafrika?**

- Burundi
- Ruanda
- Uganda
- Tansania

63 **Wo unterlag 1241 ein deutsch-polnisches Heer den Mongolen?**

- Schlacht von Liegnitz
- Schlacht auf dem Lechfeld
- Schlacht bei Lützen
- Schlacht von Leuthen

64 **In welcher Stadt wurden die Könige von Preußen gekrönt?**

- Königsberg
- Potsdam
- Berlin
- Frankfurt am Main

65 **Welches historische Ereignis wurde durch den Prager Fenstersturz 1419 ausgelöst?**

- Siebenjähriger Krieg
- Dreißigjähriger Krieg
- Böhmisch-Pfälzischer Krieg
- Hussitenkriege

66 **In welcher Stadt wurde im Jahr 1348 die erste deutsche Universität gegründet?**

- Wien
- Heidelberg
- Prag
- Köln

61 **Ernst Heinrich Weber** gehörte nicht zu den als „Göttinger Sieben" bekannt gewordenen Professoren, die gegen die Aufhebung der Verfassung im Königreich Hannover protestierten und daraufhin ihrer Ämter enthoben und teilweise des Landes verwiesen wurden.
Er war ein Bruder des Physikers **Wilhelm Weber**, der, wie die Brüder **Wilhelm Grimm** und **Jakob Grimm**, als Unterzeichner der Protestnote zu den Göttinger Sieben zählte.

62 **Uganda** war von 1894 bis 1962 britisches Protektorat und damit eine Kolonie Großbritanniens.
Deutsch-Ostafrika umfasste von 1885 bis 1920 das Gebiet der heutigen Staaten **Ruanda**, **Burundi** und **Tansania** (ohne Sansibar, das Deutschland 1890 gegen Helgoland tauschte). Die Länder wurden 1920 der Verwaltung des Völkerbunds unterstellt und belgisches bzw. britisches Mandatsgebiet.

63 In der **Schlacht bei Liegnitz** besiegten die Mongolen 1241 ein polnisch-deutsches Ritterheer. Im Siebenjährigen Krieg zwischen Preußen und Österreich gab es 1760 eine ebenfalls unter dem Namen Schlacht bei Liegnitz bekannt gewordene Schlacht.
Auch die **Schlacht von Leuthen** fand 1757 während des Siebenjährigen Krieges statt. Die **Schlacht bei Lützen** 1632 zwischen den Schweden und dem kaiserlichen Heer war eine der Hauptschlachten des Dreißigjährigen Kriegs. In der **Schlacht auf dem Lechfeld** besiegte 955 ein deutsches Heer die Ungarn.

64 Die preußischen Könige wurden seit 1701 traditionell in der ostpreußischen Hauptstadt **Königsberg** gekrönt.
Berlin war die Hauptstadt des preußischen Königreichs, **Potsdam** Residenzstadt. **Frankfurt am Main** war von 1562 bis zur Auflösung des Heiligen Römischen Reiches 1806 Krönungsort der römisch-deutschen Könige.

65 Durch den (ersten) Prager Fenstersturz 1419 wurden die bis 1436 andauernden **Hussitenkriege** ausgelöst.
Der (zweite) Prager Fenstersturz von 1618 löste in Böhmen einen Aufstand aus, der schließlich in den **Dreißigjährigen Krieg** mündete. Als **Böhmisch-Pfälzischer Krieg** werden die Konflikte zu Anfang des Dreißigjährigen Kriegs (1618 bis 1623) bezeichnet. Auslöser des **Siebenjährigen Kriegs** war 1756 die Besetzung Sachsens durch Friedrich den Großen ohne Kriegserklärung.

66 Die erste deutsche Universität war die Karls-Universität in **Prag**. Sie wurde 1348 in seiner damaligen Residenzstadt vom römisch-deutschen Kaiser und böhmischen König Karl IV. gegründet.
Die Universität **Wien** wurde 1365 gegründet, die älteste Universität auf dem Boden des heutigen Deutschlands ist die 1386 entstandene Ruprecht-Karls-Universität in **Heidelberg**. Als vierte Universität im Heiligen Römischen Reich wurde 1388 die Universität zu **Köln** gegründet.

67 **Im sogenannten Investiturstreit kam es 1122 zu einer Einigung zwischen Kaiser und Papst. Unter welchem Namen ist diese Übereinkunft bekannt?**

- Augsburger Religionsfriede
- Wormser Konkordat
- Mainzer Reichslandfriede
- Wiener Konkordat

68 **In welcher Stadt tagte von 1663 bis 1806 der „Immerwährende Reichstag"?**

- Weimar
- Regensburg
- Frankfurt am Main
- Berlin

69 **Wann wurden die Farben Schwarz-Rot-Gold zum ersten Mal offiziell die Farben deutscher Hoheitszeichen?**

- 1817
- 1832
- 1848
- 1850

70 **Die Deutschen Reichskleinodien waren die Insignien der deutschen Könige und Kaiser. Was gehört nicht zu den Reichskleinodien?**

- Heiliger Rock
- Kaiserkrone
- Reichsapfel
- Krönungsmantel

71 **Wer rief am 9. November 1918 in Berlin die Republik aus?**

- Friedrich Ebert
- Philipp Scheidemann
- Max von Baden
- Karl Liebknecht

72 **Welche der deutschen Großstädte wurde im Zweiten Weltkrieg von den Alliierten als letzte eingenommen?**

- Mainz
- Aachen
- Breslau
- Berlin

67 Mit dem **Wormser Konkordat** legten Kaiser Heinrich V. und Papst Calixt II. den Investiturstreit, ein Streit um die Einsetzung von Bischöfen und Äbten, bei.
Das **Wiener Konkordat** von 1448 regelte die Beziehung zwischen der Kirche im römisch-deutschen Reich und dem Heiligen Stuhl. Der **Augsburger Religionsfriede** sicherte 1555 den Reichsfürsten die Wahl der Konfession zu, der **Mainzer Reichslandfriede** von 1235 war das erste in deutscher Sprache erlassene Reichsgesetz.

68 Der „Immerwährende Reichstag" war die Bezeichnung für die Ständevertretung im römisch-deutschen Reich. Er kam von 1663 bis 1806 in **Regensburg** zusammen.
In **Weimar** wurde 1919 die Weimarer Reichsverfassung beschlossen, der Reichstag in der Weimarer Republik tagte jedoch in **Berlin**. Der von der verfassunggebenden Versammlung 1849 in **Frankfurt am Main** für ganz Deutschland vereinbarte Reichstag kam nie zustande.

69 Offiziell wurde Schwarz-Rot-Gold im Revolutionsjahr **1848** von der Frankfurter Nationalversammlung zu den Farben des Deutschen Bundes erklärt, doch bereits **1850** vom preußischen König wieder verboten.
Die auf das Lützowsche Freikorps in den Befreiungskriegen zurückgehenden Farben Schwarz-Rot-Gold kamen zum ersten Mal **1817** während des Wartburgfestes auf; sie wurden auch auf dem Hambacher Fest **1832** gezeigt.

70 Der urkundlich seit dem 12. Jahrhundert belegte **Heilige Rock** gehört nicht zu den Deutschen Reichskleinodien. Der Legende nach ist die kostbarste Reliquie des Trierer Doms der Leibrock Christi, der nach der Kreuzigung unter den Soldaten verlost wurde.
Zu den heute in der Schatzkammer der Wiener Hofburg aufbewahrten Reichskleinodien zählen unter anderem die **Kaiserkrone**, der **Reichsapfel** und der **Krönungsmantel**.

71 Am 9. November 1918 um 14 Uhr rief der Sozialdemokrat **Philipp Scheidemann** von einem Fenster des Reichstags die „deutsche Republik" aus. Er kam damit dem Führer des Spartakusbunds **Karl Liebknecht** zuvor, der um 16 Uhr die „freie sozialistische Republik" proklamierte.
Am selben Tag veröffentlichte der letzte kaiserliche Kanzler, **Max von Baden**, die Abdankung von Kaiser Wilhelm II. und übertrug die Regierungsgeschäfte an **Friedrich Ebert**.

72 Als letzte deutsche Großstadt wurde am 6. Mai 1945 – zwei Tage vor Kriegsende – **Breslau** eingenommen. **Berlin** war bereits am 2. Mai 1945 von der Roten Armee besetzt worden. **Mainz** wurde am 22. März 1945 von den Amerikanern kampflos besetzt, **Aachen** war am 21. Oktober 1944 als erste deutsche Stadt nach einer sechswöchigen Schlacht von den Alliierten eingenommen worden.

73 **Der Salierkönig Heinrich III. setzte 1046 drei Päpste ab. Welcher Papst war keiner von den dreien?**

- Klemens II.
- Gregor VI.
- Benedikt IX.
- Silvester III.

74 **Durch die Novemberrevolution 1918 wurde im Deutschen Reich die Monarchie gestürzt. In welcher Stadt wurde zuerst die Republik ausgerufen?**

- Berlin
- Kiel
- Wilhelmshaven
- München

75 **Welcher Reichsfürst gehörte im Mittelalter nicht zu den sieben Kurfürsten, die den deutschen König wählten?**

- Herzog von Bayern
- Pfalzgraf bei Rhein
- Erzbischof von Mainz
- König von Böhmen

76 **In welchem Zeitraum der deutschen Geschichte war die Nationalflagge nicht schwarz-rot-gold?**

- Kaiserreich
- Weimarer Republik
- Drittes Reich
- Bundesrepublik

77 **Welcher Reichskanzler stand 1932 dem „Kabinett der Barone“ vor?**

- Theobald von Bethmann-Hollweg
- Kurt von Schleicher
- Franz von Papen
- Max von Baden

78 **In welcher Stadt liegt der römisch-deutsche König Heinrich I. begraben?**

- Quedlinburg
- Speyer
- Bamberg
- Magdeburg

73 **Klemens II.** war keiner der von König Heinrich III. abgesetzten Päpste. Heinrich II. ließ im Dezember 1046 vielmehr den Bamberger Bischof Suitger als Klemens II. zum Papst erheben, der ihn noch im selben Monat zum Kaiser krönte. Zuvor hatte Heinrich die streitenden Päpste **Gregor VI.**, **Benedikt IX.** und **Silvester III.** absetzen lassen.

74 Am 9. November 1918 wurde in **Berlin** sowohl von Philipp Scheidemann als auch von Karl Liebknecht die Republik proklamiert. Jedoch bereits am Tag zuvor hatte in **München** der USPD-Politiker Kurt Eisner die Republik ausgerufen und das herrschende Königshaus der Wittelsbacher für abgesetzt erklärt.
Ausgelöst wurde die Novemberrevolution durch die Ende Oktober begonnenen Matrosenaufstände in **Wilhelmshaven**, die am 3. November in die Meuterei der deutschen Hochseeflotte in **Kiel** mündeten.

75 Der **Herzog von Bayern** gehörte im Mittelalter nicht zu den Kurfürsten; die bayerischen Herzöge bekamen erst 1623 die pfälzische Kurfürstenwürde übertragen.
Die sieben Kurfürsten im Mittelalter waren der **Erzbischof von Mainz** sowie die Erzbischöfe von Köln und Trier, der **Pfalzgraf bei Rhein**, der Herzog von Sachsen, der Markgraf von Brandenburg und der **König von Böhmen**.

76 Die Flagge des deutschen **Kaiserreichs** war schwarz-weiß-rot. In der Zeit des sogenannten **Dritten Reichs** wurden die Farben Schwarz-Weiß-Rot in Form der Hakenkreuzflagge gezeigt.
Mit der Bildung der **Weimarer Republik** im Jahr 1919 wurde Schwarz-Rot-Gold zur Farbe der deutschen Nationalflagge. Die Flagge der **Bundesrepublik** wird durch Artikel 22 des Grundgesetzes bestimmt: „Die Bundesflagge ist schwarz-rot-gold."

77 Das „Kabinett der Barone" wurde im Juni 1932 von Kanzler **Franz von Papen** gebildet. Die spöttische Bezeichnung bezog sich auf seine Zusammensetzung aus vorwiegend konservativen Adligen. Es wurde im Dezember 1932 vom Kabinett des letzten Kanzlers der Weimarer Republik, **Kurt von Schleicher**, abgelöst.
Theobald von Bethmann-Hollweg war von 1909 bis 1917 Reichskanzler, Prinz **Max von Baden** war 1918 der letzte Kanzler des Kaiserreichs.

78 Die Grabstätte von König Heinrich I. und seiner Gemahlin Mathilde ist die Krypta der Stiftskirche St. Servatius in **Quedlinburg**, die, obwohl sie nie Bischofskirche gewesen ist, herkömmlich auch als Quedlinburger Dom bezeichnet wird.
Grablege der Salierkaiser ist der Dom zu **Speyer**, Kaiser Heinrich II., der Heilige, fand sein Grab im Dom von **Bamberg**. Kaiser Otto I., der Große, wurde im Dom zu **Magdeburg** beigesetzt.

79 **Was bedeuteten die Verträge von Locarno aus dem Jahr 1925 für Deutschland?**

- Regelung der Reparationszahlungen
- Beziehungen zur Sowjetunion
- Garantie der Westgrenze
- Beitritt zum Völkerbund

80 **Wer zählte nicht zu den Führern der Bundschuhbewegung genannten Bauernaufstände von 1493 bis 1517?**

- Nicolaus Ziegler
- Johann Ullmann
- Florian Geyer
- Joß Fritz

81 **Wie wurden die ohne Gelübde in klosterähnlichen Gemeinschaften zusammenlebenden unverheirateten oder verwitweten Frauen genannt?**

- Novizen
- Begarden
- Nonnen
- Beginen

82 **Welcher deutsche König trug den Beinamen „der Vogler“?**

- Otto I.
- Heinrich I.
- Friedrich I.
- Heinrich II.

83 **Bei welcher internationalen Veranstaltung trat Kanzler Bismarck 1878 als „ehrlicher Makler“ auf?**

- Potsdamer Konferenz
- Berliner Kongress
- Aachener Kongress
- Berliner Konferenz

84 **Mit welcher Urkunde gewährte Kaiser Friedrich II. dem Deutschen Orden 1226 die Herrschaftsrechte über das Culmer Land an der unteren Weichsel?**

- Divisio Regnorum
- Goldbulle von Rimini
- Vertrag von Bärwalde
- Culmer Handfeste

79 Die Verträge von Locarno von 1925 bereiteten unter anderem den deutschen **Beitritt zum Völkerbund** vor und umfassten eine **Garantie der Westgrenze** Deutschlands durch Großbritannien und Italien.
Die **Regelung der Reparationszahlungen** war Inhalt des Dawes-Plans von 1924 und des Young-Plans von 1929. Die Normalisierung der **Beziehungen zur Sowjetunion** war 1922 Gegenstand des Vertrags von Rapallo.

80 **Florian Geyer** von Giebelstadt war ein deutscher Reichsritter und ein Anführer des Bauernkriegs des Jahres 1525 in Franken.
Die Bundschuhaufstände waren Bauernerhebungen in Südwestdeutschland. **Nicolaus Ziegler** und **Johann Ullmann** waren Anführer des rasch niedergeschlagenen ersten Bundschuhaufstands 1493 im Elsass. Unter Führung des Bauern **Joß Fritz** fanden zwischen 1502 und 1517 in Baden weitere Bundschuhaufstände statt.

81 Die unverheirateten oder verwitweten Frauen, die im späten Mittelalter klosterähnliche Gemeinschaften bildeten, waren die **Beginen**. Im Gegensatz zu den **Nonnen**, den Angehörigen eines weiblichen Ordens, lebten sie ohne Gelübde zusammen.
Das männliche Gegenstück zu den Beginen waren die **Begarden**. Als **Novizen** werden Ordensangehörige auf Probe bezeichnet.

82 **Heinrich I.**, Herzog von Sachsen und von 916 bis 936 König von Ostfranken aus dem Geschlecht Liudolfinger, wurde in späteren Legenden auch Heinrich der Vogler genannt.
Otto I. ging als Otto der Große in die Geschichtsbücher ein, **Friedrich I.** erhielt wegen seines roten Barts den Beinamen Barbarossa. Der 1146, 122 Jahre nach seinem Tod, heiliggesprochene **Heinrich II.** ist seitdem als Heinrich der Heilige bekannt.

83 Auf dem **Berliner Kongress** wurde unter Vermittlung von Bismarck die Neuordnung des Balkans nach dem russisch-türkischen Krieg 1877/78 geregelt.
Die **Potsdamer Konferenz** war eine alliierte Konferenz nach Ende des Zweiten Weltkriegs, auf dem **Aachener Kongress** 1818 wurde die Niederwerfung des napoleonischen Frankreichs beendet. Auf der auch Kongokonferenz genannten **Berliner Konferenz** wurde 1884/85 die koloniale Aufteilung Afrikas verhandelt.

84 Zur Missionierung der heidnischen Pruzzen ließ sich der Deutsche Orden mit der **Goldbulle von Rimini** 1226 von Kaiser Friedrich II. das Gebiet an der unteren Weichsel übertragen. Die **Culmer Handfeste** sind die 1233 verliehenen Stadtrechte an die Stadt Culm, eine der frühesten Gründungen des Ordens in diesem Gebiet.
Als **Divisio Regnorum** bezeichnet man das von Karl dem Großen 806 erlassene Reichsteilungsgesetz. Im **Vertrag von Bärwalde** von 1631 verbündeten sich im Dreißigjährigen Krieg das protestantische Schweden und das katholische Frankreich.

GESCHICHTE II

Deutschland nach 1945

Von der Stunde Null bis ins Jahr 2010 hat Deutschland die rasanteste Entwicklung seiner Geschichte durchgemacht: Niederlage und Wiederaufbau, Spaltung in Bundesrepublik und DDR, Demokratie, soziale Marktwirtschaft und Wirtschaftswunder auf der einen, Sozialismus und Arbeiter- und Bauernstaat auf der anderen Seite. Und schließlich – 40 Jahre nach der Trennung und fast 30 Jahre nach dem Mauerbau – der Tag, an den eigentlich kaum einer noch so recht geglaubt hatte: Die Mauer fiel, und ein plötzlich wieder vereintes Volk tanzte. Zwanzig Jahre danach ist die Vision von den blühenden Landschaften verblasst, Alltagsrealität und Wirtschaftskrise haben die Euphorie verscheucht, doch die Uhr zurückdrehen möchten wohl nur noch einige wenige Ewiggestrige.

1 **Welche Naturkatastrophe forderte in der Bundesrepublik Deutschland die meisten Opfer?**

- Orkan Lothar (1999)
- Sturmflut (1962)
- Oderhochwasser (1997)
- Schneekatastrophe (1978/79)

2 **An welchem Tag fand die Wiedervereinigung Deutschlands statt? Am …**

- 7. Oktober 1989
- 3. Oktober 1990
- 9. November 1989
- 2. Dezember 1990

3 **Wodurch gerieten die Olympischen Spiele 1972 in die Schlagzeilen?**

- Überfall auf das olympische Dorf
- Boykott durch westliche Staaten
- Boykott durch Ostblock-Staaten
- Erster Todesfall durch Doping

4 **In welchem Bundesland waren die Grünen zum ersten Mal an der Regierung beteiligt?**

- Hessen
- Schleswig-Holstein
- Bremen
- Hamburg

5 **Aus welchem Land stammt die nach den Türken größte Ausländergruppe in Deutschland?**

- Polen
- Italien
- Griechenland
- Russland

1 Die bisher schwerste Naturkatastrophe in der Geschichte der Bundesrepublik war die **Sturmflut** an der deutschen Nordseeküste. Die Jahrhundertflut im Februar 1962 forderte 340 Menschenleben.
Durch den **Orkan Lothar** kamen im Dezember 1999 110 Menschen ums Leben, mindestens 13 davon in Deutschland. Das **Oderhochwasser** im Juli 1997, bei dem 114 Menschen starben, forderte in Deutschland keine Todesopfer. Bei der **Schneekatastrophe** zur Jahreswende 1978/79 kamen 30 Menschen ums Leben.

2 Mit dem Beitritt der DDR zur Bundesrepublik Deutschland wurde am **3. Oktober 1990** die Wiedervereinigung Deutschlands vollzogen.
Am **9. November 1989**, nur einen Monat nach den Feierlichkeiten zum 40. Jahrestag der Gründung der DDR am **7. Oktober 1989**, kam es zum sogenannten Mauerfall, als die DDR ihre Grenzen zu West-Berlin und zur Bundesrepublik öffnete. Am **2. Dezember 1990** fanden die ersten gesamtdeutschen Bundestagswahlen statt.

3 Bei einem **Überfall auf das olympische Dorf** während der Olympischen Spiele 1972 in München nahmen palästinensische Terroristen neun israelische Sportler als Geiseln. Bei einem Befreiungsversuch wurden fünf der Attentäter, ein Polizist und alle neun Israelis getötet.
Dem **Boykott durch westliche Staaten** der Olympischen Spiele in Moskau 1980 folgte 1984 der **Boykott durch Ostblock-Staaten** der Spiele in Los Angeles. Den **ersten Todesfall durch Doping** bei Olympischen Spielen gab es 1960 in Rom.

4 Mit der Bildung der ersten rot-grünen Koalition auf Landesebene waren die Grünen 1985 in **Hessen** zum ersten Mal an einer Landesregierung beteiligt.
Bei der Bürgerschaftswahl 1979 in **Bremen** waren sie zum ersten Mal in ein Länderparlament eingezogen, nachdem sie bei der Landtagswahl in **Schleswig-Holstein** im gleichen Jahr noch an der Fünfprozenthürde gescheitert waren. 2008 kam es in **Hamburg** zur Bildung der ersten schwarz-grünen Koalition auf Landesebene.

5 Die hinter den Türken, die Ende 2006 mit 1,74 Millionen etwa ein Viertel der ausländischen Bevölkerung in Deutschland stellten, größte Ausländergruppe – rund 535 000 Personen – stammt aus **Italien**.
360 000 der 6,75 Millionen Ausländer kamen aus **Polen**, 305 000 aus **Griechenland** und knapp 180 000 aus **Russland**.

6 **Wie hieß der erste Bundeskanzler der Bundesrepublik Deutschland?** (D)

- Konrad Adenauer
- Kurt Georg Kiesinger
- Helmut Schmidt
- Willy Brandt

7 **Welches war die auflagenstärkste Zeitung in der DDR?**

- Freie Presse
- Neues Deutschland
- Neuer Tag
- Junge Welt

8 **Welcher Ministerpräsident von Rheinland-Pfalz wurde später in einem anderen Bundesland ebenfalls Ministerpräsident?**

- Helmut Kohl
- Rudolf Scharping
- Kurt Beck
- Bernhard Vogel

9 **Wann in der Geschichte der Bundesrepublik Deutschland wurde zum ersten Mal eine Regierung bei einer Bundestagswahl abgewählt?**

- 1966
- 1974
- 1982
- 1998

10 **Welches Bundesland wurde 2010 von einer Frau regiert?**

- Thüringen
- Hessen
- Schleswig-Holstein
- Brandenburg

11 **Im Oktober 1983 demonstrierten in zahlreichen Städten der Bundesrepublik rund 1,5 Millionen Menschen. Wogegen richteten sich die Protestaktionen?**

- Waldsterben
- Stationierung von Atomraketen
- NATO-Doppelbeschluss
- Volkszählung

6 Der erste Kanzler der Bundesrepublik Deutschland war **Konrad Adenauer** (CDU). Er regierte die Bundesrepublik von ihrer Gründung 1949 bis 1963. **Kurt Georg Kiesinger**, ebenfalls CDU, war ab 1966 Regierungschef einer Großen Koalition aus Union und SPD, die 1969 von einer SPD-FDP-Koalition unter **Willy Brandt** (SPD) abgelöst wurde. **Helmut Schmidt** war von 1974 bis 1982 der zweite Bundeskanzler aus den Reihen der SPD.

7 Die „**Junge Welt**", das Zentralorgan der Freien Deutschen Jugend, war die auflagenstärkste Tageszeitung der DDR. Mit 1,6 Millionen Exemplaren lag sie 1990 deutlich vor dem SED-Zentralorgan „**Neues Deutschland**" mit einer Auflage von rund einer Million.
Die „**Freie Presse**" war die Bezirkszeitung für den Bezirk Karl-Marx-Stadt, die Bezirkszeitung in Frankfurt/Oder war der „**Neue Tag**".

8 **Bernhard Vogel** (CDU) war von 1976 bis 1988 Ministerpräsident von Rheinland-Pfalz und von 1992 bis 2003 Ministerpräsident von Thüringen.
Der frühere Bundeskanzler und CDU-Vorsitzende **Helmut Kohl** war von 1969 bis 1976 rheinland-pfälzischer Ministerpräsident. Der ehemalige SPD-Vorsitzende **Rudolf Scharping** wurde 1991 Regierungschef von Rheinland-Pfalz, sein Nachfolger **Kurt Beck**, ebenfalls ehemaliger SPD-Vorsitzender, regiert seit 1994.

9 Beim Wahlsieg von Gerhard Schröder (SPD) **1998** wurde mit der Regierung Kohl das erste Mal bei einer Bundestagswahl eine Regierung abgewählt. Die Große Koalition unter Kurt Georg Kiesinger wurde **1966** nach dem Rücktritt von Bundeskanzler Erhard gebildet, und **1974** setzte Helmut Schmidt die SPD/FDP-Koalition nach dem Rücktritt von Willy Brandt fort. Durch ein konstruktives Misstrauensvotum gegen Helmut Schmidt wurde **1982** Helmut Kohl mit einer Koalition von Union und FDP Bundeskanzler.

10 **Thüringen** wurde 2010 von Christine Lieberknecht (CDU) regiert. Sie war im Oktober 2009 zur Ministerpräsidentin des Landes gewählt worden. Heide Simonis (SPD) war von 1993 bis 2005 Ministerpräsidentin von **Schleswig-Holstein**. Der Versuch von Andrea Ypsilanti (SPD), 2008 **Hessens** erste Ministerpräsidentin zu werden, scheiterte an Widerständen in ihrer Partei. Auch **Brandenburg** hatte bisher keine Frau als Regierungschef.

11 Die Protestaktionen im Oktober 1983 richteten sich gegen die **Stationierung von Atomraketen**. Der **NATO-Doppelschluss** von 1979 sah die Aufstellung von amerikanischen Raketen und Marschflugkörpern in der Bundesrepublik Deutschland vor, die 1983 umgesetzt wurde.
Auch das insbesondere Anfang der 1980er-Jahre thematisierte **Waldsterben** und die umstrittene, ursprünglich für April 1983 geplante **Volkszählung** waren 1983 Anlass für Demonstrationen.

12 **Im Jahr 1962 zwang eine innenpolitische Affäre Franz Josef Strauß zum Rücktritt vom Amt des Bundesverteidigungsministers. Wie wird die Affäre genannt?**

- Guillaume-Affäre
- Starfighter-Affäre
- Spiegelaffäre
- Parteispendenaffäre

13 **Im Jahr 1953 gab es in der DDR einen Aufstand, an den lange Zeit in der Bundesrepublik Deutschland ein Feiertag erinnerte. Wann war das?** (D)

- 1. 5.
- 17. 6.
- 20. 7.
- 9. 11.

14 **Wer war der erste Präsident der DDR?**

- Wilhelm Pieck
- Johannes Dieckmann
- Friedrich Ebert
- Theodor Heuss

15 **Welches der heutigen Bundesländer entsprach zu DDR-Zeiten den Bezirken Magdeburg und Halle?**

- Mecklenburg-Vorpommern
- Sachsen-Anhalt
- Thüringen
- Sachsen

16 **Was regelte der Deutschlandvertrag von 1952 für die Bundesrepublik Deutschland?**

- NATO-Beitritt
- Staatliche Souveränität
- Deutsch-französische Aussöhnung
- Normalisierung der Beziehungen zur DDR

17 **Welcher SED-Politiker war der erste Ministerpräsident der DDR?**

- Walter Ulbricht
- Otto Grotewohl
- Erich Honecker
- Willi Stoph

12 Nach widersprüchlichen Aussagen über seine Verwicklung in die **Spiegelaffäre**, die eine schwere Regierungskrise auslöste, musste Franz Josef Strauß 1962 von seinem Amt als Bundesverteidigungsminister zurücktreten.
Durch die **Starfighter-Affäre** wurde 1966 eine schwere Krise in der Führung der Bundeswehr ausgelöst. Die **Guillaume-Affäre** führte 1974 zum Rücktritt von Bundeskanzler Brandt (SPD). Seine Verwicklung in die **Parteispendenaffäre** zwang 1984 den damaligen Bundeswirtschaftsminister Graf Lambsdorff (FDP) zum Rücktritt.

13 Zum Gedenken der Opfer des Volksaufstands gegen die DDR-Regierung im Jahr 1953, der am **17. 6.** begann und innerhalb von zwei Tagen gewaltsam niedergeschlagen wurde, war der 17. Juni bis 1990 als „Tag der Deutschen Einheit" in der Bundesrepublik Deutschland ein Feiertag.
Der **1. 5.** ist der internationale Tag der Arbeit. Der **20. 7.** ist ein Gedenktag an das Attentat auf Hitler 1944, der **9. 11.** Gedenktag an den Fall der Berliner Mauer 1989.

14 Der erste und einzige Präsident der DDR war ab 1949 **Wilhelm Pieck** (KPD/SED). Nach seinem Tod 1960 wurde das Präsidentenamt durch das Gremium des Staatsrats ersetzt.
Johannes Dieckmann (DVP/LDPD) war von 1949 bis 1969 Präsident der Volkskammer der DDR. Der Sozialdemokrat **Friedrich Ebert** war 1918 Reichskanzler und von 1919 bis 1925 erster Reichspräsident der Weimarer Republik. **Theodor Heuss** (FDP) war von 1949 bis 1959 erster deutscher Bundespräsident.

15 Das heutige Bundesland **Sachsen-Anhalt** entspricht, mit einigen wenigen Grenzkorrekturen, den früheren DDR-Bezirken Magdeburg und Halle. In **Mecklenburg-Vorpommern** gingen die Bezirke Rostock, Schwerin und Neubrandenburg auf. Aus den Bezirken Erfurt, Gera und Suhl wurde das Bundesland **Thüringen**, die Bezirke Dresden, Leipzig und Karl-Marx-Stadt kamen weitgehend zu **Sachsen**.

16 Der 1955 in Kraft getretene Deutschlandvertrag von 1952 regelte das Ende des Besatzungsstatuts und damit die **staatliche Souveränität** der Bundesrepublik Deutschland. Grundlage des **NATO-Beitritts** der Bundesrepublik Deutschland waren die Pariser Verträge von 1955. Mit dem Elysée-Vertrag wurde 1963 die **deutsch-französische Aussöhnung** politisch besiegelt. Die **Normalisierung der Beziehungen zur DDR** wurde durch den Grundlagenvertrag von 1972 geregelt.

17 **Otto Grotewohl** (SPD/SED) wurde 1949 der erste Ministerpräsident der DDR. Sein Nachfolger als Vorsitzender des Ministerrats, der Regierung der Deutschen Demokratischen Republik, war ab 1964 **Willi Stoph** (KPD/SED).
Walter Ulbricht (KPD/SED) war von 1960 bis 1973 Staatsratsvorsitzender und damit Staatsoberhaupt der DDR. Sein Nachfolger bis 1989 war **Erich Honecker** (KPD/SED).

18 **Wie groß war Ende der 1980er-Jahre die Bevölkerungsdichte (Zahl der Einwohner je Quadratkilometer) in der DDR?**

- 74
- 122
- 152
- 231

19 **Welches war kein Teilstaat, aus dem 1952 das „Musterländle“ Baden-Württemberg hervorging?**

- Württemberg-Hohenzollern
- Baden
- Württemberg-Baden
- Schwaben

20 **Wie heißt das Grundsatzprogramm der CDU aus dem Jahr 1947?**

- Hamburger Programm
- Ahlener Programm
- Berliner Programm
- Godesberger Programm

21 **Wann konstituierte sich die DDR als Staat?**

- 23. Juni 1948
- 23. Mai 1949
- 7. Oktober 1949
- 23. Juli 1952

22 **Welches im Jahr 1971 unterzeichnete Abkommen regelte den Status von Berlin?**

- Viermächte-abkommen
- Zwei-plus-vier-Abkommen
- Viermächtepakt
- Grundlagenvertrag

(18) Im Jahr 1989 hatte die DDR bei einer Fläche von 108 333 km² rund 16,4 Millionen Einwohner. Das entspricht einer Bevölkerungsdichte von **152** Einwohnern je Quadratkilometer. Das Bundesland mit der geringsten Bevölkerungsdichte ist Mecklenburg-Vorpommern. Hier leben derzeit nur **74** Einwohner je Quadratkilometer. Die mittlere Bevölkerungsdichte der fünf neuen Bundesländer (ohne Berlin) liegt heute bei etwa **122**, im bundesrepublikanischen Durchschnitt bei **231**.

(19) Ein Land oder einen Staat **Schwaben** gab es seit dem Mittelalter in Deutschland nicht mehr.
Nach dem Zweiten Weltkrieg wurden in der französischen Besatzungszone im Südteil des heutigen Baden-Württemberg die Länder **Baden** und **Württemberg-Hohenzollern**, in der amerikanischen Zone im Norden das Land **Württemberg-Baden** gegründet. 1949 wurden die drei Länder Teil der Bundesrepublik Deutschland und nach einer Volksabstimmung 1952 zum Südweststaat Baden-Württemberg vereinigt.

(20) Das 1947 von der CDU für Nordrhein-Westfalen verabschiedete Programm war das **Ahlener Programm**. Darin lehnt die CDU einen Staatskapitalismus ab und fordert unter anderem die Sozialisierung von Großindustrie und Bergbau.
Das **Godesberger Programm** von 1959, das **Berliner Programm** von 1989 und das **Hamburger Programm** von 2007 waren Grundsatzprogramme der SPD.

(21) Am **7. Oktober 1949** konstituierte sich auf dem Gebiet der sowjetischen Besatzungszone die DDR als zweiter deutscher Staat.
Mit der Verkündung des Grundgesetzes am **23. Mai 1949** war die Bundesrepublik Deutschland als parlamentarische Demokratie entstanden.
Drei Tage nach der Währungsreform in den Westzonen fand am **23. Juni 1948** die Währungsreform in der sowjetischen Besatzungszone statt.
Am **23. Juli 1952** wurden die fünf Länder der DDR ohne entsprechende Verfassungsänderung durch 14 Bezirke ersetzt.

(22) Das am 3. September 1971 unterzeichnete **Viermächteabkommen** legte den Status der geteilten Stadt Berlin fest.
Im **Zwei-plus-vier-Abkommen** von 1990 wurden die Grundlagen für eine deutsche Vereinigung verbindlich festgelegt. Der **Viermächtepakt** war ein 1933 zwischen Italien, Großbritannien, Frankreich und Deutschland geschlossenes Abkommen, das jedoch nie in Kraft trat. Der **Grundlagenvertrag** von 1972 regelte die Grundlagen der Beziehungen zwischen der Bundesrepublik Deutschland und der DDR.

23 **Worauf war in den 1960er-Jahren die Gründung der APO, der „außerparlamentarischen Opposition", zurückzuführen?**

- Studentenunruhen
- Koalition von Union und SPD
- Notstandsgesetzgebung
- Bau von Kernkraftwerken

24 **Wie hieß der in der DDR von 1957 bis zum Mauerfall amtierende Minister für Staatssicherheit?**

- Erich Mielke
- Markus Wolf
- Egon Krenz
- Hans Modrow

25 **Welches im Zweiten Weltkrieg zerstörte und originalgetreu wiederaufgebaute Gebäude wurde 1985 in Dresden feierlich wieder eröffnet?**

- Frauenkirche
- Semperoper
- Zwinger
- Schloss Pillnitz

26 **Wer waren die Kanzlerkandidaten von Union und SPD bei der Bundestagswahl 1976?**

- Franz Josef Strauß und Helmut Schmidt
- Rainer Barzel und Willy Brandt
- Helmut Kohl und Helmut Schmidt
- Kurt Georg Kiesinger und Willy Brandt

27 **Wie lautete die offizielle Bezeichnung des Regierungschefs der DDR?**

- Vorsitzender des Staatsrats
- Ministerpräsident
- Vorsitzender des Ministerrats
- Präsident der Volkskammer

23
Die APO entstand aus der außerparlamentarischen Opposition gegen die 1966 unter Bundeskanzler Kiesinger gebildete Große **Koalition von Union und SPD** und der von dieser Regierung geplanten **Notstandsgesetzgebung**. Sie erreichte durch die **Studentenunruhen** von 1967 und 1968 ihren Höhepunkt.
Proteste gegen den **Bau von Kernkraftwerken** gab es in den 1960er-Jahren nicht; die deutsche Anti-Atomkraft-Bewegung formierte sich erst Mitte der 1970er-Jahre.

24
Der 1957 zum Leiter des Ministeriums für Staatssicherheit ernannte **Erich Mielke** hatte dieses Amt bis zum Rücktritt der Regierung Stoph am 7. November 1989 inne.
Markus Wolf leitete von 1952 bis 1986 den Auslandsnachrichtendienst der DDR. **Egon Krenz** war 1989 für wenige Wochen als Nachfolger von Erich Honecker SED-Generalsekretär und Staatsratsvorsitzender, **Hans Modrow** von November 1989 bis April 1990 Vorsitzender des Ministerrates der DDR.

25
Die originalgetreu wiederaufgebaute **Semperoper** wurde am 13. Februar 1985, dem 40. Jahrestag ihrer Zerstörung durch alliierte Bombenangriffe, feierlich wieder eröffnet.
Der durch Spenden aus aller Welt finanzierte Wiederaufbau der **Frauenkirche** wurde erst 1994 begonnen und 2005 abgeschlossen. Der **Zwinger** konnte bereits bis 1963 wieder in den baulichen Zustand wie vor dem Krieg versetzt werden. **Schloss Pillnitz** am Rande von Dresden war im Zweiten Weltkrieg nicht zerstört worden.

26
Bei der Bundestagswahl 1976 waren **Helmut Kohl und Helmut Schmidt** die Kontrahenten um das Amt des Bundeskanzlers. Das Duell konnte Schmidt (SPD) gegen den Unionskandidaten Kohl für sich entscheiden.
Die Kanzlerkandidaten 1969 waren **Kurt Georg Kiesinger und Willy Brandt**, 1972 waren es **Rainer Barzel und Willy Brandt** und 1980 **Franz Josef Strauß und Helmut Schmidt**.

27
Die offizielle Bezeichnung des Regierungschefs der DDR war von September 1964 bis April 1990 **Vorsitzender des Ministerrats**. Von 1949 bis 1964 und nach April 1990 hieß der Regierungschef **Ministerpräsident**. Der **Vorsitzende des Staatsrats** war das Staatsoberhaupt der DDR, der **Präsident der Volkskammer** der Vorsitzende des Präsidiums des Parlaments der DDR.

28 **Mit dem Godesberger Programm von 1959 vollzog die SPD den Wandel zur Volkspartei. Welche Position hat die Partei mit dem Programm nicht aufgegeben?**

- Nationale Einheit
- Sozialisierung des Produktionskapitals
- Planwirtschaft
- Ablehnung der Bundeswehr

29 **Seit dem Umzug der Bundesregierung nach Berlin werden zahlreiche Gebäude in Bonn von der UNO genutzt. Welche UN-Organisation ist nicht in Bonn ansässig?**

- UNEP/EUROBATS
- UNV
- UNEP
- UNEVOC

30 **Der 27. Januar ist in Deutschland ein offizieller Gedenktag. Woran erinnert dieser Tag?** (D)

- An das Ende des Zweiten Weltkrieges
- An die Verabschiedung des Grundgesetzes
- An die Wiedervereinigung Deutschlands
- An die Opfer des Nationalsozialismus

31 **Wo fand 1981 die mit etwa 80 000 Teilnehmern in der Bundesrepublik bis dahin größte Demonstration gegen die Kernkraft statt? In** …

- Düsseldorf
- Wiesbaden
- der Wilstermarsch
- Bonn

32 **Welcher westdeutsche Politiker vermittelte der DDR 1983 einen Milliardenkredit?**

- Egon Bahr
- Alexander Schalck-Golodkowski
- Franz Josef Strauß
- Michael Kohl

28 Das Streben nach der **nationalen Einheit** Deutschlands wurde von der SPD in ihrem Grundsatzprogramm von 1959, dem Godesberger Programm, nicht aufgegeben.
Die Forderung nach **Sozialisierung des Produktionskapitals**, das Eintreten für eine **Planwirtschaft** sowie die Absage an die Landesverteidigung und damit die **Ablehnung der Bundeswehr** waren dagegen Positionen, die von der SPD im Godesberger Programm nicht mehr vertreten wurden.

29 Das Umweltprogramm der Vereinten Nationen (**UNEP**) hat seinen Hauptsitz in Nairobi, Kenia.
Das Freiwilligenprogramm der Vereinten Nationen (**UNV**) dient der internationalen Vermittlung Freiwilliger mit besonderer Qualifikation. Es hat seinen Sitz ebenso in Bonn wie das Sekretariat des Abkommens zur Erhaltung der europäischen Fledermauspopulationen (**UNEP/EUROBATS**) und das Internationale Zentrum der UNESCO für Berufsbildung (**UNEVOC**).

30 Der 27. Januar, der Jahrestag der Befreiung des Konzentrationslagers Auschwitz-Birkenau im Jahr 1945, erinnert als offizieller Gedenktag an **die Opfer des Nationalsozialismus**.
Der 8. Mai 1945 bedeutete für Deutschland **das Ende des Zweiten Weltkrieges. Die Verabschiedung des Grundgesetzes** durch den Parlamentarischen Rat war am 8. Mai 1949; am 23. Mai 1949 wurde es verkündet. **Die Wiedervereinigung Deutschlands** fand am 3. Oktober 1990 statt.

31 In **der Wilstermarsch** bei Hamburg demonstrierten im Februar 1981 rund 80 000 Menschen gegen den Bau des dort geplanten Atomkraftwerks Brokdorf.
Im Juni dieses Jahres protestierten Überlebende der Konzentrationslager in **Düsseldorf** gegen zu milde Urteile im Majdanek- und in anderen NS-Prozessen. Im Oktober demonstrierten 300 000 in **Bonn** für Frieden und Abrüstung. Mit 100 000 Teilnehmern kam es im November in **Wiesbaden** zur bis dahin größten Demonstration gegen die Startbahn West des Frankfurter Flughafens.

32 Der CSU-Politiker und damalige bayerische Ministerpräsident **Franz Josef Strauß** vermittelte der DDR 1983 einen Kredit westdeutscher Banken in Höhe von einer Milliarde DM, für den die Bundesregierung die Bürgschaft übernahm.
Alexander Schalck-Golodkowski war seit 1967 für die Devisenbeschaffung der DDR zuständig. **Egon Bahr** und **Michael Kohl** handelten für die Bundesrepublik bzw. für die DDR den Grundlagenvertrag von 1972 aus.

33 **Welche Partei gab es Ende des Jahres 1945 in der damaligen sowjetischen Besatzungszone nicht?**

- CDU
- SPD
- DBD
- KPD

34 **Was wurde 1994 in Bonn eröffnet? Das Haus der …**

- Wissenschaft
- Kulturen der Welt
- Kunst
- Geschichte

35 **Helmut Kohl musste sich als Bundeskanzler fünf Mal einer Bundestagswahl stellen. Wer war sein Herausforderer bei der ersten gesamtdeutschen Wahl 1990?**

- Hans-Jochen Vogel
- Oskar Lafontaine
- Gerhard Schröder
- Johannes Rau

36 **Wie viele „inoffizielle Mitarbeiter“ hatte das Ministerium für Staatssicherheit der DDR Ende der 1980er-Jahre?**

- 32 000
- 91 000
- 175 000
- 900 000

37 **Wie viele Deutsche waren nach dem verlorenen Zweiten Weltkrieg aus ihrer Heimat vertrieben worden?**

- 750 000
- 2,1 Millionen
- 3,3 Millionen
- 10,5 Millionen

38 **Was regelten die vier Siegermächte des Zweiten Weltkriegs im Londoner Abkommen vom August 1945?**

- Politische Neuordnung Deutschlands
- Aburteilung der Kriegsverbrecher
- Besatzungszonen
- Machtverteilung in Europa

33
Die **DBD**, die Demokratische Bauernpartei Deutschlands, war eine der vier Blockparteien der DDR; sie wurde im April 1948 gegründet. Nach der Zerschlagung von **KPD** und **SPD** durch die Nationalsozialisten wurden beide Parteien bereits im Juni 1945 in der sowjetischen Besatzungszone wiedergegründet. Die Gründung der **CDU** folgte noch im selben Monat, die der Liberal-Demokratischen Partei Deutschlands (LDP) als vierter Partei dann im Juli.

34
Im Juni 1994 wurde in Bonn das Haus der **Geschichte** eröffnet. Das Museum präsentiert die deutsche Geschichte von 1945 bis heute und ist eines der meistbesuchten Museen Deutschlands.
Das Haus der **Wissenschaft** in Braunschweig ist Ort des Dialogs zwischen Wissenschaft, Wirtschaft und Gesellschaft. Das Haus der **Kulturen der Welt** in Berlin ist Deutschlands Zentrum für zeitgenössische außereuropäische Kunst. Im Haus der **Kunst** in München werden wechselnde Kunstausstellungen gezeigt.

35
Bei der ersten gesamtdeutschen Wahl 1990 war der saarländische Ministerpräsident **Oskar Lafontaine** (SPD) der Gegenkandidat von Bundeskanzler Helmut Kohl.
Der Herausforderer von Kohl bei seiner ersten Wahl als Bundeskanzler 1983 war **Hans-Jochen Vogel** (SPD), 1987 war es **Johannes Rau** (SPD). Bei der letzten Wahl, bei der Kohl als Bundeskanzler antrat, unterlag er 1998 dem SPD-Kandidaten **Gerhard Schröder**.

36
Die Zahl der inoffiziellen Mitarbeiter, die – ohne formell angestellt gewesen zu sein – dem Ministerium für Staatssicherheit verdeckt Informationen lieferten, wird bis auf **175 000** im Jahr 1989 geschätzt.
Die Zahl der hauptamtlichen Mitarbeiter lag mit **91 000** damals fast dreimal so hoch wie die der Gestapo im Dritten Reich mit **32 000**. In der Landwirtschaft der DDR waren 1989 rund **900 000** Personen beschäftigt.

37
Die Gesamtzahl der nach dem Zweiten Weltkrieg aus ihrer Heimat vertriebenen Deutschen wird auf **10,5 Millionen** geschätzt.
Von der Vertreibung betroffen waren etwa **750 000** Deutsche in Rumänien, Ungarn und Jugoslawien. Aus Ostpreußen kamen **2,1 Millionen** Heimatvertriebene nach Deutschland, aus der Tschechoslowakei rund **3,3 Millionen** Sudetendeutsche.

38
Im Londoner Abkommen vom 8. August 1945 legten die vier Siegermächte des Zweiten Weltkriegs ihr gemeinsames Vorgehen bei der **Aburteilung der Kriegsverbrecher** des nationalsozialistischen Deutschen Reichs fest.
Die geografische und **politische Neuordnung Deutschlands** war Gegenstand der Potsdamer Konferenz im Juli/August 1945. Die **Machtverteilung in Europa** nach dem Zweiten Weltkrieg und Aufteilung Deutschlands in **Besatzungszonen** war von den Alliierten bereits im Februar 1945 auf der Konferenz von Jalta beschlossen worden.

39
In welchem Jahr strich die DDR die deutsche Wiedervereinigung als Ziel der Politik aus ihrer Verfassung?

- 1961
- 1968
- 1974
- 1976

40
Welches Gebiet ging 1946 nicht im Bundesland Rheinland-Pfalz auf?

- Rheinhessen
- Rechtsrheinische Kurpfalz
- Hessen-Nassau
- Bayerische Pfalz

41
Wann wurde in der Bundesrepublik Deutschland die Verjährungsfrist für Morde aus der NS-Zeit aufgehoben?

- 1963
- 1965
- 1969
- 1979

42
Weshalb wurden 1991 in Deutschland nahezu alle Karnevalsveranstaltungen abgesagt? Wegen …

- der Eierwürfe von Halle
- des jugoslawischen Bürgerkriegs
- Ausschreitungen von Neonazis
- des Golfkriegs gegen den Irak

43
Aus wie vielen Bundesländern bestand die Bundesrepublik Deutschland Ende des Jahres 1952?

- Neun
- Zehn
- Elf
- Sechzehn

44
Welcher Ministerpräsident von Baden-Württemberg musste wegen seiner NS-Vergangenheit zurücktreten?

- Lothar Späth
- Kurt Georg Kiesinger
- Hans Filbinger
- Gebhard Müller

39 Ein Jahr nach dem Beitritt der Bundesrepublik Deutschland und der DDR zur UNO strich die DDR **1974** das Ziel der deutschen Wiedervereinigung und den Begriff der deutschen Nation aus ihrer Verfassung von **1968**.
Bereits mit dem Mauerbau **1961** war eine mögliche Wiedervereinigung in weite Ferne gerückt. Durch das Zivilgesetzbuch von **1976** schaffte die DDR die letzten rechtlichen Regelungen des Bürgerlichen Gesetzbuchs von 1900 ab.

40 Mit dem Reichsdeputationshauptschluss von 1903 fiel die **rechtsrheinische Kurpfalz** um die Städte Mannheim und Heidelberg an Baden, das 1952 im Bundesland Baden-Württemberg aufging.
Aus **Rheinhessen** – dem ehemals linksrheinischen Hessen –, dem preußischen **Hessen-Nassau** und der vormals **bayerischen Pfalz** sowie Teilen der preußischen Rheinprovinz entstand 1946 das Land Rheinland-Pfalz.

41 Nach der im Strafgesetzbuch vorgesehenen Verjährungsfrist von zwanzig Jahren wären Morde aus der NS-Zeit Mitte der 1960er-Jahre verjährt, sodass die Verjährung **1965** zunächst um vier Jahre verlängert wurde. **1969** wurde die Verjährungsfrist von Mord auf dreißig Jahre erweitert und **1979** dann vollständig aufgehoben.
1963 hatte vor dem Schwurgericht in Frankfurt am Main der erste von drei Auschwitzprozessen gegen Angehörige der Lagermannschaft des Vernichtungslagers Auschwitz begonnen.

42 Wegen **des Golfkriegs gegen den Irak**, der am 17. Januar begann, wurden 1991 in Deutschland fast sämtliche Karnevalsveranstaltungen abgesagt.
Die **Eierwürfe von Halle** am 10. Mai auf Bundeskanzler Kohl bei seinem Besuch in den neuen Bundesländern, **der jugoslawische Bürgerkrieg**, der am 27. Juni ausbrach, und die **Ausschreitungen von Neonazis** gegen Ausländer im sächsischen Hoyerswerda am 17. September fanden nach Ende der Karnevalszeit statt.

43 Ende des Jahres 1952 – nach der Bildung des Südweststaats Baden-Württemberg – bestand die Bundesrepublik Deutschland aus **neun** Bundesländern, mit dem Anschluss des Saarlands waren es 1957 **zehn**. Häufig wurde Berlin (West), wenngleich formal nicht Teil der Bundesrepublik, als Bundesland Nummer **elf** gezählt. Mit dem Beitritt der DDR erhöhte sich 1990 die Zahl der Bundesländer auf **sechzehn**.

44 **Hans Filbinger**, vierter Ministerpräsident von Baden-Württemberg, musste 1978 nach Bekanntwerden von Todesurteilen zurücktreten, die er als Richter in der NS-Zeit verhängt hatte. Sein Nachfolger **Lothar Späth** trat 1991 nach Korruptionsvorwürfen zurück.
Im Gegensatz zu **Gebhard Müller**, Baden-Württembergs zweitem Ministerpräsidenten, dem seine Mitgliedschaft in NS-Organisationen nicht zum Vorwurf gemacht wurde, kam sein Nachfolger **Kurt Georg Kiesinger** wegen seiner nationalsozialistischen Vergangenheit in die Kritik.

45 **Die Todesstrafe ist in Deutschland wie in den meisten europäischen Ländern abgeschafft. Wann wurde in Deutschland das letzte Todesurteil vollstreckt?**

- 1949
- 1951
- 1981
- 1987

46 **In welchem Bundesland ist der Ausländeranteil am niedrigsten?**

- Mecklenburg-Vorpommern
- Baden-Württemberg
- Schleswig-Holstein
- Sachsen-Anhalt

47 **Wer war das letzte prominente Opfer der Rote-Armee-Fraktion, bevor diese die Einstellung des bewaffneten Kampfs erklärte?**

- Detlev Rohwedder
- Jürgen Ponto
- Günter von Drenkmann
- Hanns Martin Schleyer

48 **Wer verkündete am 23. Mai 1949 das Grundgesetz der Bundesrepublik Deutschland?**

- Bundespräsident
- Bundeskanzler
- Präsident des Parlamentarischen Rats
- Bundestagspräsident

49 **Wie wurde der Name der Staatsbahn der ehemaligen DDR abgekürzt?**

- DR
- DBB
- DB
- DRB

45 In der DDR wurde im Juni **1981** ein MfS-Offizier wegen Landesverrats zum Tode verurteilt und hingerichtet. Es war das letzte vollstreckte Todesurteil in Deutschland. **1987** wurde die Todesstrafe aus dem Strafgesetzbuch der DDR gestrichen.
In der Bundesrepublik Deutschland war die Todesstrafe **1949** durch Artikel 102 des Grundgesetzes abgeschafft worden, in Berlin (West) **1951** durch Gesetz.

46 Im Jahr 2006 hatte **Sachsen-Anhalt** mit 1,9 % den geringsten Ausländeranteil aller sechzehn deutschen Bundesländer. Mit 2,3 % Ausländern lag **Mecklenburg-Vorpommern** vor Thüringen auf dem drittletzten Platz.
Den geringsten Ausländeranteil der alten Bundesländer wies **Schleswig-Holstein** mit 5,3 % auf. **Baden-Württemberg** hatte mit 11,8 % Ausländern den höchsten Ausländeranteil der westdeutschen Flächenstaaten.

47 Das letzte prominente Opfer der Rote-Armee-Fraktion vor deren „Aufgabe des bewaffneten Kampfes“ war **Detlev Rohwedder**. Der Präsident der Treuhandanstalt wurde am 1. April 1991 in seinem Haus in Düsseldorf erschossen.
Der Bankier **Jürgen Ponto** wurde am 30. Juli 1977 Opfer des RAF-Terrors. Der entführte Arbeitgeberpräsident **Hanns Martin Schleyer** wurde am 18. Oktober 1977, der Kammergerichtspräsident **Günter von Drenkmann** am 10. November 1974 erschossen.

48 Das Grundgesetz der Bundesrepublik Deutschland wurde vom **Präsidenten des Parlamentarischen Rats**, dem späteren Bundeskanzler Konrad Adenauer, am 23. Mai 1949 in Bonn feierlich verkündet.
Der erste Deutsche Bundestag trat erst am 7. September 1949 zu seiner konstituierenden Sitzung zusammen. Zuvor gab es weder einen deutschen **Bundeskanzler** noch einen **Bundestagspräsidenten**. Am 12. September 1949 folgte die Wahl von Theodor Heuss zum ersten **Bundespräsidenten**.

49 Zur Unterscheidung von der **DR**, der Deutschen Reichsbahn der DDR, wird die Deutsche Reichsbahn für die Zeit von 1937 bis 1945 mit **DRB** abkürzt. Diese wurde 1949 durch die Deutsche Bundesbahn (abgekürzt **DBB**) und die Staatsbahn der DDR unter Beibehaltung des alten Namens Deutsche Reichsbahn abgelöst. Deutsche Bundesbahn und Deutsche Reichsbahn sind seit 1994 zur Deutschen Bahn (abgekürzt **DB**) zusammengelegt.

50 Wie nennt man die Wissenschaftler, die 1957 die Göttinger Erklärung gegen eine atomare Bewaffnung der Bundeswehr unterzeichneten?

- Göttinger Arbeitskreis
- Göttinger Sieben
- Göttinger Gruppe
- Göttinger Achtzehn

51 Welcher der Bombenanschläge der 1970er- und 1980er-Jahre ging nicht auf das Konto der terroristischen Vereinigung Rote-Armee-Fraktion?

- Springerhochhaus Hamburg (1972)
- Hauptquartier US-Armee in Heidelberg (1972)
- Oktoberfest in München (1980)
- Alfred Herrhausen (1989)

52 Welches heutige Bundesland gehörte nach dem Zweiten Weltkrieg nicht zur amerikanischen Besatzungszone?

- Bremen
- Hessen
- Rheinland-Pfalz
- Nordrhein-Westfalen

53 Wann wurde die Hallstein-Doktrin, der Alleinvertretungsanspruch für Deutschland, von der Bundesrepublik Deutschland aufgegeben?

- UN-Beitritt der beiden deutschen Staaten
- Grundvertrag
- Erste sozialliberale Koalition
- Einrichtung ständiger Vertretungen

54 Wann beendeten die westlichen Alliierten formal den Kriegszustand mit Deutschland?

- 1945
- 1951
- 1952
- 1955

50 Die **Göttinger Achtzehn** waren eine Gruppe von bundesdeutschen Atomforschern, die sich mit der Göttinger Erklärung 1957 gegen die angestrebte Aufrüstung der Bundeswehr mit Atomwaffen wandten.
Der **Göttinger Arbeitskreis** wurde nach dem Zweiten Weltkrieg als Vereinigung ostdeutscher Wissenschaftler gegründet. Die **Göttinger Sieben** waren nach ihrer Kritik an der Aufhebung der Verfassung 1837 entlassene Professoren. Die insolvente **Göttinger Gruppe** war eine der größten Kapitalanlagegesellschaften in Deutschland.

51 Am 26. September 1980 starben bei einem Bombenanschlag auf dem **Oktoberfest in München** dreizehn Menschen. Unter den Opfern des schwersten Terrorakts der deutschen Nachkriegsgeschichte war auch der Täter, ein 21 Jahre alter Neonazi.
Zu den Bombenanschlägen auf das **Springerhochhaus in Hamburg** und auf das **Hauptquartier der US-Armee in Heidelberg** im Mai 1972 bekannte sich die Rote-Armee-Fraktion, ebenso zu dem Anschlag in Bad Homburg im November 1989, dem der Vorstandssprecher der Deutschen Bank, **Alfred Herrhausen**, zum Opfer fiel.

52 Die Bundesländer **Rheinland-Pfalz** und **Nordrhein-Westfalen** gehörten nach dem Zweiten Weltkrieg nicht zur amerikanischen Besatzungszone – Rheinland-Pfalz war Teil der französischen, Nordrhein-Westfalen Teil der britischen Besatzungszone.
Hessen gehörte zur amerikanisch besetzten Zone ebenso wie **Bremen**, das zwar von britischen Truppen erobert worden war, als Hafen der US-Streitkräfte aber der amerikanischen Besatzungszone zugeschlagen wurde.

53 Die Hallstein-Doktrin, der Alleinvertretungsanspruch der Bundesrepublik für Deutschland, hatte seit 1953 den Abbruch der diplomatischen Beziehungen zu Ländern zur Folge, die die DDR anerkannten. Sie wurde 1973 mit dem Abschluss des **Grundvertrags** aufgegeben, der von der **ersten sozialliberalen Koalition** auf den Weg gebracht worden war.
Der Grundvertrag war die Grundlage für die **Einrichtung ständiger Vertretungen** und den **UN-Beitritt der beiden deutschen Staaten**.

54 Am 9. Juli **1951** erklärten die drei Westmächte USA, Großbritannien und Frankreich den Kriegszustand mit Deutschland für beendet. Die entsprechende Erklärung der Sowjetunion folgte am 25. Januar **1955**.
Mit der Kapitulation der Wehrmacht endeten am 8. Mai **1945** die Kampfhandlungen des Zweiten Weltkriegs in Europa. Mit der Unterzeichnung des Deutschlandvertrags am 26. Mai **1952** wurde der Bundesrepublik Deutschland eine beschränkte Souveränität zugestanden.

55 **Mit welchem ihrer Vorsitzenden ist die SPD nicht als Kanzlerkandidat zu einer Bundestagswahl angetreten?**

- Erich Ollenhauer
- Björn Engholm
- Kurt Schumacher
- Rudolf Scharping

56 **Das heutige Bundesland Brandenburg ist aus drei ehemaligen DDR-Bezirken hervorgegangen? Welcher Bezirk war nicht darunter?**

- Frankfurt (Oder)
- Cottbus
- Neubrandenburg
- Potsdam

57 **Was war in der Bundesrepublik Deutschland 1973 Thema des Jahres?**

- Radikalenerlass
- Sonntagsfahrverbot
- Bundesligaskandal
- Guillaume-Affäre

58 **An welchem Tag wurde in der DDR der Tag der Nationalen Volksarmee begangen?**

- 1. März
- 1. Juli
- 1. September
- 1. Dezember

59 **Welcher Ministerpräsident eines deutschen Bundeslandes regierte mit 22 Jahren bisher am längsten?**

- Edmund Stoiber (Bayern)
- Johannes Rau (Nordrhein-Westfalen)
- Peter Altmeier (Rheinland-Pfalz)
- Georg August Zinn (Hessen)

60 **Wann wurde der Saarvertrag zwischen Deutschland und Frankreich geschlossen, der die Wiedereingliederung des Saarlands in die Bundesrepublik Deutschland regelte?**

- 23. Oktober 1955
- 27. Oktober 1956
- 1. Januar 1957
- 6. Juli 1959

55 **Björn Engholm** war kein Kanzlerkandidat der SPD – während seiner Amtszeit als SPD-Vorsitzender von Mai 1991 bis Mai 1993 fand keine Bundestagswahl statt. Bei der Bundestagswahl 1994 trat der damalige Parteivorsitzende **Rudolf Scharping** als Spitzenkandidat für die SPD an. **Kurt Schumacher** war Kanzlerkandidat bei der ersten Bundestagswahl 1949, sein Nachfolger als SPD-Vorsitzender **Erich Ollenhauer** bei den Wahlen 1953 und 1957.

56 Aus dem ehemaligen DDR-Bezirk **Neubrandenburg** wurde 1990 zusammen mit den Bezirken Rostock und Schwerin das Bundesland Mecklenburg-Vorpommern.
Das Bundesland Brandenburg wurde aus den Bezirken **Frankfurt (Oder)**, **Cottbus** und **Potsdam** gebildet.

57 Thema des Jahres 1973 war das im Zusammenhang mit der Ölkrise verfügte **Sonntagsfahrverbot** an vier Sonntagen im November und Dezember, von dem man sich Einschränkungen des Energieverbrauchs erhoffte. Der **Radikalenerlass**, mit dem der Zugang von „Verfassungsfeinden“ zum öffentlichen Dienst verhindert werden sollte, war Thema des Jahres 1972. Die **Guillaume-Affäre** führte 1974 zum Sturz von Bundeskanzler Brandt, der **Bundesligaskandal** wurde 1971 aufgedeckt.

58 Als Tag der Nationalen Volksarmee war der **1. März** in der DDR ein offizieller Ehren- bzw. Gedenktag.
Am **1. Juli** war der Tag der Deutschen Volkspolizei, am **1. Dezember** der Tag der Grenztruppen der DDR. Der Weltfriedenstag wurde am **1. September** begangen.

59 **Peter Altmeier** (CDU) war von 1947 bis 1969 Regierungschef von Rheinland-Pfalz und ist mit 22 Jahren der Ministerpräsident, der ein Bundesland bisher am längsten regiert hat. **Edmund Stoiber** (CSU) war 14 Jahre lang, von 1993 bis 2007, Ministerpräsident von Bayern. **Johannes Rau** (SPD) brachte es in Nordrhein-Westfalen von 1978 bis 1998 auf 20 Jahre im Ministerpräsidentenamt, **Georg August Zinn** (SPD) in Hessen von 1950 bis 1969 auf 19 Jahre.

60 Mit dem am **27. Oktober 1956** unterzeichneten Saarvertrag zwischen der Bundesrepublik Deutschland und Frankreich wurde die politische und wirtschaftliche Wiedereingliederung des Saarlandes in die Bundesrepublik Deutschland vereinbart.
Ab **1. Januar 1957** gehörte das Saarland politisch wieder zu Deutschland, am **6. Juli 1959** erfolgte der wirtschaftliche Anschluss. Am **23. Oktober 1955** hatten die Saarländer das Saarstatut und damit eine Eigenständigkeit des Saarlands abgelehnt.

61 **Wer war bei der Bundespräsidentenwahl 1969 der Gegenkandidat von Gustav Heinemann?**

- Walter Scheel
- Rainer Barzel
- Gerhard Schröder
- Karl Schiller

62 **Welche Parteien bildeten in der Vergangenheit eine Fraktionsgemeinschaft im Bundestag?**

- CDU und CSU
- SPD und FDP
- PDS und WASG
- BP und CSU

63 **Welches Staatsoberhaupt der DDR war nicht auch Vorsitzender der SED?**

- Willi Stoph
- Walter Ulbricht
- Wilhelm Pieck
- Erich Honecker

64 **Wer war der erste Vorsitzende der 1948 gegründeten Nationaldemokratischen Partei Deutschlands?**

- Wolfgang Rauls
- Friedrich Thielen
- Adolf von Thadden
- Lothar Bolz

65 **Wann erzielte die rechtsextreme NPD ihr bisher bestes Ergebnis bei einer deutschen Landtagswahl?**

- 1967 in Hamburg
- 1968 in Baden-Württemberg
- 2004 in Sachsen
- 2006 in Mecklenburg-Vorpommern

66 **Wer ist im Verteidigungsfall der Oberbefehlshaber der Bundeswehr? Der …**

- Bundespräsident
- Generalinspekteur der Bundeswehr
- Bundeskanzler
- Bundesverteidigungsminister

61 Bei der Bundespräsidentenwahl 1969 unterlag **Gerhard Schröder** (CDU) im dritten Wahlgang Gustav Heinemann (SPD). Der Politiker mit dem gleichen Namen wie der spätere Bundeskanzler war von 1949 bis 1969 Minister in den Kabinetten Adenauer, Erhard und Kiesinger.
Walter Scheel (FDP) wurde 1974 zum Bundespräsidenten gewählt. **Rainer Barzel** war von 1964 bis 1974 Vorsitzender der Bundestagsfraktion der CDU/CSU. **Karl Schiller** (SPD) war von 1966 bis 1972 Bundeswirtschaftsminister.

62 Eine Fraktionsgemeinschaft von zwei unabhängigen Parteien im Bundestag ist nur möglich, wenn die Parteien im Wahlgebiet nicht konkurrieren, wie bei **CDU und CSU**: Die CSU kandidiert nur in Bayern, die CDU nur im restlichen Bundesgebiet. Auch die ausschließlich im Osten bzw. Westen Deutschlands angetretenen Parteien **PDS und WASG** konnten so zwischen 2005 und 2007 eine Fraktionsgemeinschaft bilden.
SPD und FDP treten bundesweit als konkurrierende Parteien an, in Bayern sind Bayernpartei **BP und CSU** politische Konkurrenten.

63 **Willi Stoph** war von 1973 bis 1976 Staatsratsvorsitzender und damit auch Staatsoberhaupt der DDR, jedoch nie Vorsitzender der SED. **Wilhelm Pieck** war als Präsident von 1949 bis 1960 Staatsoberhaupt und als Mitbegründer der SED bis 1950 deren Vorsitzender. **Walter Ulbricht** war von 1960 bis 1973, **Erich Honecker** von 1976 bis 1989 Staatsratsvorsitzender. Parteivorsitzende waren Ulbricht und Honecker von 1950 bis 1971 bzw. von 1971 bis 1989.

64 Der erste Vorsitzende der Nationaldemokratischen Partei Deutschlands war **Lothar Bolz**. Die 1990 in der FDP aufgegangene Nationaldemokratische Partei Deutschlands (NDPD) war eine Blockpartei der DDR und ist nicht zu verwechseln mit der 1964 in Westdeutschland gegründeten rechtsextremen NPD.
Parteivorsitzender der NPD als Nachfolger von **Friedrich Thielen** wurde 1967 **Adolf von Thadden**. **Wolfgang Rauls** war bis 1990 der letzte Vorsitzende der NDPD.

65 Ihr bisher bestes Ergebnis bei einer deutschen Landtagswahl erzielte die NPD – vier Jahre nach ihrer Gründung – im Jahr **1968 in Baden-Württemberg**. Die rechtsextreme Partei erhielt damals 9,8 % der Stimmen. Bei der Bürgerschaftswahl **1967 in Hamburg** kam die NPD auf 8,8 %. Bei den Landtagswahlen **2004 in Sachsen** und **2006 in Mecklenburg-Vorpommern** erhielt die Partei 9,2 bzw. 7,3 % der Stimmen.

66 Laut Grundgesetz hat im Verteidigungsfall der **Bundeskanzler** die Befehls- und Kommandogewalt über die Bundeswehr, in Friedenszeiten der **Bundesverteidigungsminister**. Im Gegensatz zu den meisten anderen vergleichbaren Staaten ist in Deutschland der **Bundespräsident** als Staatsoberhaupt nicht der Oberbefehlshaber der Bundeswehr. Der **Generalinspekteur der Bundeswehr** ist der ranghöchste Offizier der deutschen Streitkräfte.

POLITISCHES SYSTEM

Früher und heute, hüben und drüben

Wenig beeinflusst die Lebensumstände der Bevölkerung so einschneidend und nachhaltig wie die Änderung des politischen Systems eines Staats. Und gerade die Deutschen waren im vergangenen Jahrhundert gleich mehrfach von solchen Änderungen betroffen: von der Monarchie des Kaiserreichs zur Demokratie der Weimarer Republik, gefolgt vom Rückfall in die NS-Diktatur und schließlich zur modernen Demokratie des heutigen Deutschlands, für manche über den Umweg über ein repressives sozialistisches System.
Da für den Bürger die Kenntnis der Institutionen, die an der politischen Willensbildung und -durchsetzung beteiligt sind, Voraussetzung für ein verantwortungsbewusstes staatsbürgerliches Verhalten ist, wundert es wenig, dass ein Großteil der Fragen des von der Bundesregierung 2008 verfügten Einbürgerungstests diesem Themenbereich entstammt. Also Achtung, Staatsbürger, aufgepasst!

1 **Was gehört in Deutschland nicht zur Exekutive?** (D)

- Die Polizei
- Die Gerichte
- Das Finanzamt
- Die Ministerien

2 **Welches deutsche Bundesland nennt sich nicht Freistaat?**

- Thüringen
- Sachsen-Anhalt
- Sachsen
- Bayern

3 **Welches deutsche Bundesland wird von einem Ersten Bürgermeister regiert?**

- Berlin
- Hessen
- Bremen
- Hamburg

4 **Das oberste Staatsorgan der DDR hieß** …

- Zentralkomitee der SED
- Politbüro
- Ministerrat
- Volkskammer

5 **Wessen Aufgabe ist es, die Verfassungstreue der vom Bundestag verabschiedeten Gesetze zu prüfen?**

- Bundesverfassungsgericht
- Bundespräsident
- Bundesjustizministerium
- Bundesrat

6 **Welche der Abkürzungen bezeichnet keine Vorläuferorganisation der Europäischen Union?**

- EG
- EFTA
- EGKS
- EWG

① Als Exekutive wird die ausführende Gewalt bezeichnet. Dazu zählen die Regierung und die öffentliche Verwaltung, denen die Ausführung der Gesetze obliegt. Exekutivorgane in Deutschland sind unter anderem **die Polizei**, **das Finanzamt** und **die Ministerien**, nicht jedoch **die Gerichte**, die die Judikative oder Recht sprechende Gewalt darstellen.

② **Sachsen-Anhalt** nennt sich nicht Freistaat, obwohl es wie alle anderen deutschen Flächenstaaten einer ist. Der im 19. Jahrhundert als Gegensatz zur Monarchie aufgekommene Begriff ist lediglich die deutsche Bezeichnung für eine Republik.
Während sich in der Weimarer Republik fast alle deutschen Länder Freistaat nannten, führen heute nur noch die Bundesländer **Bayern**, **Sachsen** und **Thüringen** den Begriff Freistaat als Teil ihres amtlichen Namens.

③ Mit Ausnahme der drei Stadtstaaten werden die deutschen Bundesländer von einem Ministerpräsidenten regiert, so auch **Hessen**. Regierungschef in Berlin, Hamburg und Bremen ist jeweils ein Bürgermeister.
In **Berlin** trägt er den Titel Regierender Bürgermeister, **Hamburg** wird von einem Ersten Bürgermeister regiert. Regierungschef im kleinsten Bundesland **Bremen** ist der Bürgermeister.

④ Das oberste Staatsorgan der DDR war die **Volkskammer**, das Parlament der Deutschen Demokratischen Republik.
Der Einfluss der Volkskammer in der DDR war jedoch gering, politische Entscheidungen wurden im Wesentlichen im **Politbüro**, dem vom **Zentralkomitee der SED** gewählten Führungsgremium der Partei, oder im **Ministerrat**, der Regierung der DDR, getroffen.

⑤ Aufgabe des **Bundespräsidenten** ist unter anderem die Unterzeichnung und Verkündung der Bundesgesetze, die er zuvor jedoch auf ihre Verfassungstreue zu prüfen hat.
Das **Bundesverfassungsgericht** entscheidet über die Vereinbarkeit von Gesetzen mit dem Grundgesetz. Das **Bundesjustizministerium** ist für die Sicherung und Weiterentwicklung des Rechtsstaats zuständig, der **Bundesrat** ist die Vertretung der Länder bei der Gesetzgebung.

⑥ Die **EFTA** ist eine europäische Freihandelsgemeinschaft, die 1960 unter anderem auch als Gegengewicht zur damaligen Europäischen Wirtschaftsgemeinschaft (EWG), zu deren sechs Gründerstaaten die Bundesrepublik Deutschland zählte, gegründet wurde.
Aus der **EWG** und der **EGKS**, der Europäischen Gemeinschaft für Kohle und Stahl, entstand 1967 als Europäische Gemeinschaft die **EG**, die 1993 durch die Maastrichter Verträge zur EU wurde.

7 **Was für ein Mandat haben Abgeordnete des Deutschen Bundestags auf keinen Fall, ein ...**

- direktes Mandat
- Listenmandat
- imperatives Mandat
- freies Mandat

8 **Was ist keine staatliche Gewalt in Deutschland?** (D)

- Legislative
- Judikative
- Exekutive
- Direktive

9 **Wie heißt der Plan eines amerikanischen Politikers, Deutschland nach dem Zweiten Weltkrieg in einen reinen Agrarstaat umzugestalten?**

- Schumann-Plan
- Morgenthau-Plan
- Marshall-Plan
- Dawes-Plan

10 **Welches ist der gesetzliche Güterstand in Deutschland, wenn die Ehepartner keinen Ehevertrag abgeschlossen haben?**

- Errungenschaftsbeteiligung
- Gütergemeinschaft
- Zugewinngemeinschaft
- Gütertrennung

11 **Wann wurden Frauen zum ersten Mal in ein nationales deutsches Parlament gewählt?**

- Nationalversammlung 1919
- Reichstag 1932
- Bundestag 1949
- Bundestag 1972

12 **Zwei Parteien – eine davon war die NSDAP – wurden vom Bundesverfassungsgericht bisher verboten. Welche war die andere?**

- RAF
- DKP
- NPD
- KPD

(7) Bei einem **imperativen Mandat** hat ein Abgeordneter bei einer politischen Abstimmung kein eigenes Entscheidungsrecht, sondern ist an eine Anweisung, etwa seiner Partei oder Fraktion, gebunden.
Bundestagsabgeordnete haben im Gegensatz dazu ein **freies Mandat**, das sie entweder als **direktes Mandat** in einem Wahlkreis oder als **Listenmandat** (über die Landesliste einer Partei) errungen haben.

(8) Unter einer **Direktive** versteht man eine Anweisung oder Verhaltensregel. Steuerbefehle bei Computerprogrammen werden ebenfalls als Direktive bezeichnet.
Die **Legislative**, die gesetzgebende Gewalt, die **Judikative**, die Recht sprechende Gewalt, und die **Exekutive**, die ausführende Gewalt, sind die drei staatlichen Gewalten in Deutschland.

(9) Der 1944 vom amerikanischen Finanzminister Henry Morgenthau entwickelte **Morgenthau-Plan**, dem zufolge Deutschland nach dem Zweiten Weltkrieg in einen Agrarstaat umgewandelt werden sollte, war nie ein offizieller Plan einer amerikanischen Regierung.
Mit dem **Schumann-Plan** begann 1950 die europäische Einigung, der **Marshall-Plan** von 1947 war das Wiederaufbauprogramm für Europa. Der **Dawes-Plan** von 1924 regelte die deutschen Reparationszahlungen an die Alliierten.

(10) Wenn Eheleute keinen Ehevertrag geschlossen haben, wird in Deutschland automatisch die **Zugewinngemeinschaft** zum gesetzlichen Güterstand.
Gütergemeinschaft oder **Gütertrennung** können in Deutschland nur dann zum gesetzlichen Güterstand werden, wenn die Ehepartner vor einem Notar einen entsprechenden Ehevertrag abgeschlossen haben. Die **Errungenschaftsbeteiligung** ist ein der deutschen Zugewinngemeinschaft vergleichbarer gesetzlicher Güterstand in der Schweiz.

(11) Bei der Wahl zur **Nationalversammlung 1919** wurden zum ersten Mal Frauen in ein nationales deutsches Parlament gewählt. Sie stellten mit 37 von 423 Mandaten knapp 9 % der Abgeordneten.
Bei der Wahl zum **Reichstag 1932** betrug der Anteil der Frauen etwa 6 %, bei der Wahl zum ersten Deutschen **Bundestag 1949** waren es 7 %. Im **Bundestag 1972** war der Frauenanteil mit deutlich weniger als 6 % der bisher geringste in der Geschichte der Bundesrepublik.

(12) Mit der Begründung, sie wolle die „Diktatur des Proletariats" errichten, verbot das Bundesverfassungsgericht 1956 die Kommunistische Partei Deutschlands **KPD**.
Die **DKP**, die 1968 gegründete Deutsche Kommunistische Partei, unterscheidet sich von der KPD durch die Anerkennung der Verfassungsordnung des Grundgesetzes. Die **RAF**, die Rote-Armee-Fraktion, war eine linksextremistische terroristische Vereinigung. Ein Verfahren zum Verbot der rechtsextremen **NPD** wurde 2003 aus Verfahrensgründen eingestellt.

13 **Welches Grundrecht ist in Artikel 1 des Grundgesetzes der Bundesrepublik Deutschland garantiert?** (D)

- Die Unantastbarkeit der Menschenwürde
- Das Recht auf Leben
- Religionsfreiheit
- Meinungsfreiheit

14 **Welcher Dienstgrad bei der Bundesmarine ist kein Unteroffiziersrang?**

- Fähnrich zur See
- Obermaat
- Oberstabsgefreiter
- Bootsmann

15 **Die Amtszeit des Bundesratspräsidenten beträgt** …

- ein Jahr
- vier Jahre
- fünf Jahre
- max. zwölf Jahre

16 **Welche Abkürzung steht für den deutschen Auslandsgeheimdienst?**

- BKA
- MAD
- BND
- BfV

17 **Mit welchen Worten beginnt die deutsche Nationalhymne?** (D)

- Völker, hört die Signale …
- Einigkeit und Recht und Freiheit …
- Freude, schöner Götterfunken …
- Deutschland, einig Vaterland …

18 **Welche der seit Bestehen der Bundesrepublik Deutschland im Bundestag vertretenen Parteien hatte den höchsten „Verbrauch“ an Bundesvorsitzenden?**

- CDU
- CSU
- FDP
- SPD

(13) Artikel 1 des Grundgesetzes der Bundesrepublik garantiert die **Unantastbarkeit der Menschenwürde**.
Zu den Grundrechten in Deutschland gehört auch das **Recht auf Leben** und körperliche Unversehrtheit (Artikel 2 des Grundgesetzes). Die Grundrechte der **Religionsfreiheit** und der **Meinungsfreiheit** werden durch die Artikel 4 und 5 des Grundgesetzes garantiert.

(14) **Oberstabsgefreiter** ist bei der Bundesmarine wie auch beim Bundesheer der höchste Mannschaftsdienstgrad.
Fähnrich zur See, **Obermaat** und **Bootsmann** sind Unteroffiziersränge bei der Bundesmarine. Sie entsprechen den Diensträngen Fähnrich, Stabsunteroffizier und Feldwebel beim Heer.

(15) Die Amtszeit des Bundesratspräsidenten – in turnusmäßigem Wechsel der Ministerpräsident eines Bundeslands – beträgt **ein Jahr** und dauert vom 1. November bis zum 31. Oktober des folgenden Jahres.
Die Amtszeit des Bundeskanzlers ist in der Regel **vier Jahre**, die des Bundespräsidenten **fünf Jahre**. Die Amtszeit des Präsidenten des Bundesverfassungsgerichts kann seine Amtszeit als Bundesrichter nicht überschreiten und beträgt daher **höchstens zwölf Jahre**.

(16) Die Abkürzung **BND** steht für den Bundesnachrichtendienst. Der BND ist einer der drei deutschen Geheimdienste des Bundes und zuständig für die Auslandsaufklärung.
Der für den Schutz der freiheitlich demokratischen Grundordnung zuständige Inlandsgeheimdienst ist das Bundesamt für Verfassungsschutz (**BfV**), der Militärische Abschirmdienst (**MAD**) ist der Nachrichtendienst der Bundeswehr. Das **BKA** ist das Bundeskriminalamt.

(17) Die Worte **„Einigkeit und Recht und Freiheit** …" sind der Anfang der dritten Strophe des Deutschlandlieds, der deutschen Nationalhymne.
Mit **„Völker, hört die Signale** …" beginnt der Refrain der Internationale. **„Freude, schöner Götterfunken** …" ist der Beginn der als Europahymne gesungenen Ode an die Freude. **„Deutschland, einig Vaterland** …" entstammt der ersten Strophe der Nationalhymne der DDR.

(18) Im November 2009 wurde Sigmar Gabriel zum fünfzehnten Parteivorsitzenden der **SPD** seit 1946 gewählt. Genau genommen ist er jedoch erst der vierzehnte SPD-Vorsitzende, da Franz Müntefering 2004/05 und 2007/08 das Amt zweimal innehatte. Die **FDP** hat es seit 1948 auf zwölf Vorsitzende gebracht, die **CSU** auf acht und die **CDU** auf lediglich sieben.

19 **Welche der vier Regionen bezeichnet keinen Regierungsbezirk von Bayern?**

- Niederbayern
- Oberpfalz
- Schwaben
- Allgäu

20 **Welcher Partei steht die Friedrich-Naumann-Stiftung nahe?**

- SPD
- CDU
- Bündnis 90/Die Grünen
- FDP

21 **Welches ist das Mindestalter, um in Deutschland zum Bundeskanzler gewählt werden zu können?**

- 18 Jahre
- 25 Jahre
- 27 Jahre
- 40 Jahre

22 **Welches Grundrecht garantiert Artikel 11 des Grundgesetzes?**

- Brief- und Fernmeldegeheimnis
- Recht auf Eigentum
- Unverletzlichkeit der Wohnung
- Recht auf Freizügigkeit

23 **In der Bundesrepublik Deutschland wird der Bundespräsident nicht direkt vom Volk gewählt. Wer wählt in Deutschland das Staatsoberhaupt?**

- Bundesversammlung
- Bundesrat
- Bundestag
- Bundesregierung

24 **Wann trat das BGB, das Bürgerliche Gesetzbuch, in Deutschland in Kraft?**

- 1896
- 1900
- 1976
- 1990

(19) Das **Allgäu** ist eine Gebirgslandschaft im Südwesten des Bundeslandes Bayern, jedoch kein bayerischer Regierungsbezirk.
Es liegt im südlichen Teil von **Schwaben**, einem der sieben Regierungsbezirke von Bayern. Die anderen sechs Regierungsbezirke Bayerns sind Ober-, Mittel- und Unterfranken im fränkischen Landesteil sowie **Oberpfalz**, Ober- und **Niederbayern** in Altbayern.

(20) Die Friedrich-Naumann-Stiftung für die Freiheit ist eine „Stiftung für liberale Politik in der Bundesrepublik Deutschland" und steht der **FDP** nahe.
Größte und älteste parteinahe Stiftung Deutschlands ist die der **SPD** nahestehende Friedrich-Ebert-Stiftung. Die Konrad-Adenauer-Stiftung steht der **CDU** nahe, die Heinrich-Böll-Stiftung ist eine parteinahe Stiftung von **Bündnis 90/Die Grünen**.

(21) Ein Deutscher erhält mit **18 Jahren** das aktive und das passive Wahlrecht und kann damit sowohl in den Bundestag als auch zum Bundeskanzler gewählt werden.
Dagegen muss man in manchen Bundesländern mindestens **25 Jahre** alt sein, um zum Bürgermeister gewählt werden zu können. Zum Beamten auf Lebenszeit kann man frühestens mit **27 Jahren** ernannt werden. Als Kandidat für das Amt des Bundespräsidenten muss man mindestens **40 Jahre** alt sein.

(22) Artikel 11 des Grundgesetzes garantiert allen Deutschen das **Recht auf Freizügigkeit** im ganzen Bundesgebiet. Dieses Recht darf nur unter bestimmten Voraussetzungen aufgrund eines Gesetzes eingeschränkt werden.
Artikel 10 garantiert die Unverletzlichkeit von **Brief- und Fernmeldegeheimnis**, Artikel 13 die **Unverletzlichkeit der Wohnung** und Artikel 14 das **Recht auf Eigentum**.

(23) Der Bundespräsident wird in Deutschland von der **Bundesversammlung** gewählt, die aus den Mitgliedern des Bundestags und der gleich großen Zahl von Vertretern, die von den Landesregierungen nominiert werden, besteht.
Der **Bundesrat** ist die Ländervertretung bei der Gesetzgebung und Verwaltung des Bundes, der **Bundestag** ist die für vier Jahre gewählte Volksvertretung der Bundesrepublik Deutschland. Die **Bundesregierung** ist das aus Bundeskanzler und Ministern bestehende Staatskabinett.

(24) Das **1896** erlassene Bürgerliche Gesetzbuch trat am 1. Januar **1900** in Kraft. Das in Deutschland geltende Gesetzbuch des bürgerlichen Rechts enthält die grundsätzlichen Regelungen für nahezu alle privatrechtlichen Rechtsverhältnisse.
In der DDR wurde das Bürgerliche Gesetzbuch **1976** durch das Zivilgesetzbuch abgelöst, seit dem 3. Oktober **1990** ist das BGB in den neuen Bundesländern wieder geltendes Recht.

25 **Welches juristische Prinzip ist kein gültiger Grundsatz im deutschen Rechtsstaat?**

- In dubio pro reo
- Audiatur et altera pars
- Princeps legibus solutus
- Ne bis in idem

26 **Wann war „Das Lied der Deutschen“ deutsche Nationalhymne?**

- Im Deutschen Kaiserreich
- In der Weimarer Republik
- Im Dritten Reich
- In der DDR

27 **„Den Sozialismus in seinem Lauf hält weder Ochs noch Esel auf.“ Von wem stammt dieser Spruch?**

- Walter Ulbricht
- August Bebel
- Erich Honecker
- Erich Mielke

28 **In welcher deutschen Stadt hat das Bundesarbeitsgericht seinen Sitz?**

- Erfurt
- Karlsruhe
- München
- Kassel

29 **Die Bundesrepublik Deutschland ist ein demokratischer und sozialer …**

- Staatenverbund
- Bundesstaat
- Staatenbund
- Zentralstaat

30 **Mit der Vollendung welchen Lebensjahres ist man in Deutschland eidesfähig? Ab dem …**

- vierzehnten
- sechzehnten
- achtzehnten
- einundzwanzigsten

25 Die Gleichheit vor dem Gesetz ist in Deutschland ein Grundrecht. „**Princeps legibus solutus**“ (der Fürst ist den Gesetzen nicht unterworfen) ist daher kein im deutschen Rechtsstaat gültiger Grundsatz. Die dem römischen Recht entstammenden Grundsätze „**In dubio pro reo**“ (im Zweifel für den Angeklagten), „**Audiatur et altera pars**“ (es möge auch die andere Partei gehört werden) und „**Ne bis in idem**“ (nicht zweimal in derselben Sache) haben im deutschen Straf- und Zivilprozessrecht dagegen Gültigkeit.

26 „Das Lied der Deutschen“ des Dichters August Heinrich Hoffmann von Fallersleben mit der Melodie aus Joseph Haydns Kaiserquartett wurde 1922 **in der Weimarer Republik** zur deutschen Nationalhymne und blieb es auch **im Dritten Reich** von 1933 bis 1945.
Nationalhymne im **Deutschen Kaiserreich** von 1871 bis 1918 war die Kaiserhymne „Heil dir im Siegerkranz“, die Hymne **in der DDR** war „Auferstanden aus Ruinen“.

27 Der Spruch „Den Sozialismus in seinem Lauf hält weder Ochs noch Esel auf“ wird dem Mitbegründer der SPD, **August Bebel**, zugeschrieben. Berühmt geworden ist die Redewendung durch **Erich Honecker**, der sie in einer Rede im August 1989 zitierte. „Niemand hat die Absicht, eine Mauer zu errichten“, behauptete **Walter Ulbricht** kurz vor Beginn des Mauerbaus in Berlin. „Ich liebe doch alle Menschen …“, sagte der Stasi-Chef **Erich Mielke** am 13. November 1989 vor der Volkskammer.

28 Das Bundesarbeitsgericht ist das oberste deutsche Gericht für die Arbeitsgerichtsbarkeit. Es hat seinen Sitz seit dem Jahr 2000 in **Erfurt**. Zuvor war es in **Kassel** ansässig, wo noch immer das Bundessozialgericht seinen Sitz hat.
Karlsruhe ist der Sitz des Bundesverfassungsgerichts und des Bundesgerichtshofs. In **München** sind der Bundesfinanzhof, das oberste Gericht für Steuer- und Zollangelegenheiten, und das Bundespatentgericht ansässig.

29 Die Bundesrepublik Deutschland ist ein demokratischer und sozialer **Bundesstaat**.
Unter Bundesstaat im Gegensatz zu einem **Zentralstaat** versteht man einen aus mehreren Gliedstaaten mit gewisser Selbstständigkeit bzw. Staatlichkeit bestehenden Staat. In einem **Staatenverbund** oder einem **Staatenbund** sind Staaten mehr oder weniger eng zusammengeschlossen, wobei die einzelnen Staaten ihre staatliche Souveränität behalten.

30 Mit der Vollendung des **sechzehnten** Lebensjahres ist man in Deutschland eidesfähig oder eidesmündig. Die Eidesmündigkeit ist die Fähigkeit zu einer eidlichen Aussage vor Gericht. Ab dem **vierzehnten** Geburtstag ist man beschränkt strafmündig, ab dem **einundzwanzigsten** unbeschränkt strafmündig. Mit Vollendung des **achtzehnten** Lebensjahrs beginnt in Deutschland die Volljährigkeit und damit die unbeschränkte Geschäftsfähigkeit.

31 **Welcher dieser vier früheren deutschen Bundeskanzler amtierte am längsten?**

- Ludwig Erhard
- Helmut Schmidt
- Willy Brandt
- Gerhard Schröder

32 **In welchem der vier Bundesländer wird das Landesparlament nicht für fünf Jahre gewählt?**

- Hessen
- Hamburg
- Bremen
- Sachsen

33 **Wie lautete die offizielle Anrede unter den Mitgliedern des „Freien Deutschen Gewerkschaftsbundes" der DDR?**

- Kamerad
- Kollege
- Genosse
- Kumpel

34 **Ein Straftatbestand nach deutschem Strafrecht ist ...**

- Beamtenbeleidigung
- Zechprellerei
- Wucher
- Gefängnisausbruch

35 **Von wem stammt der Text zur Nationalhymne der DDR?**

- Hanns Eisler
- Johannes Becher
- Bertolt Brecht
- Wilhelm Pieck

36 **Das Wahlsystem in Deutschland ist ein ...** (D)

- Zensuswahlrecht
- Dreiklassenwahlrecht
- Mehrheits- und Verhältniswahlrecht
- Allgemeines Männerwahlrecht

31 Von den genannten ehemaligen deutschen Bundeskanzlern regierte **Helmut Schmidt** (SPD) am längsten. Er war vom 16. Mai 1974 bis zum 3. Oktober 1982 insgesamt 3063 Tage im Amt.
Gerhard Schröder (SPD) brachte es auf eine Amtszeit von 2551 Tagen, **Willy Brandt** auf 1668 Tage und **Ludwig Erhard** auf 1141 Tage. Rekordhalter ist Helmut Kohl (CDU). Er war 5867 Tage, vom 4. Oktober 1982 bis zum 26. Oktober 1998, Bundeskanzler.

32 Bei den Bürgerschaften, den Länderparlamenten der beiden Stadtstaaten **Hamburg** und **Bremen**, dauert die Legislaturperiode im Normalfall vier Jahre.
In allen anderen Bundesländern, einschließlich **Hessens** und **Sachsens**, werden die Länderparlamente dagegen in einem fünfjährigen Turnus gewählt.

33 Die offizielle Anrede unter den Mitgliedern des „Freien Deutschen Gewerkschaftsbundes" der DDR lautete **Kollege**.
Mitglieder der SED wurden untereinander als **Genosse** (bzw. Genossin) angeredet und geduzt. Die Anrede **Kamerad** stammt aus dem Bereich des Militärs. **Kumpel** ist keine Anrede, sondern die Bezeichnung für einen Freund oder für einen Bergmann.

34 **Wucher** ist ein Straftatbestand nach deutschem Strafrecht und kann nach § 291 mit Freiheitsstrafen bis zu zehn Jahren geahndet werden.
Dagegen gibt es im deutschen Strafrecht weder den Straftatbestand der **Zechprellerei** noch den der **Beamtenbeleidigung**. Ein Zechpreller kann allenfalls wegen Betrugs bestraft werden, wer einen Beamten beleidigt nur wegen Beleidigung nach § 185 StGB. Ebenso wenig gibt es einen Paragrafen, der **Gefängnisausbruch** unter Strafe stellt.

35 Der Text der Nationalhymne der DDR wurde 1949, kurz nach Gründung der DRR am 7. Oktober, von dem Dichter und späteren Kulturminister **Johannes Becher** geschrieben. Von **Wilhelm Pieck**, dem ersten DDR-Präsidenten, stammen inhaltliche Vorschläge zu den drei Strophen des Textes.
Die Melodie der Hymne wurde von **Hanns Eisler** komponiert, der auch zahlreiche Werke von **Bertolt Brecht** vertont hat.

36 Das Wahlsystem in Deutschland ist ein **Mehrheits- und Verhältniswahlrecht**. Genau genommen handelt es sich um ein durch die Erststimme modifiziertes („personifiziertes") Verhältniswahlrecht.
Beim preußischen **Dreiklassenwahlrecht** handelte es sich um eine spezielle Form des **Zensuswahlrechts**, bei dem die Stimmen nach dem Steueraufkommen der Wähler gewichtet werden. Ein **allgemeines Männerwahlrecht** wurde in Deutschland 1867 von Bismarck im Norddeutschen Bund eingeführt.

37
An acht Tagen im Jahr werden alle Behörden und Dienststellen des Bundes beflaggt. Welcher Tag gehört nicht dazu?

- 27. Januar
- 8. Mai
- 23. Mai
- 20. Juli

38
Zu welcher Versicherung gehört die Pflegeversicherung? (D)

- Sozialversicherung
- Unfallversicherung
- Hausratversicherung
- Haftpflicht- und Feuerversicherung

39
Welche der Infektionskrankheiten ist in Deutschland keine meldepflichtige Krankheit?

- Masern
- Typhus
- Aids
- Cholera

40
Die deutschen Bundesländer wirken an der Gesetzgebung des Bundes mit durch … (D)

- den Bundesrat
- die Bundesversammlung
- den Bundestag
- die Bundesregierung

41
Durch welches Gesetz des Strafgesetzbuches ist in Deutschland die mehrfache Ehe, die Polygamie, verboten?

- § 168 StGB
- § 172 StGB
- § 316 StGB
- Durch keines

42
Wie heißt der Amtssitz des deutschen Bundespräsidenten in Berlin?

- Bundespräsidialamt
- Schloss Bellevue
- Palast der Republik
- Villa Hammerschmidt

37 Am **8. Mai** werden die Behörden und Dienststellen des Bundes nicht beflaggt. In der DDR war der 8. Mai als Jahrestag der Befreiung des deutschen Volkes vom Faschismus ein offizieller Feiertag.
Beflaggt wird am **27. Januar**, dem Tag des Gedenkens an die Opfer des Nationalsozialismus, am Jahrestag der Verkündung des Grundgesetzes am **23. Mai** sowie am Jahrestag des **20. Juli** 1944.

38 Die Pflegeversicherung ist eine **Sozialversicherung**, zu der daneben noch die gesetzliche Rentenversicherung, die gesetzliche Krankenversicherung, die Arbeitslosenversicherung und die **Unfallversicherung** gehören.
Hausratversicherung sowie **Haftpflicht- und Feuerversicherung** sind keine Pflichtversicherungen, sondern zählen zum Bereich der freiwilligen Individualversicherungen.

39 In Deutschland ist **Aids**, anders als in anderen Ländern wie etwa Österreich, keine meldepflichtige Krankheit.
Dagegen müssen **Typhus** und **Cholera** und auch die scheinbar harmlose Kinderkrankheit **Masern** nach dem Bundesseuchengesetz vom behandelnden Arzt oder dem Krankenhaus innerhalb von 24 Stunden an das zuständige Gesundheitsamt gemeldet werden.

40 Durch den **Bundesrat** wirken die deutschen Bundesländer an der Gesetzgebung des Bundes mit. Vom **Bundestag** beschlossene Gesetze, die der Zustimmung des Bundesrats bedürfen, kommen bei einer Ablehnung durch diesen nicht zustande. Die **Bundesregierung** als Exekutivorgan hat keine gesetzgeberische Kompetenz. Die Funktion der **Bundesversammlung** ist auf die Wahl des Bundespräsidenten beschränkt.

41 Polygamie ist in Deutschland **durch keines** der Gesetze des Strafgesetzbuchs, zumindest dem Wortlaut nach, verboten oder unter Strafe gestellt. Nach **§ 172 StGB** ist es jedoch strafbar, eine Ehe einzugehen, wenn man bereits verheiratet ist, und das bezieht natürlich Drei- und Mehrfachehen mit ein.
Explizit strafbar sind jedoch die Störung der Totenruhe (**§ 168 StGB**) und die Trunkenheit im Verkehr (**§ 316 StGB**).

42 Amtssitz des Bundespräsidenten in Berlin ist seit 1994 das **Schloss Bellevue**. Die **Villa Hammerschmidt** in Bonn war von 1950 bis 1994 Wohn- und Amtssitz des Bundespräsidenten und ist seitdem zweiter Amtssitz.
Das **Bundespräsidialamt** ist das von einem Staatssekretär geleitete Büro des Bundespräsidenten. Der **Palast der Republik**, inzwischen abgerissen, beherbergte die Volkskammer der DDR.

43 **Welches Amt gehört in Deutschland zur Gemeindeverwaltung?** (D)

- Pfarramt
- Ordnungsamt
- Finanzamt
- Auswärtiges Amt

44 **Wer eröffnet herkömmlicherweise die erste Bundestagssitzung einer Legislaturperiode?**

- Bundeskanzler
- Bundespräsident
- Bundestagspräsident
- Alterspräsident

45 **Welche Partei warb im Bundestagswahlkampf mit dem Slogan „Freiheit statt Sozialismus"? Die …**

- SPD 1953
- CDU 1976
- CDU 1990
- FDP 2005

46 **Die Bundesversicherungsanstalt für Angestellte (BfA) war bis 2005 zuständig für die gesetzliche …**

- Krankenversicherung
- Arbeitslosenversicherung
- Rentenversicherung
- Unfallversicherung

47 **Wie viele Mitglieder hat der Bundesrat?**

- 16
- 69
- 299
- 598

48 **Welcher Gedenktag in der DDR war kein gesetzlicher Feiertag?**

- Tag des Sieges der Völker der UdSSR
- Jahrestag der Befreiung vom Faschismus
- Tag der Nationalen Volksarmee
- Tag der Republik

43 In Deutschland ist das **Ordnungsamt**, das eine Reihe von kommunalen, von Gemeinde zu Gemeinde unterschiedlichen Aufgaben wahrnimmt, Teil der Gemeindeverwaltung.
Das **Pfarramt** ist als Pfarrbüro die Verwaltungsstelle einer Kirchengemeinde, das **Finanzamt** eine örtliche Behörde der Finanzverwaltung. **Auswärtiges Amt** ist die amtliche Bezeichnung für das Außenministerium der Bundesrepublik Deutschland.

44 Die konstituierende Sitzung des Bundestags zu Beginn einer Legislaturperiode wird vom **Alterspräsidenten**, dem ältesten Abgeordneten des neuen Bundestags, eröffnet und geleitet, bis dessen neuer Vorsitzender, der **Bundestagspräsident**, gewählt ist.
Der Bundestagspräsident hat nach dem **Bundespräsidenten** das zweithöchste Staatsamt inne. Er leitet die Bundestagssitzungen, unter anderem auch die Wahl des **Bundeskanzlers**.

45 Mit dem Slogan „Freiheit statt Sozialismus" warben sowohl die **CDU 1976** als auch die **FDP 2005**.
Neben Fortschritt scheint Freiheit eines der beliebtesten Schlagwörter im Wahlkampf zu sein: „Die Einheit Deutschlands in Frieden und Freiheit" war die Forderung der **SPD 1953**, „Freiheit - Wohlstand - Sicherheit" hieß es bei der **CDU 1990**.

46 Die 2005 in die Deutsche Rentenversicherung Bund überführte Bundesversicherungsanstalt für Angestellte (BfA) in Berlin war zuständig für die gesetzliche **Rentenversicherung**. Träger der **Arbeitslosenversicherung** ist die Bundesagentur für Arbeit in Nürnberg. Bei der **Krankenversicherung** sind die gesetzlichen Krankenkassen, bei der **Unfallversicherung** die Berufsgenossenschaften und öffentliche Unfallkassen die Träger.

47 Der Bundesrat ist die Vertretung der **16** Bundesländer im Bund. In Abhängigkeit ihrer Bevölkerungszahl entsenden die Länder drei bis sechs Mitglieder der Landesregierung in den Bundesrat, der derzeit **69** Mitglieder hat.
Die Zahl der direkt gewählten Abgeordneten bei einer Bundestagswahl beträgt **299**. Ebenso viele Abgeordnete kommen über die Landeslisten in den Bundestag, sodass dieser mindestens **598** - durch Überhangmandate kann diese Zahl steigen - Abgeordnete zählt.

48 Der **Tag der Nationalen Volksarmee** am 1. März war zwar Gedenktag in der DDR, aber nie gesetzlicher Feiertag.
Zu den arbeitsfreien Feiertagen zählte der am 7. Oktober begangene **Tag der Republik**. Der **Jahrestag der Befreiung vom Faschismus** am 8. Mai war bis 1967 und 1985 offizieller Feiertag, der **Tag des Sieges der Völker der UdSSR** war nur einmal, am 30. Jahrestag 1975, Feiertag.

49 **Mit welchem Jahr beginnt in Deutschland die Parteifähigkeit? Mit …**

- der Geburt
- sechs Jahren
- zehn Jahren
- 14 Jahren

50 **In welchem Bundesland gelang es der Partei „Die Grünen“ zum ersten Mal, Partner einer Regierungskoalition zu werden?**

- Hessen
- Hamburg
- Saarland
- Bayern

51 **Wer steht in der protokollarischen Rangordnung in Deutschland an dritter Stelle?**

- Bundeskanzler
- Bundestagspräsident
- Bundespräsident
- Bundesratspräsident

52 **Was wird im Bundesgesetzblatt nicht veröffentlicht?**

- Geschäftsordnung der Bundesregierung
- Bundesgesetze
- Völkerrechtliche Verträge
- Geschäftsordnung des Bundestags

53 **Das Berufsinformationszentrum BIZ bei der Bundesagentur für Arbeit in Deutschland hilft bei der …** (D)

- Rentenberechnung
- Lehrstellensuche
- Steuererklärung
- Krankenversicherung

54 **Um in Deutschland an einer Hochschule unterrichten zu können, bedarf es einer akademischen Lehrbefugnis. Wie nennt man den Erwerb dieser Lehrbefugnis?**

- Dissertation
- Habilitation
- Approbation
- Disputation

49 Die Parteifähigkeit, die Fähigkeit, in einem Gerichtsverfahren Partei zu sein, beginnt in Deutschland mit **der Geburt**. Sie ist, im Gegensatz zur Rechtsfähigkeit, die ebenfalls mit der Geburt beginnt, keinen Einschränkungen unterworfen.
Bis zum Alter von **sechs Jahren** ist ein Kind geschäfts- und schuldunfähig. Ab **zehn Jahren** hat ein Kind ein Anhörungsrecht zum Bekenntniswechsel, mit **14 Jahren** dann das religiöse Selbstbestimmungsrecht.

50 Im Oktober 1985 einigten sich in **Hessen** die Grünen mit der SPD auf die Bildung der ersten rot-grünen Regierungskoalition auf Landesebene.
Im April 2008 bildeten CDU und GAL in **Hamburg** die erste schwarz-grüne Koalition in einem Bundesland, im November 2009 schlossen CDU, FDP und Grüne im **Saarland** den ersten Koalitionsvertrag einer „Jamaikakoalition" in der Geschichte der Bundesrepublik. In **Bayern** waren die Grünen bisher nicht an einer Regierung beteiligt.

51 Die protokollarische Rangordnung der Bundesrepublik Deutschland ist tradiert und nicht festgeschrieben. An dritter Stelle dieser inoffiziellen Rangfolge steht der **Bundeskanzler** (bzw. die Bundeskanzlerin).
An der Spitze der Rangfolge steht der **Bundespräsident**, sein Vertreter, der **Bundesratspräsident**, kommt protokollarisch jedoch erst an vierter Stelle. Hinter dem Bundespräsidenten steht der **Bundestagspräsident** an zweiter Stelle.

52 Die **Geschäftsordnung der Bundesregierung** wird im Gemeinsamen Ministerialblatt, dem amtlichen Bekanntmachungsorgan der Bundesregierung und der Ministerien, veröffentlicht.
Bundesgesetze, Bekanntmachungen der Legislativorgane des Bundes, etwa die **Geschäftsordnung des Bundestags**, oder **völkerrechtliche Verträge** und Übereinkünfte werden im Bundesgesetzblatt veröffentlicht.

53 Das Berufsinformationszentrum (BIZ) ist eine Beratungseinrichtung der Bundesagentur für Arbeit und hilft unter anderem bei der **Lehrstellensuche**.
Eine **Rentenberechnung** erfolgt regelmäßig durch die Deutsche Rentenversicherung Bund. Hilfe bei der **Steuererklärung** findet man bei einem Steuerberater, für Fragen zur **Krankenversicherung** sind die jeweiligen gesetzlichen oder privaten Krankenkassen zuständig.

54 Voraussetzung, um in Deutschland an einer Hochschule unterrichten zu können, ist eine Lehrbefugnis, die man durch ein **Habilitation** genanntes akademisches Prüfungsverfahren erwirbt.
Unter einer **Dissertation** versteht man die Erlangung eines Doktorgrads durch eine schriftliche Arbeit, die man durch eine **Disputation** vor einem Prüfungsausschuss verteidigen muss. Die **Approbation** ist die staatliche Zulassung für die höheren Heilberufe.

55 **Nach dem Inkrafttreten des EU-Reformvertrags teilen sich 25 Staaten die 751 Sitze des Europäischen Parlaments. Wie viele davon stehen Deutschland zu?**

- 54
- 73
- 74
- 96

56 **Wo müssen Sie sich anmelden, wenn Sie in Deutschland umziehen? Beim ...** (D)

- Einwohnermeldeamt
- Standesamt
- Ordnungsamt
- Gewerbeamt

57 **Wie viele Landeshauptstädte gibt es in der Bundesrepublik Deutschland?**

- 9
- 10
- 14
- 16

58 **Wie nennt man ein Bündnis verschiedener Parteien zur Erlangung einer regierungsfähigen Mehrheit auf Bundes-, Länder- oder Gemeindeebene?**

- Föderation
- Fraktion
- Opposition
- Koalition

59 **Was steht nicht im Grundgesetz von Deutschland?** (D)

- Die Würde des Menschen ist unantastbar.
- Alle sollen gleich viel Geld haben.
- Jeder Mensch darf seine Meinung sagen.
- Alle sind vor dem Gesetz gleich.

60 **Die Zahl der Abgeordneten im Bundestag wurde seit 1949 mehrfach geändert. In welcher Legislaturperiode hatte der Bundestag die meisten Mitglieder?**

- 1949 bis 1953
- 1961 bis 1965
- 1994 bis 1998
- Seit 2009

55 Mit dem Inkrafttreten des EU-Reformvertrags, des sogenannten Lissabonner Vertrags, am 1. Dezember 2009 stehen der Bundesrepublik Deutschland als bevölkerungsreichstem Mitgliedstaat der Europäischen Union **96** Sitze im Europäischen Parlament zu.
Frankreich darf **74** Europaabgeordnete stellen, Großbritannien und Italien jeweils **73** und Spanien **54**.

56 Bei einem Umzug muss man sich in Deutschland beim **Einwohnermeldeamt** seines neuen Wohnorts anmelden. Das gilt auch, wenn man innerhalb einer Gemeinde umzieht.
Auf dem **Standesamt** werden Geburten, Hochzeiten und Todesfälle beurkundet. Aufgabe des **Ordnungsamts** ist die Abwehr von Gefahren für die öffentliche Ordnung. Will man ein Gewerbe gründen, muss dies beim **Gewerbeamt** angemeldet werden.

57 Obwohl die Bundesrepublik Deutschland in **16** Bundesländer gegliedert ist, gibt es nur **14** Landeshauptstädte. Die beiden Stadtstaaten Berlin und Hamburg haben keine eigene Landeshauptstadt, im Gegensatz zum Stadtstaat Bremen: Das Land Bremen besteht aus den beiden Städten Bremen und Bremerhaven, seine Hauptstadt ist die Stadt Bremen.
Vor 1990 gab es in der Bundesrepublik nur **9** Landeshauptstädte, aber **10** (oder 11, wenn man Westberlin als Bundesland zählt) Länder.

58 Ein Bündnis, das zwei oder mehr Parteien eingehen, um zu einer regierungsfähigen Mehrheit zu kommen, sei es auf Bundes-, Länder- oder Gemeindeebene, wird **Koalition** genannt.
Eine **Föderation** ist ein Staatenbund, eine **Fraktion** die Vereinigung politisch gleich gesinnter Abgeordneter eines Parlaments, die - von Ausnahmen abgesehen - einer Partei angehören. Als **Opposition** bezeichnet man die nicht an der Regierung beteiligten Parteien oder Abgeordneten eines Parlaments.

59 Die Forderung „**Alle sollen gleich viel Geld haben**" ist in Deutschland kein Verfassungsgrundsatz und steht daher auch nicht im Grundgesetz.
Die Forderungen „**Die Würde des Menschen ist unantastbar**", „**Alle sind vor dem Gesetz gleich**" und „**Jeder Mensch darf seine Meinung sagen**" sind Grundrechte. Sie werden durch die Artikel 1, 3 und 5 des Grundgesetzes garantiert.

60 Der 13. Bundestag von **1994 bis 1998** hatte nominell 656 Mitglieder. Durch 16 Überhangmandate stieg die Zahl der Abgeordneten auf 672.
Der 1. Bundestag (**1949 bis 1953**) hatte einschließlich zweier Überhangmandate 402, der 4. Bundestag (**1961 bis 1965**) bei fünf Überhangmandaten 499 Mitglieder. Mit 24 gab es die bisher meisten Überhangmandate beim 17. Bundestag (**seit 2009**); ihm gehören 622 Abgeordnete an.

61 **Das Grundgesetz darf geändert werden mit der Mehrheit von …**

- Bundestag
- Bundesversammlung
- Bundesrat
- Bundestag und Bundesrat

62 **Was wird in Deutschland nicht durch das Standesamt beurkundet?**

- Geburten
- Taufen
- Eheschließungen
- Todesfälle

63 **Die Bundesrepublik Deutschland hat einen dreistufigen Verwaltungsaufbau. Wie heißt die unterste politische Stufe?** (D)

- Stadträte
- Landräte
- Gemeinden
- Bezirksämter

64 **Der Regierungschef der DDR trug den Titel Vorsitzender …**

- des Ministerrats
- des Staatsrats
- der Volkskammer
- des Zentralkomitees

65 **Was zählt in der deutschen Nationalhymne nicht zu „des Glückes Unterpfand"?**

- Recht
- Gleichheit
- Freiheit
- Einigkeit

66 **Den Abbau der Kontrollen an den deutschen Grenzen verdanken wir …**

- dem Schengener Abkommen
- dem Maastrichter Vertrag
- den Römischen Verträgen
- dem Vertrag von Lissabon

61 Das Grundgesetz kann mit Ausnahme der Artikel 1 bis 20, der Grundrechte, geändert werden, wenn jeweils zwei Drittel der Mitglieder von **Bundestag und Bundesrat** zustimmen.
Eine einfache Mehrheit oder eine Zweidrittelmehrheit von **Bundestag** oder **Bundesrat** allein reicht dafür nicht aus. Die **Bundesversammlung** hat keine gesetzgeberische Kompetenz; ihre einzige Aufgabe ist es, den Bundespräsidenten zu wählen.

62 **Taufen** sind keine verwaltungsrechtlichen Amtshandlungen und werden daher nicht von den Standesämtern beurkundet. Die Taufe ist im kirchenrechtlichen Sinn die Aufnahme des Getauften in die Gemeinde bzw. in die Religionsgemeinschaft. Sie wird meist in die Kirchenbücher eingetragen und damit beurkundet.
Für die Beurkundung von **Geburten**, **Eheschließungen** und **Todesfällen** sind in Deutschland dagegen die Standesämter des jeweiligen Wohnorts zuständig.

63 Der dreistufige Verwaltungsaufbau der Bundesrepublik Deutschland besteht aus Bund, Ländern und Gemeinden. Die **Gemeinden** sind dabei die unterste politische Stufe. **Stadträte** sind die Gemeindeparlamente der Städte bzw. deren Mitglieder. Die obersten Beamten der Landkreise in Deutschland sind die **Landräte**. Die **Bezirksämter** sind Verwaltungsbehörden in größeren Städten.

64 Die Regierung der DDR war der Ministerrat, der Regierungschef somit der Vorsitzende des **Ministerrats**.
Der Vorsitzende des **Staatsrats** war faktisch das Staatsoberhaupt der DDR, formal war der Staatsrat als Gremium kollektives Staatsoberhaupt. Der Präsident der **Volkskammer** saß dem Parlament vor. Der Vorsitzende des **Zentralkomitees** der SED trug den Titel Generalsekretär.

65 Die **Gleichheit** ist in Deutschland ein verfassungsmäßiges Recht, als erstrebenswertes Gut wird sie jedoch in keiner der drei Strophen des Liedes der Deutschen genannt.
In der dritten Strophe des Deutschlandlieds, der deutschen Nationalhymne, heißt es vielmehr: „**Einigkeit** und **Recht** und **Freiheit** sind des Glückes Unterpfand."

66 Das **Schengener Abkommen** von 1985 ist eine Vereinbarung zum Verzicht auf Personenkontrollen an den innereuropäischen Grenzen. Ihm gehören derzeit 28 europäische Staaten an.
Mit dem **Maastrichter Vertrag** schlossen sich die Länder der EG 1993 zur Europäischen Union zusammen. Mit den **Römischen Verträgen** von 1957 wurde die EWG gegründet. Mit dem **Vertrag von Lissabon** trat 2009 eine neue politische Grundlage für die Europäische Union in Kraft.

WIRTSCHAFT UND FINANZEN

Wer soll das bezahlen, wer hat so viel Geld?

„Man kauft mit Geld, das man nicht hat, Dinge, die man nicht braucht, um damit Leute zu beeindrucken, die man nicht mag." Diese Abwandlung eines Zitats von Alexander von Humboldt soll keineswegs eine Anspielung auf das Funktionieren der heutigen Wirtschafts- und Finanzmärkte sein, wenngleich ... Unbestreitbar leben viele private und öffentliche Haushalte über ihre Verhältnisse, sodass man sich wie in dem Karnevalsschlager von 1949 fragen muss: „Wer soll das bezahlen, wer hat so viel Geld?" Wir erwarten von Ihnen keine Antwort auf diese Frage. Jene des folgenden Kapitels, die Wirtschaft und Finanzen zum Thema haben, sollten Sie aber beantworten können.

1 **Welches war bzw. ist keine deutsche Notenbank?**

- Deutsche Bundesbank
- Deutsche Bank
- Bank deutscher Länder
- Deutsche Notenbank

2 **Welche Gewerkschaft ist die derzeit größte Einzelgewerkschaft in Deutschland?**

- GEW
- IGM
- ver.di
- IG BCE

3 **Direkte Steuern erfassen das Einkommen oder Vermögen des Steuerpflichtigen unmittelbar. Welche der genannten Steuern zählt zu den direkten Steuern?**

- Mineralölsteuer
- Biersteuer
- Kraftfahrzeugsteuer
- Umsatzsteuer

4 **Wer war auf dem letzten gültigen 20-Mark-Schein der DDR abgebildet?**

- Friedrich Engels
- Clara Zetkin
- Johann Wolfgang Goethe
- Karl Marx

5 **Wie viele verschiedene Motive sind auf den Rückseiten der acht deutschen Euromünzen abgebildet?**

- Eines
- Drei
- Vier
- Acht

6 **Bei welchem Bodenschatz ist Deutschland das weltgrößte Förderland?**

- Kaolin
- Steinkohle
- Kalisalz
- Braunkohle

① Die **Deutsche Bank** ist nach der Mitarbeiterzahl und der Bilanzsumme die größte deutsche Geschäftsbank.
Die **Deutsche Bundesbank** mit Sitz in Frankfurt am Main regelt als Notenbank der Bundesrepublik Deutschland den Geldumlauf und die Kreditversorgung der Wirtschaft. Sie übernahm 1957 die Aufgaben der 1948 gegründeten **Bank deutscher Länder**. Diese hatte ihr Pendant in der **Deutschen Notenbank** der DDR, die 1968 in Staatsbank der DDR umbenannt wurde.

② Die Industriegewerkschaft Metall **IGM** hatte 2008 rund 2,26 Millionen Mitglieder und ist nicht nur die größte Einzelgewerkschaft in Deutschland, sondern weltweit.
Die 2001 durch Zusammenschluss von einem halben Dutzend Einzelgewerkschaften entstandene Vereinte Dienstleistungsgewerkschaft **ver.di** hatte 2,2 Millionen Mitglieder. Die Gewerkschaften Bergbau, Chemie, Energie (**IG BCE**) und Erziehung und Wissenschaft (**GEW**) hatten 690 000 bzw. 250 000 Mitglieder.

③ Die **Kraftfahrzeugsteuer** ist eine direkte Steuer. Ihr Aufkommen fließt den Ländern zu.
Die indirekten Steuern sind Verbrauchsteuern, so die **Mineralölsteuer**, die dem Bund zufließt. Die **Biersteuer** ist eine der ältesten Verbrauchsteuern, ihre Einnahmen stehen den Ländern zu. Die auch Mehrwertsteuer genannte allgemeine **Umsatzsteuer** ist ebenfalls eine indirekte Steuer; ihr Aufkommen steht Bund und Ländern gemeinsam zu.

④ Auf dem letzten gültigen 20-Mark-Schein der DDR, der von 1975 bis 1990 im Umlauf war, war ein Porträt von **Johann Wolfgang Goethe** abgebildet.
Auf dem 10-Mark-Schein war die Politikerin und Frauenrechtlerin **Clara Zetkin** zu sehen, den 50-Mark-Schein zierte ein Bildnis von **Friedrich Engels**. Auf der Banknote mit dem höchsten Nennwert, dem 100-Mark-Schein, war **Karl Marx** abgebildet.

⑤ Die Rückseiten der deutschen Umlaufmünzen des Euro zeigen **drei** verschiedene Motive: Eichenlaub bei den 1-, 2- und 5-Cent-Münzen, das Brandenburger Tor auf den 10-, 20- und 50-Cent-Münzen sowie den Bundesadler auf den 1- und 2-Euro-Stücken.
Die Zahl der Motive variiert von Land zu Land. Euromünzen aus Belgien oder Irland haben nur **eines**, jene aus Monaco **vier**. Bei den österreichischen oder italienischen Münzen gibt es dagegen **acht** verschiedene Motive – jeder Wert hat ein anderes.

⑥ Deutschland ist vor China und den USA das größte Förderland der Welt für **Braunkohle** mit einem Anteil von 18 % an der Weltförderung.
Bei der **Steinkohle** liegt Deutschland auf Platz 15, vor hundert Jahren war es noch Platz drei hinter Großbritannien und den USA. Bei der Förderung von **Kalisalz** liegt Deutschland hinter Kanada, Russland und Weißrussland auf Platz vier. Bei dem für die Porzellanherstellung benötigten **Kaolin** ist Deutschland der weltweit fünftgrößte Produzent.

7 **Welches ist die älteste deutsche Messestadt?**

- Hannover
- Frankfurt
- Leipzig
- Düsseldorf

8 **Wie hieß die europäische Währungseinheit vor der Einführung des Euro?**

- Mark
- ERE
- ECU
- Gulden

9 **Bis zu welcher Höhe konnte jeder DDR-Bürger bei der Währungsumstellung 1990 Mark der DDR im Verhältnis 1:1 in DM umtauschen?**

- 100
- 4000
- 6000
- Unbegrenzt

10 **Eines der Unternehmen war kein im Zuge der Privatisierung der Deutschen Bundespost entstandenes Nachfolgeunternehmen. Welches?**

- Deutsche Telekom
- Deutsche Post
- Deutsche Postbank
- Deutscher Postreisedienst

11 **Welches ist ein bekanntes in Deutschland vergebenes Umweltsiegel?**

- Ökosiegel
- Blauer Engel
- TransFair
- Grüner Punkt

12 **Welchen Bodenschatz förderte die Bergbaugesellschaft Wismut in der DDR?**

- Zinn
- Kalisalz
- Uran
- Wismut

(7) Die älteste deutsche Messestadt ist **Frankfurt** am Main. Die Frankfurter Messe wurde um 1160 zum ersten Mal urkundlich erwähnt, doch vermutlich gab es sie bereits im 11. Jahrhundert.
Die Messe in **Leipzig** geht auf Jahrmärkte im 12. Jahrhundert zurück. Die Tradition **Düsseldorfs** als Messestadt wurde im Jahr 1811 begründet, die **Hannover** Messe, die größte Industriemesse der Welt, fand 1947 zum ersten Mal statt.

(8) Vor der Einführung des Euro als Gemeinschaftswährung in den Ländern der Eurozone der Europäischen Union hatte jedes Land seine eigene Währung – Deutschland seine **Mark** und die Niederlande ihren **Gulden**. Dennoch gab es vor der Einführung des Euro als Buchwährung im Europäischen Währungssystem bereits eine europäische Währungseinheit, den **ECU** (European Currency Unit), der 1979 die Europäische Rechnungseinheit **ERE** abgelöst hatte.

(9) Bei der Einführung der D-Mark in der DDR am 1. Juli 1990 konnten Personen über 14 Jahre bis zu **4000**, Bürger über 60 Jahre bis zu **6000** Mark der DDR im Verhältnis 1:1 gegen D-Mark umtauschen. Beträge darüber hinaus wurden **unbegrenzt** im Verhältnis 2:1 eingetauscht.
Ab 1988 standen jedem DDR-Bürger beim Besuch der Bundesrepublik **100** DM Begrüßungsgeld zu. Die Zahlung des Begrüßungsgeldes wurde Ende 1989 eingestellt.

(10) Das bis dahin staatliche Unternehmen Deutsche Bundespost wurde 1995 privatisiert und in drei Aktiengesellschaften umgewandelt, in die **Deutsche Telekom** AG, in die **Deutsche Post** AG und in die **Deutsche Postbank** AG.
Der **Deutsche Postreisedienst**, der mit Postbussen einen Teil des öffentlichen Personennahverkehrs in ländlichen Gebieten wahrnahm, war bereits in den 1980er-Jahren dem Busdienst der Deutschen Bundesbahn zugeordnet worden.

(11) Der **Blaue Engel** ist ein seit 1978 vergebenes Prüf- bzw. Gütesiegel für besonders umweltschonende Produkte und Dienstleistungen und damit die älteste umweltschutzbezogene Kennzeichnung der Welt.
Ein **Ökosiegel** ist allgemein ein Güte- und Prüfsiegel für Erzeugnisse aus dem ökologischen Landbau. **TransFair** ist ein Verein, der sich für einen fairen Handel mit den Entwicklungsländern einsetzt und Zertifizierungen für diesen Handel vergibt. Der **Grüne Punkt** ist eine Kennzeichnung für Verkaufsverpackungen, die durch das Duale System entsorgt und recycelt werden.

(12) Die sowjetisch-deutsche Aktiengesellschaft Wismut war ein Bergbauunternehmen, das ab 1946 vor allem im Erzgebirge **Uran** förderte. Als Rohstoff ist das Metall **Wismut** von geringerer Bedeutung; die Verwendung seines Namens diente der Geheimhaltung des Uranbergbaus.
Kalisalz wurde in der DDR in Thüringen und Sachsen-Anhalt abgebaut, Bergbau auf **Zinn** gab es im Erzgebirge.

13 **Welcher deutsche Aktienindex ist ein Auswahlindex für Aktien von 50 kleineren Unternehmen?**

- STOXX®
- SDAX®
- XETRA®
- ISIN

14 **Wann wurde der Euro gesetzliches Zahlungsmittel in den EU-Staaten der Eurozone?**

- 13. März 1979
- 1. Juni 1998
- 1. Januar 1999
- 1. Januar 2002

15 **Wie heißt die Steuer, die seit 2009 auf alle Kapitalerträge und Erlöse aus Wertpapierverkäufen erhoben wird?**

- Quellensteuer
- Kapitalertragsteuer
- Abgeltungsteuer
- Körperschaftsteuer

16 **In welchem Jahr wurde der Deutsche Gewerkschaftsbund gegründet?**

- 1918
- 1946
- 1949
- 1959

17 **Mit welchem Land schloss die Bundesrepublik Deutschland 1955 das erste Anwerbeabkommen für ausländische Arbeitnehmer, die sogenannten Gastarbeiter?**

- Marokko
- Griechenland
- Vietnam
- Italien

18 **Das Aufkommen welcher Steuer steht Bund und Ländern jeweils zur Hälfte zu?**

- Stromsteuer
- Erbschaftsteuer
- Grundsteuer
- Körperschaftsteuer

(13) Der **SDAX®** ist ein Aktienindex der Deutschen Börse AG für kleinere Unternehmen. Er bezieht sich auf die Werte, die nach Marktkapitalisierung und Orderbuchumsatz die Plätze 81 bis 130 belegen.
Der Dow Jones EURO **STOXX®** 50 ist ein Aktienindex von 50 Unternehmen aus Ländern der Europäischen Währungsunion, **XETRA®** das vollelektronische Handelssystem der Deutschen Börse AG. **ISIN** ist ein zwölfstelliger internationaler Identifikationscode für Wertpapiere.

(14) Am **1. Januar 1999** wurde der Euro in „Euroland“, den EU-Staaten, die der Eurozone angehören, gesetzliches Zahlungsmittel, zunächst jedoch nur als Buchgeld. Seine Einführung als Bargeld fand drei Jahre später am **1. Januar 2002** statt.
Der ECU, der Vorgänger des Euro, wurde bereits am **13. März 1979** eingeführt, am **1. Juni 1998** wurde die Europäische Zentralbank (EZB) gegründet.

(15) Die Steuer in Höhe von 25 %, die auf alle Kapitalerträge und Erlöse aus Wertpapierverkäufen erhoben wird, ist die **Abgeltungsteuer**. Sie löste Anfang 2009 die bis dahin erhobene **Kapitalertragsteuer** ab. Abgeltungsteuer und Kapitalertragsteuer sind **Quellensteuern**, da sie direkt am Ort und zum Zeitpunkt ihrer Entstehung einbehalten und an das Finanzamt abgeführt werden.
Die **Körperschaftsteuer** ist eine Steuer von 25 % auf Gewinne bestimmter Unternehmensformen wie AG oder GmbH.

(16) Im Oktober **1949** gründeten Vertreter von 16 Einzelgewerkschaften in München den Deutschen Gewerkschaftsbund (DGB) als Dachverband für die Bundesrepublik Deutschland. Im Februar **1946** war bereits für das Gebiet der sowjetischen Besatzungszone der Freie Deutsche Gewerkschaftsbund (FDGB) gegründet worden. Der Christliche Gewerkschaftsbund (CGB) entstand im Juni **1959**, der bereits **1918** ins Leben gerufene Deutsche Beamtenbund (DBB) wurde 1949 neu gegründet.

(17) Das erste Abkommen zur Anwerbung ausländischer Arbeitnehmer schloss die Bundesrepublik Deutschland im Jahr 1955 mit **Italien** ab. 1960 unterzeichnete die Bundesregierung ein Anwerbeabkommen mit **Griechenland**, 1963 mit **Marokko**. Auch die DDR warb ab 1966 Gastarbeiter an; die meisten der 500 000 ausländischen Arbeitskräfte stammten aus Polen, **Vietnam** oder aus afrikanischen Staaten.

(18) Das Aufkommen der **Körperschaftsteuer** teilen sich Bund und Länder jeweils zur Hälfte.
Die **Grundsteuer** als Steuer auf das Eigentum an Grundstücken und deren Bebauung wird von den Gemeinden erhoben, sie ist jedoch bundeseinheitlich geregelt. Die **Stromsteuer** ist als eine sogenannte Ökosteuer eine Bundessteuer, das Aufkommen der **Erbschaftsteuer** fließt den Ländern zu.

19 **Welches der genannten Institute ist kein Institut für Wirtschaftsforschung?**

- ifo Institut
- Allgemeiner Wirtschaftsdienst
- DIW Berlin
- ZEW Mannheim

20 **Welches Automobilwerk war nicht in Zwickau beheimatet?**

- Horch
- Lloyd
- Sachsenring
- Audi

21 **Die Motive der Euroscheine sind Architekturelemente verschiedener Epochen der europäischen Kulturgeschichte. Welche Epoche zeigt der 50-Euro-Schein?**

- Romanik
- Gotik
- Renaissance
- Barock

22 **Welche Bundesbehörde hat in Braunschweig ihren Sitz? Das Bundesamt für …**

- Strahlenschutz
- Verbraucherschutz
- Naturschutz
- Verfassungsschutz

23 **Wie nannte man im Mittelalter den Zusammenschluss von Handwerkern?**

- Innung
- Gilde
- Zunft
- Handwerkskammer

24 **In welcher deutschen Stadt befand sich Deutschlands einzige Warenterminbörse?**

- Bremen
- Frankfurt am Main
- Stuttgart
- Hannover

(19) Die 1988 unter dem Namen **Allgemeiner Wirtschaftsdienst** gegründete AWD Holding mit Sitz in Hannover ist einer der größten Finanzdienstleister in Europa.
Das **ifo Institut** für Wirtschaftsforschung in München, das Deutsche Institut für Wirtschaftsforschung (**DIW Berlin**) und das **ZEW Mannheim**, das Zentrum für europäische Wirtschaftsforschung, sind die drei führenden wirtschaftswissenschaftlichen Forschungsinstitute Deutschlands.

(20) Die **Lloyd**-Motorenwerke waren in Bremen beheimatet. Bekannt wurde Lloyd in den 1950er-Jahren durch den Kleinwagen LP 300 mit einer kunstlederbezogenen Sperrholzkarosserie, der im Volksmund Leukoplastbomber genannt wurde.
Dagegen hatte die Firma VEB **Sachsenring**, die den als Rennpappe bekannten Trabant baute, ihren Sitz in Zwickau. **Horch** und **Audi** waren bereits vor dem Ersten Weltkrieg in Zwickau ansässige Automobilwerke.

(21) Auf der Vorderseite des 50-Euro-Scheins ist ein Gebäude, auf der Rückseite eine Brücke im Baustil der **Renaissance** abgebildet.
Der 5-Euro-Schein zeigt Architekturelemente aus der Antike, der 10-Euro-Schein aus der **Romanik**, der 20-Euro-Schein aus der **Gotik** und der 100-Euro-Schein aus dem **Barock**. Auf den 200- und 500-Euro-Scheinen sind Motive aus dem Industriezeitalter und der Moderne abgebildet.

(22) Das Bundesamt für **Verbraucherschutz** und Lebensmittelsicherheit (BVL) hat seinen Hauptsitz in Braunschweig. Als Behörde des Bundesministeriums für Ernährung, Landwirtschaft und Verbraucherschutz ist das BVL für die Sicherheit der Lebensmittel in Deutschland zuständig.
Das Bundesamt für **Strahlenschutz** (BfS) in Salzgitter ist die für den Strahlenschutz zuständige Bundesbehörde. Das Bundesamt für **Naturschutz** ist in Bonn ansässig, das Bundesamt für **Verfassungsschutz** (BfV) hat seinen Hauptsitz in Köln.

(23) Zur Wahrung ihrer gemeinsamen Interessen schlossen sich im Mittelalter die Handwerker eines Handwerkszweigs einer Stadt zu einer **Zunft** zusammen. Die Zünfte bestanden bis ins 19. Jahrhundert; eine ähnliche Organisationsform, in der sich selbstständige Handwerker zusammenschließen, ist die heutige **Innung**. Im Gegensatz zur **Handwerkskammer** ist die Mitgliedschaft in einer Innung freiwillig.
Ein mit den Zünften vergleichbarer Zusammenschluss von Kaufleuten waren im Mittelalter die **Gilden**.

(24) Die 1996 gegründete Warenterminbörse **Hannover** war die einzige Warenterminbörse in Deutschland. Bis 2009 konnten hier Terminkontrakte auf Landwirtschaftsprodukte wie Schweine, Raps oder Weizen abgeschlossen werden.
Frankfurt am Main ist das Zentrum des deutschen Börsenhandels, **Stuttgart** der Haupthandelsplatz für derivate Wertpapiere und Deutschlands zweitgrößte Börse. Die Börse in **Bremen** wurde 2007 aufgelöst.

25 **Hinter dem Ursprung welches Markennamens verbirgt sich keine Abkürzung eines Personennamens?**

- Tchibo
- Haribo
- Labello®
- Eduscho

26 **Welche Stadt galt in der DDR als die Stadt des Schwermaschinenbaus?**

- Bitterfeld
- Jena
- Magdeburg
- Karl-Marx-Stadt

27 **Wer vertritt die Interessen der deutschen Wirtschaft gegenüber der Bundespolitik?**

- Bundesverband der Industrie
- Industrie- und Handelskammertag
- Bundesvereinigung der Arbeitgeberverbände
- Gewerkschaftsbund

28 **Der Siemens-Konzern ist das größte deutsche Unternehmen der Elektro- und Elektronikbranche. Von wem wurde die Firma 1847 gegründet?**

- Friedrich Siemens
- Wilhelm Siemens
- Werner Siemens
- Christian Ferdinand Siemens

29 **Drei der Steuerarten wurden in Deutschland mittlerweile abgeschafft. Welche wird noch erhoben?**

- Salzsteuer
- Kaffeesteuer
- Zuckersteuer
- Teesteuer

30 **Wie lange waren nach dem Zweiten Weltkrieg in der sowjetischen Besatzungszone und der späteren DDR die Nahrungsmittel rationiert? Bis …**

- 1946
- 1948
- 1950
- 1958

25 **Labello**® ist ein seit 1909 von der Beiersdorf AG verkaufter Lippenpflegestift. Das Kunstwort setzt sich aus den lateinischen Wörtern „labium“ für Lippe und „bellus“ für schön zusammen.
Tchibo ist die zusammengezogene Abkürzung von Carl Tchilling, einem der Gründer der Kaffeerösterei, und dem Wort Bohnen. Der Name der Kaffeemarke **Eduscho** entstand aus den Namensanfängen des Firmengründers Eduard Schopf. **Haribo** setzt sich zusammen aus den Anfangsbuchstaben des Firmengründers Hans Riegel und der Stadt Bonn, dem Sitz des Süßwarenherstellers.

26 Stadt des Schwermaschinenbaus war **Magdeburg**. So war das Schwermaschinenbau-Kombinat „Ernst Thälmann“ mit zahlreichen Maschinenbaubetrieben und mehreren Zehntausend Beschäftigten hier ansässig.
Bitterfeld war in der DDR Zentrum der chemischen Industrie und wegen starker Umweltverschmutzung als die „dreckigste Stadt Europas“ berüchtigt. **Jena** war das Zentrum der feinmechanischen und optischen Industrie. Der Bezirk **Karl-Marx-Stadt** war Schwerpunkt der Textilindustrie der DDR.

27 Der **Deutsche Industrie- und Handelskammertag** (DIHK) vertritt die Interessen der gesamten deutschen Wirtschaft gegenüber der Bundesregierung und den europäischen Institutionen.
Der **Bundesverband der Deutschen Industrie** (BDI) ist die Interessenvertretung der Industrie. Die **Bundesvereinigung der Deutschen Arbeitgeberverbände** (BDA) ist der arbeits- und sozialpolitische Spitzenverband der Wirtschaft, der **Deutsche Gewerkschaftsbund** der Dachverband der Arbeitnehmerorganisationen.

28 Der größte deutsche Elektro- und Elektronikkonzern, die Siemens AG, wurde 1847 von **Werner Siemens**, dem Erfinder und Mitbegründer der Elektrotechnik, gegründet.
Sein Bruder **Friedrich Siemens** war in der Glasherstellung tätig. **Wilhelm Siemens** – ein weiterer Bruder von Werner – entwickelte das Siemens-Martin-Verfahren zur Stahlerzeugung. **Christian Ferdinand Siemens** war der Vater der Siemens-Brüder.

29 Von den genannten vier Verbrauchssteuern wird lediglich noch die **Kaffeesteuer** erhoben, die 2007 immerhin rund eine Milliarde Euro in den Steuersäckel des Bundes spülte. Die älteste Verbrauchssteuer in Deutschland, die **Salzsteuer**, die **Zuckersteuer** und die **Teesteuer** wurden mit Wirkung vom 1. Januar 1993 als Bagatellsteuern abgeschafft.

30 Die **1946** in der sowjetischen Besatzungszone eingeführte Rationierung von Lebensmitteln, bei der Grundnahrungsmittel nur gegen Vorlage von Bezugscheinen, den sogenannten Lebensmittelkarten, erworben werden konnten, wurde erst **1958** abgeschafft.
Die nach dem Zweiten Weltkrieg auch in den westlichen Besatzungszonen eingeführte Lebensmittelrationierung wurde in der Bundesrepublik nach der Währungsreform **1948** schrittweise gelockert und **1950** abgeschafft.

31 **Welche Kraftfahrtversicherung ist eine Pflichtversicherung?**

- KFZ-Haftpflichtversicherung
- Fahrzeugteilversicherung
- Fahrzeugvollversicherung
- Kraftfahrtunfall-Versicherung

32 **Zum Handelsbündnis der Hanse gehörten im 14. und 15. Jahrhundert rund 70 deutsche Städte. Welche der Städte war keine Hansestadt?**

- Köln
- Stralsund
- Leipzig
- Magdeburg

33 **Welches Bundesland hat die größte Prokopfverschuldung?**

- Thüringen
- Bayern
- Bremen
- Saarland

34 **Aus welchem Land kam 1964 der einmillionste Gastarbeiter nach Deutschland?**

- Tunesien
- Italien
- Jugoslawien
- Portugal

35 **Wann wurde die Mark in Deutschland als gesetzliches Zahlungsmittel eingeführt?**

- 1838
- 1873
- 1924
- 1948

36 **Welche der bedeutenden Messen finden in Köln statt?**

- Igedo
- spoga
- drupa
- Anuga

31 Von den vier Kraftfahrtversicherungen ist in Deutschland nur die **KFZ-Haftpflichtversicherung** eine Pflichtversicherung, die jeder Fahrzeughalter abschließen muss. Sie befriedigt Schadenersatzansprüche für Personen-, Sach- und Vermögensschäden, die aus dem Gebrauch des Kraftfahrzeugs entstanden sind.
Die **Fahrzeugteilversicherung** (Teilkaskoversicherung), die **Fahrzeugvollversicherung** (Vollkaskoversicherung) und die **Kraftfahrtunfall-Versicherung** (Insassenversicherung) sind freiwillige Versicherungen.

32 Obwohl bereits im Mittelalter eine wichtige Handelsstadt, gehörte **Leipzig** nie dem Handelsbündnis der Hanse an.
Zu den bedeutendsten Hansestädten zählten die an der Nord- und Ostseeküste liegenden Hafenstädte wie Hamburg, Lübeck, Wismar oder **Stralsund**. Darüber hinaus waren jedoch auch zahlreiche Städte im Binnenland Hansestädte, etwa Berlin, **Köln**, Hannover, Dortmund oder **Magdeburg**.

33 Das Bundesland mit der höchsten Prokopfverschuldung dürfte nach wie vor **Bremen** sein. Im Jahr 2007 stand das Land mit 21 500 Euro je Einwohner in der Kreide – weniger ist es seither mit Sicherheit nicht geworden.
Das **Saarland** hatte 2007 mit 8800 Euro die höchste Prokopfverschuldung der Flächenstaaten, **Thüringen** lag mit 6800 Euro auf einem Mittelplatz. Die geringste Verschuldung mit 1800 Euro je Einwohner hatte **Bayern** aufzuweisen.

34 Der einmillionste Gastarbeiter, der im September 1964 in Köln offiziell – mit einem Moped als Gastgeschenk – begrüßt wurde, war der Portugiese Armado Rodrigues. Im selben Jahr erst hatte Deutschland ein Anwerbeabkommen mit **Portugal** abgeschlossen.
Abkommen zur Anwerbung von Arbeitskräften mit **Tunesien** und **Jugoslawien** wurden erst 1965 bzw. 1968 unterzeichnet. Die ersten offiziellen Gastarbeiter kamen 1956 aus **Italien**.

35 Mit der Goldwährung wurde **1873** die Mark als verbindliches Zahlungsmittel für das Deutsche Reich eingeführt. Die sogenannte Goldmark löste die in den Einzelstaaten zuvor gebräuchlichen Währungen ab, zwischen denen jedoch bereits **1838** feste Wechselkurse festgelegt worden waren.
Die Reichsmark war von **1924** bis zur Währungsreform **1948** offizielles Zahlungsmittel in Deutschland.

36 Die **Anuga**, die Allgemeine Nahrungs- und Genussmittel-Ausstellung, ist die größte Fachmesse der Ernährungswirtschaft und Nahrungsmittelindustrie der Welt. Die **spoga** bezeichnet sich als internationale Fachmesse für Sport, Camping und Lifestyle im Garten. Beide Messen finden in Köln statt.
Igedo ist die Bezeichnung für eine Modemesse in Düsseldorf, die **drupa** die weltgrößte Messe für Printmedien, die ebenfalls in Düsseldorf stattfindet.

37 **Welcher Index gibt die Kursentwicklung des deutschen Anleihemarkts wieder?**

- CDAX®
- DAX®
- PEX®
- REX®

38 **In welchem Jahr lief der 15 007 034ste VW-Käfer vom Band?**

- 1955
- 1972
- 1978
- 2003

39 **Wie hieß die Währungseinheit der DDR?**

- Mark der Deutschen Notenbank
- Couponmark
- Rentenmark
- Mark der DDR

40 **Woran kann man bei Eurobanknoten erkennen, aus welchem Land das Geld ursprünglich stammt?**

- An der Seriennummer
- Am Motiv der Rückseite
- Am Druckereicode
- An keinem dieser Merkmale

41 **Welche Unternehmensrechtsform nach deutschem Recht ist keine Personengesellschaft?**

- OHG
- GmbH
- KG
- GmbH & Co KG

42 **Im Jahr 1952 verabschiedete der Bundestag das Betriebsverfassungsgesetz, das die Bildung von Betriebsräten vorschreibt. Wer stimmte gegen das Gesetz?**

- SPD
- CDU/CSU
- KPD
- DP

37 Der Index für die Kursentwicklung des deutschen Anleihemarkts ist der seit 1991 veröffentlichte Deutsche Rentenindex, abgekürzt **REX®**.
Der **DAX®** ist der 1988 eingeführte Deutsche Aktienindex, ein Index für die Aktienkurse der 30 größten deutschen Unternehmen. Der **CDAX®** umfasst alle inländischen börsennotierten Unternehmen. Der **PEX®** ist der Index für die Kursentwicklung am deutschen Pfandbriefmarkt.

38 Mit dem 15 007 034sten VW-Käfer, der am 17. Februar **1972** vom Band lief, überholte das Erfolgsauto aus Wolfsburg den Ford Modell T, die Tin Lizzy, als das bis dahin meistgebaute Automodell der Welt.
Der einmillionste Käfer war **1955** produziert worden. In Wolfsburg verließ der letzte Käfer **1978** das Werk. In Mexiko wurde er weiter produziert, bis auch dort die Produktion **2003** mit dem 21 529 464ten Käfer eingestellt wurde.

39 Währungseinheit der DDR war die ab 24. Juli 1948 ausgegebene Deutsche **Mark der Deutschen Notenbank**.
Mit der Umbenennung der Deutschen Notenbank in Staatsbank der DDR erhielt sie 1974 den Namen **Mark der DDR**.
Die im Juni 1948 als Notmaßnahme der sowjetischen Verwaltung gegen die Währungsreform in den Westzonen mit Wertmarken beklebten Reichsmarknoten hießen **Couponmark**. Während der Inflation 1923/24 war die **Rentenmark** Zahlungsmittel in der Weimarer Republik.

40 Im Gegensatz zu den Euromünzen ist das **Motiv der Rückseite** bei Eurobanknoten stets dasselbe. Tatsächlich lässt sich an **keinem dieser Merkmale** feststellen, in welchem Land eine Eurobanknote ursprünglich ausgegeben wurde.
Allerdings gibt der Buchstabe vor **der Seriennummer** bei bis 2002 gedruckten Scheinen das Herstellungsland an: X steht für Deutschland. Bei jüngeren Noten ist das nur noch mit dem auf der Vorderseite versteckten **Druckereicode** möglich; hier stehen P und R für Deutschland.

41 Die **GmbH** (Gesellschaft mit beschränkter Haftung) ist keine Personengesellschaft, sondern als Kapitalgesellschaft eine sogenannte juristische Person.
Zu den Personengesellschaften zählen unter anderem die **OHG** (Offene Handelsgesellschaft), die **KG** (Kommanditgesellschaft) und die **GmbH & Co KG**. Letztere ist der Rechtsform nach eine Kommanditgesellschaft, deren persönlich haftender Gesellschafter eine GmbH ist.

42 Sowohl die Abgeordneten von **SPD** als auch von der **KPD** stimmten gegen das am 19. Juli 1952 verabschiedete Betriebsverfassungsgesetz. Sie sahen das Gesetz als Rückschritt gegenüber dem paritätischen Mitbestimmungsgesetz in der Montanindustrie von 1951 an.
Das Betriebsverfassungsgesetz wurde mit den Stimmen von **CDU/CSU** und anderen Regierungsparteien wie der nationalkonservativen Deutschen Partei (**DP**) beschlossen.

43 **Wer hat in Deutschland das Recht, Euromünzen auszugeben und in Umlauf zu bringen?**

- Europäische Zentralbank
- Deutsche Bundesbank
- Deutsche Bank
- Münzprägeanstalten

44 **Wo wurde 1778 die erste deutsche Sparkasse gegründet?**

- Lübeck
- Oldenburg
- Hamburg
- Nürnberg

45 **Wie groß ist eigentlich eine 20-Euro-Banknote?**

- 120 x 62 mm
- 127 x 67 mm
- 133 x 72 mm
- 140 x 77 mm

46 **Welches ist die älteste noch existierende Privatbank Deutschlands?**

- Bankhaus Metzler
- Berenberg Bank
- Bankhaus Halbbaum
- Bankhaus Löbbecke

47 **In welcher deutschen Region wurde 1858 die weltweit erste Erdölbohrung niedergebracht?**

- Oberschwaben
- Hessisches Ried
- Emsland
- Lüneburger Heide

48 **Welchen Wert hatte in den 1950er- und 1960er-Jahren der US-Dollar im Verhältnis zur D-Mark?**

- 1,22 DM
- 3,22 DM
- 3,66 DM
- 4,20 DM

43 Das Münzrecht liegt auch nach der Einführung des Euro in Deutschland allein beim Bund. Nur die **Deutsche Bundesbank** hat das Recht, Münzen auszugeben und über die Kreditinstitute, zu denen auch die **Deutsche Bank** zählt, in Umlauf zu bringen.
Die fünf deutschen **Münzprägeanstalten** stellen die Münzen im Auftrag der Bundesbank her. Die **Europäische Zentralbank** ist für die Geldpolitik innerhalb der Europäischen Währungsunion zuständig.

44 Die erste Sparkasse in Deutschland wurde 1778 in **Hamburg** mit dem Ziel gegründet, weniger wohlhabenden Bevölkerungsschichten die Möglichkeit zu geben, auch kleinere Beträge sicher und verzinst anzulegen.
Die 1786 in **Oldenburg** gegründete Sparkasse gilt als die zweitälteste Deutschlands. Die Sparkassen in **Lübeck** und **Nürnberg** entstanden 1817 bzw. 1821.

45 Die Größe der Eurobanknoten steigt mit ihrem Nominalwert. Ihre jeweilige Größe zu schätzen ist - selbst wenn sie vor einem liegen - nicht einfach. Vermutlich wird man erst beim Nachmessen feststellen, dass ein 20-Euro-Schein **133 x 72 mm** misst.
Die Größe eines 5-Euro-Scheins ist **120 x 62 mm**, die eines 20-Euro-Scheins **127 x 67 mm**. Ein 50-Euro-Schein hat die Maße **140 x 77 mm**.

46 Privatbanken in einer den heutigen Banken vergleichbaren Form gibt es in Deutschland seit dem 16. Jahrhundert. Die älteste noch existierende Privatbank ist das 1590 in Hamburg als Handelsgeschäft gegründete Bankhaus Joh. Berenberg, Gossler & Co. KG, kurz **Berenberg Bank** genannt.
Das **Bankhaus Metzler** wurde 1764 in Frankfurt, das **Bankhaus Halbbaum** 1879 in Straßburg und das **Bankhaus Löbbecke** 1761 in Berlin gegründet.

47 In Wietze, einem Ort am Südrand der **Lüneburger Heide**, wurde bereits 1858 die erste Erdölbohrung der Welt niedergebracht und mit der industriellen Förderung von Erdöl begonnen. Erst 1963 wurde die Förderung eingestellt.
In **Oberschwaben** und im **Hessischen Ried** wurde von den 1950er- bis in die 1990er-Jahre Erdöl gefördert. Die Ölfelder im **Emsland** zählen zu den größten in Deutschland.

48 Der Kurs des US-Dollars war seit der Währungsreform 1948 auf **4,20 DM** festgeschrieben. Durch die Freigabe des Wechselkurses durch die Bundesregierung sank der Dollarkurs auf **3,66 DM**, nach einer zweiten Freigabe wurde er 1971 dann auf **3,22 DM** festgeschrieben.
Seinen historischen Tiefstand hatte der Dollar im Juli 2008. Ein US-Dollar kostete damals gerade mal 0,62 Euro, was umgerechnet **1,22 DM** entspricht.

PERSÖNLICHKEITEN

Deutsche, die man kennen sollte

Die Geschichte Deutschlands ist nicht nur die Geschichte von Kriegen, von herausragenden Erfindungen oder von beeindruckendem künstlerischem Schaffen. Sie ist auch – und vielleicht sogar zuallererst – eine Geschichte von Menschen.
Wer kennt ihre Namen nicht? Rudolf Virchow, Hermann Hesse, Rosa Luxemburg, Friedrich der Große, Paracelsus, Karl der Große, Karl Marx, Martin Luther, Wallenstein, Johann Wolfgang von Goethe, Otto von Bismarck, um nur ein paar wenige zu nennen, dürften jedem bekannt sein. Aber das heißt beileibe nicht, dass einem auch stets präsent ist, als was oder wodurch gerade sie berühmt wurden. Testen Sie Ihr Wissen über bekannte deutsche Persönlichkeiten!

1 **Wer war kein deutscher Friedensnobelpreisträger?**

- Gustav Stresemann
- Ludwig Quidde
- Carl von Ossietzky
- Albert Schweitzer

2 **Was war Oskar Lafontaine in seiner politischen Laufbahn bisher nicht?**

- SPD-Vorsitzender
- Parteivorsitzender der Linkspartei
- Bundeskanzler
- Bundesminister

3 **Welche dieser Personen der Zeitgeschichte wurde nicht zum Mordopfer der Terrororganisation RAF?**

- Siegfried Buback
- Andreas Baader
- Jürgen Ponto
- Hanns Martin Schleyer

4 **Unter welchem Namen wurde der Naturforscher und Arzt Theophrastus Bombast von Hohenheim bekannt?**

- Agricola
- Albertus Magnus
- Paracelsus
- Regiomontanus

5 **Welcher preußische König wurde auch der „Soldatenkönig“ genannt?**

- Friedrich Wilhelm I.
- August I. der Starke
- Friedrich I. der Streitbare
- Friedrich II. der Eiserne

6 **Welchen bedeutenden archäologischen Fund verdankt die Wissenschaft Heinrich Schliemann?**

- Büste der Nofretete
- Pergamonaltar
- Maske des Agamemnon
- Schatz des Priamos

① Der 1952 mit dem Friedensnobelpreis ausgezeichnete **Albert Schweitzer** (* 1875, † 1965) war kein Deutscher. Er wurde in Kaysersberg im Elsass geboren, das damals zwar Teil des Deutschen Reichs war, heute jedoch zu Frankreich gehört. Franzose war er indes auch nicht, sodass er in Lexika häufig als Elsässer geführt wird.
Ludwig Quidde, **Gustav Stresemann** und **Carl von Ossietzky** waren deutsche Friedensnobelpreisträger der Jahre 1926, 1927 und 1935.

② **Bundeskanzler** war Oskar Lafontaine (* 1943) in seiner politischen Laufbahn bisher nicht. Bei der ersten gesamtdeutschen Bundestagswahl 1990 unterlag er als SPD-Kandidat dem amtierenden Kanzler Helmut Kohl. Nach der Bundestagswahl 1998 war er kurzzeitig bis 1999 **Bundesminister** für Finanzen.
Von 1995 bis 1999 war Lafontaine **Parteivorsitzender der SPD**, die er 2005 verließ. Von 2007 bis 2010 war er neben Lothar Bisky **Parteivorsitzender der Linkspartei**.

③ **Andreas Baader** (* 1943, † 1977) war kein Opfer der RAF, sondern einer der führenden Köpfe der „ersten Generation" der Terrororganisation. Er wurde nach mehreren Sprengstoffanschlägen mit vier Todesopfern 1972 verhaftet; 1977 wurde er erschossen in seiner Zelle aufgefunden.
Siegfried Buback, **Jürgen Ponto** und **Hanns Martin Schleyer** wurden 1977 von RAF-Terroristen erschossen.

④ Theophrastus Bombast von Hohenheim (* 1493, † 1541) wurde unter dem Namen **Paracelsus** bekannt. In den 1530er-Jahren führte er in Süddeutschland ein Wanderleben als Arzt, bekämpfte die damalige Schulmedizin und strebte eine grundlegende Reform der Medizin an.
Der Mineraloge und Arzt **Agricola** war ein Zeitgenosse von Paracelsus. **Albertus Magnus** war Philosoph und Naturforscher des 13. Jahrhunderts, **Regiomontanus** der bedeutendste Astronom und Mathematiker des 15. Jahrhunderts.

⑤ Der preußische König **Friedrich Wilhelm I.** (* 1688, † 1740) trug den Beinamen Soldatenkönig. Das zentrale Anliegen seiner Politik war der Aufbau der Armee Preußens, die er zu einer der schlagkräftigsten in Europa machte. Sein besonderes Augenmerk galt dem Garderegiment der „Langen Kerls", in das nur Soldaten aufgenommen wurden, die über 1,88 m groß waren.
August I. der Starke und **Friedrich I. der Streitbare** waren Kurfürsten von Sachsen, **Friedrich II. der Eiserne** war Kurfürst von Brandenburg.

⑥ Die Entdeckung und Ausgrabung des antiken Trojas machten Heinrich Schliemann (* 1822, † 1890) zum bekanntesten deutschen Archäologen. In Troja fand er den **Schatz des Priamos**, doch verdankt die Wissenschaft ihm noch zahlreiche weitere Funde, so die in Mykene ausgegrabene **Maske des Agamemnon**.
Die **Büste der Nofretete** wurde 1912 von Ludwig Borchardt gefunden, Ausgräber des 1878 entdeckten **Pergamonaltars** war Carl Humann.

7 **Auf wen geht der Satz zurück „Freiheit ist immer Freiheit des Andersdenkenden“?**

- Karl Liebknecht
- Clara Zetkin
- Rosa Luxemburg
- Ernst Thälmann

8 **Welcher Politiker war weder Bundeskanzler noch Bundespräsident von Deutschland?**

- Herbert Wehner
- Karl Carstens
- Kurt Georg Kiesinger
- Heinrich Lübke

9 **Wer gilt als der Begründer der modernen Soziologie?**

- Ernst Heinrich Weber
- Max Weber
- Wilhelm Eduard Weber
- Alfred Weber

10 **Wo wurde die erste Bundeskanzlerin Deutschlands, Angela Merkel, geboren?**

- Templin (Uckermark)
- Leipzig
- Rügen
- Hamburg

11 **Goethe und die Frauen – mit welcher der Frauen war Goethe verheiratet?**

- Ulrike von Levetzow
- Friederike Brion
- Christiane Vulpius
- Charlotte Buff

12 **Der Universalgelehrte Gottfried Wilhelm Leibniz geriet um 1700 in einen Prioritätsstreit mit Isaac Newton. Worüber?**

- Binärsystem
- Determinantenberechnung von Matrizen
- Infinitesimalrechnung
- Theorie der unendlichen Reihen

(7) Den berühmt gewordenen Satz formulierte **Rosa Luxemburg** (* 1870, † 1919) in einem Aufsatz zur russischen Revolution. 1914 gründete sie mit **Clara Zetkin** die „Gruppe Internationale", aus der 1917 der Spartakusbund und 1918 die KPD hervorgingen. Zusammen mit **Karl Liebknecht** wurde Luxemburg 1919 verhaftet und von Freikorpsoffizieren ermordet.
Ernst Thälmann, Vorsitzender der KPD in der Weimarer Republik, wurde 1944 im KZ Buchenwald erschossen.

(8) **Herbert Wehner** (* 1906, † 1990) war von 1927 bis 1942 Mitglied der KPD und trat 1946 in die SPD ein. In der Großen Koalition unter Bundeskanzler **Kurt Georg Kiesinger** (CDU) von 1966 bis 1969 war Wehner Bundesminister für gesamtdeutsche Fragen, von 1969 bis 1983 leitete er die Bundestagsfraktion der SPD.
Heinrich Lübke (CDU) war von 1959 bis 1969 Bundespräsident, zwischen 1979 und 1984 hatte **Karl Carstens** (CDU) dieses Amt inne.

(9) Der Soziologe, Nationalökonom und Wirtschaftshistoriker **Max Weber** (* 1864, † 1920) gilt als der Begründer der modernen Soziologie. Sein 1922 postum erschienenes Werk „Wirtschaft und Gesellschaft. Grundriß der verstehenden Soziologie" ist noch heute eines der Standardwerke der Soziologie.
Alfred Weber, Bruder von Max, war ein bedeutender Volkswirtschaftler.
Ernst Heinrich Weber war Anatom und Physiologe, sein Bruder **Wilhelm Eduard Weber** Physiker und einer der Göttinger Sieben.

(10) Als Angela Merkel (* 1954) am 22. November 2005 zur Bundeskanzlerin gewählt wurde, war sie die erste Frau und der erste Politiker aus den neuen Bundesländern in diesem Amt. Geboren wurde Merkel jedoch in **Hamburg**, doch noch im selben Jahr siedelten ihre Eltern in die DRR über, wo sie in **Templin (Uckermark)** aufwuchs. Von 1973 bis 1979 studierte sie Physik in **Leipzig**. Bei der Bundestagswahl 2009 gewann die CDU-Vorsitzende in ihrem Wahlkreis, der auch die Insel **Rügen** umfasst, fast 50 % der Erststimmen.

(11) Johann Wolfgang von Goethe (* 1749, † 1832) war mit **Christiane Vulpius** verheiratet. 1788 hatte er die 23-Jährige zu seiner Geliebten und Lebensgefährtin gemacht, aber erst 1806 geheiratet. Während seines Studiums in Straßburg 1770/71 hatte Goethe eine Beziehung zu **Friederike Brion**, 1772 verliebte er sich in **Charlotte Buff**, das Vorbild der Lotte in „Die Leiden des jungen Werthers". Im Alter von 73 Jahren machte Goethe der 19-jährigen **Ulrike von Levetzow** einen Heiratsantrag, der höflich abgelehnt wurde.

(12) Wegen der **Infinitesimalrechnung**, die von Isaac Newton und Gottfried Wilhelm Leibniz (* 1646, † 1716) unabhängig voneinander entworfen wurde, gerieten die beiden Wissenschaftler um 1700 in einen erbitterten Prioritätsstreit.
Neben der Infinitesimalrechnung entwickelte Leibniz das **Binärsystem**, fand eine Formel zur **Determinantenberechnung von Matrizen** und erarbeitete eine **Theorie der unendlichen Reihen**.

13 **Welcher der bekannten deutschen Dichter war kein Mediziner?**

- Friedrich Schiller
- Hermann Hesse
- Gottfried Benn
- Georg Büchner

14 **Der Meteorologe und Polarforscher Alfred Wegener ist maßgeblich bekannt geworden durch die …**

- Theorie zur Entstehung der Eiszeiten
- Erforschung Grönlands
- Theorie der Kontinentalverschiebung
- Theorie zur Entstehung der Mondkrater

15 **Wie hieß der hohe NS-Politiker, der 1941 mit dem Fallschirm über Schottland absprang?**

- Roland Freisler
- Heinrich Himmler
- Martin Bormann
- Rudolf Heß

16 **Was gründete Rudolf Steiner im Jahr 1913?**

- Homöopathie
- Waldorfschulen
- Anthroposophische Gesellschaft
- Blaues Kreuz

17 **Der Wissenschaftler Georgius Agricola wurde bekannt als der Vater der …**

- organischen Chemie
- Mineralogie
- Genetik
- Vogelkunde

18 **Welcher sozialistische Politiker und einer der Gründerväter der SPD starb 1864 an den Folgen eines Pistolenduells?**

- Wilhelm Liebknecht
- August Bebel
- Ferdinand Lassalle
- Friedrich Engels

13
Hermann Hesse (* 1877, † 1962) sollte ursprünglich Theologe werden, entzog sich jedoch der Ausbildung im evangelisch-theologischen Seminar Maulbronn und wurde stattdessen Buchhändler, bevor er ab 1904 als freier Schriftsteller arbeitete.
Friedrich Schiller war vor seiner Karriere als Dramatiker Militärarzt. **Georg Büchner** war Dozent für Anatomie, der Lyriker **Gottfried Benn** praktizierender Arzt für Hautkrankheiten.

14
Alfred Wegener (* 1880, † 1930) war Meteorologe, Geophysiker und Polarforscher. Bekannt geworden ist er durch seine erst nach seinem Tod anerkannte **Theorie der Kontinentalverschiebung**, die zur Grundlage der modernen Plattentektonik wurde. Zu Lebzeiten war Wegener einer der Pioniere der **Erforschung Grönlands**. 1921 erschien seine **Theorie zur Entstehung der Mondkrater**. Eine **Theorie zur Entstehung der Eiszeiten** hat Wegener nicht publiziert.

15
Der Stellvertreter von Hitler, **Rudolf Heß** (* 1894, † 1987), flog am 10. Mai 1941 nach Schottland und sprang dort mit dem Fallschirm ab, um Großbritannien zu einem Friedensschluss und einer gemeinsame Politik gegen die Sowjetunion zu bewegen. Heß wurde 1946 als Kriegsverbrecher zu lebenslanger Haft verurteilt.
Roland Freisler galt als der berüchtigste NS-Richter. **Heinrich Himmler** war Reichsführer der SS, **Martin Bormann** Leiter der Reichskanzlei der NSDAP.

16
Die 1913 von Rudolf Steiner (* 1861, † 1925) gegründete **Anthroposophische Gesellschaft** ist eine vor allem im deutschsprachigen Raum verbreitete philosophische Bewegung. Die aus dem anthroposophischen Gedankengut von Steiner entwickelte Waldorfpädagogik ist das pädagogische Fundament der **Waldorfschulen**.
Die **Homöopathie** ist ein von Samuel Hahnemann 1810 begründetes Heilverfahren. Das **Blaue Kreuz** ist eine 1892 gegründete Organisation der Abstinenzbewegung.

17
Georgius Agricola (* 1494, † 1555) schuf die Grundlagen für eine wissenschaftliche Mineralogie und ist als der Vater der **Mineralogie** bekannt. Justus von Liebig gilt als der Vater der **organischen Chemie**, Gregor Mendel, der Begründer der Vererbungslehre, als der Vater der **Genetik**. Der Ornithologe Johann Friedrich Naumann ist bekannt als Vater der **Vogelkunde** in Mitteleuropa.

18
Ferdinand Lassalle (* 1825, † 1864) starb nach einem Duell um eine Frau in Genf. Lassalle war der Gründer des Allgemeinen Deutschen Arbeitervereins, aus dem zusammen mit der von **Wilhelm Liebknecht** und **August Bebel** gegründeten Sozialdemokratischen Arbeiterpartei 1875 die Sozialistische Arbeiterpartei Deutschlands hervorging, die sich 1890 in SPD umbenannte.
Friedrich Engels war keiner der Gründerväter der SPD.

19 **Im Jahre 1921 erhielt Albert Einstein den Nobelpreis für Physik. Für welche Arbeit wurde er ausgezeichnet?**

- Relativitätstheorie
- Atommodell
- Quantentheorie
- Fotoeffekt

20 **Unter welchem Spitznamen ging der Gewichtheber Rudolf Mang in die Sportgeschichte ein?**

- Tante Käthe
- Kran von Schifferstadt
- Ulan vom Rhein
- Bär von Bellenberg

21 **Was entwickelte und konstruierte der deutsche Ingenieur Konrad Zuse um 1940?**

- Kugelschreiber
- Transistor
- Elektronenmikroskop
- Computer

22 **Theodor Mommsen erhielt 1902 den Literaturnobelpreis. Als was wurde Mommsen nicht bekannt?**

- Historiker
- Jurist
- Schriftsteller
- Politiker

23 **Unter welchem Namen ging Sophie von Anhalt-Zerbst in die Geschichte ein?**

- Elisabeth „Sisi" von Österreich
- Katharina II. die Große
- Silvia von Schweden
- Erzherzogin Sophie von Österreich

24 **Mit welchem der Musiker war Cosima Wagner verheiratet?**

- Friedrich Nietzsche
- Richard Wagner
- Hans von Bülow
- Franz Liszt

(19) Für seine 1905 und 1916 veröffentlichte spezielle und allgemeine **Relativitätstheorie** blieb Albert Einstein (* 1889, † 1955) der Nobelpreis versagt. Der Nobelpreis für Physik wurde ihm 1921 vielmehr für seine Lichtquantenhypothese verliehen, die die Erklärung des äußeren **Fotoeffekts** lieferte.
Für die **Quantentheorie** wurde 1918 Max Planck mit dem Physiknobelpreis ausgezeichnet; 1922 erhielt ihn Niels Bohr für sein **Atommodell**.

(20) Nach seinem Heimatort Bellenberg in Bayern wurde der frühere Gewichtheber Rudolf Mang (* 1950) als der „**Bär von Bellenberg**" bekannt. Mang gewann bei den Olympischen Spielen in München 1972 die Silbermedaille im Superschwergewicht, 1973 wurde er Weltmeister.
„**Tante Käthe**" war der Spitzname des Fußballnationalspielers und -trainers Rudi Völler. Der Ringer Wilfried Dietrich war der „**Kran von Schifferstadt**". Die Boxlegende Max Schmeling wurde der „**Ulan vom Rhein**" genannt.

(21) Der Ingenieur Konrad Zuse (* 1910, † 1995) entwickelte um 1940 mit dem „Z3" den ersten programmgesteuerten elektromechanischen Rechenautomaten und gilt damit als der Erfinder des **Computers**.
Der **Kugelschreiber** wurde 1938 von dem Ungarn László Biró, der **Transistor** 1947 in den amerikanischen Bell Laboratories erfunden. Das **Elektronenmikroskop** wurde 1931 von Max Knoll und Ernst Ruska entwickelt.

(22) Theodor Mommsen (* 1817, † 1903) war als **Jurist** Professor in Leipzig und später als **Historiker** Professor für Alte Geschichte in Berlin. Als **Politiker** und Reichstagsabgeordneter war er ein überzeugter Gegner Bismarcks, als **Schriftsteller** wurde er jedoch nicht bekannt.
Den Nobelpreis für Literatur erhielt er 1902 für seine in den Jahren 1854 bis 1885 entstandene „Römische Geschichte".

(23) Die russische Zarin **Katharina II. die Große** (* 1729, † 1796) wurde als Prinzessin Sophie von Anhalt-Zerbst in Stettin geboren. Sie heiratete 1745 den späteren Zaren Peter III. und wurde nach dessen Ermordung 1762 selbst Zarin.
Elisabeth „Sisi" von Österreich war, wie auch ihre Schwiegermutter **Erzherzogin Sophie von Österreich**, eine gebürtige Prinzessin von Bayern. Königin **Silvia von Schweden** wurde als Silvia Sommerlath in Heidelberg geboren.

(24) Cosima Wagner (* 1837, † 1930) war die Tochter des Komponisten **Franz Liszt**. Sie heiratete 1857 den Dirigenten **Hans von Bülow**, von dem sie sich 1870 scheiden ließ, um noch im selben Jahr den mit ihrem Vater befreundeten Komponisten **Richard Wagner** zu heiraten.
Friedrich Nietzsche war zwar kein Musiker, sondern Philosoph, bis zum Bruch mit Richard Wagner 1878 war er aber der Familie Wagner freundschaftlich verbunden.

25 **Welche der folgenden Personen ist keine geschichtlich fassbare Person?**

- Johannes Faust
- Götz von Berlichingen
- Till Eulenspiegel
- Dr. Eisenbarth

26 **Welcher der deutschen Herrscher trug bereits zu seinen Lebzeiten den Beinamen „der Große"?**

- Friedrich III. von Sachsen
- Friedrich II. von Preußen
- Friedrich III. von Schwaben
- Friedrich III. von Österreich

27 **Welche der genannten Personen war nicht auf einem DM-Schein abgebildet?**

- Annette von Droste-Hülshoff
- Max Planck
- Carl Friedrich Gauß
- Paul Ehrlich

28 **Auf welchen deutschen Biologen geht der Begriff „Ökologie" zurück?**

- Alfred Brehm
- Ernst Haeckel
- Karl von Frisch
- Rudolf Leuckart

29 **Welcher der vier Politiker der Weimarer Republik wurde nicht durch einen Mordanschlag getötet?**

- Matthias Erzberger
- Philipp Scheidemann
- Kurt Eisner
- Walther Rathenau

30 **Wer kam bei der Wahl zur „Größten deutschen Persönlichkeit aller Zeiten" 2003 nicht unter die ersten Zehn?**

- Friedrich Schiller
- Martin Luther
- Konrad Adenauer
- Karl Marx

25 **Till Eulenspiegel** ist der Titelheld des niederdeutschen Volksbuchs „Ein kurtzweilig Lesen von Dyl Ulenspiegel“ eines anonymen Verfassers aus dem Jahr 1510. Nach diesem Buch ist Till Eulenspiegel 1300 in Kneitlingen am Elm geboren und 1350 in Mölln verstorben. Ob er aber tatsächlich gelebt hat, ist strittig.
Dagegen waren **Johannes Faust** und **Götz von Berlichingen** nicht nur Figuren in Dramen von Goethe, sondern sind historische Personen. Auch **Dr. Eisenbarth** hat gelebt; als Wanderarzt war er ein erfolgreicher Mediziner seiner Zeit.

26 Der König **Friedrich II. von Preußen** (* 1712, † 1786), der „Alte Fritz“, wurde bereits zu seinen Lebzeiten mit dem Attribut „der Große“ bedacht. Friedrich war ein Förderer der Künste und Wissenschaften, sein Ruhm gründete sich jedoch auf seine militärischen Erfolge, die Preußens Stellung als europäische Großmacht begründeten.
Friedrich III. von Schwaben wurde als Kaiser Friedrich I. Barbarossa genannt. **Friedrich III. von Sachsen** war „der Weise“, **Friedrich III. von Österreich** „der Schöne“.

27 Die Rückseite der 2-DM-Münze, die von 1958 bis 1973 in Umlauf war, zeigte das Profil von **Max Planck** (* 1858, † 1947), der als Begründer der Quantentheorie einer der bedeutendsten Physiker des 20. Jahrhunderts war.
Die Dichterin **Annette von Droste-Hülshoff** war auf dem in den 1990er-Jahren ausgegebenen 20-DM-Schein abgebildet. Den 10-DM-Schein zierte ein Porträt des Mathematikers **Carl Friedrich Gauß**, der 200-DM-Schein zeigte den Mediziner **Paul Ehrlich**.

28 Der Begriff „Ökologie“ geht auf **Ernst Haeckel** (* 1834, † 1919) zurück. Der Zoologe schlug den Begriff 1866 für die Wissenschaft vor, die sich mit den Wechselbeziehungen der Organismen und ihrer belebten und unbelebten Umwelt befasst.
Alfred Brehm schrieb das klassische zoologische Werk „Tierleben“. Der Bienenforscher **Karl von Frisch** war einer der bedeutendsten Verhaltensforscher, **Rudolf Leuckart** der Begründer der Parasitologie.

29 Der erste Kanzler der Weimarer Republik, **Philipp Scheidemann** (* 1865, † 1939), überlebte im Juni 1922 einen Blausäureanschlag nur knapp. Der Sozialdemokrat hatte 1918 in Berlin den Zusammenbruch des Deutschen Kaiserreichs verkündet und die Republik ausgerufen.
Der bayerische Ministerpräsident **Kurt Eisner** wurde 1919 erschossen, die Reichsminister **Matthias Erzberger** und **Walther Rathenau** 1921 bzw. 1922. In allen Fällen waren die Täter Mitglieder rechtsradikaler Organisationen.

30 **Friedrich Schiller** (* 1759, † 1805), der neben Goethe die wohl bedeutendsten Dramen des deutschen Theaters geschrieben hat, kam 2003 bei der Zuschauerwahl der „Größten deutschen Persönlichkeit aller Zeiten“ in der ZDF-Show „Unsere Besten“ lediglich auf den 68. Platz.
Auf den ersten Platz kam **Konrad Adenauer**, gefolgt von **Martin Luther** auf Platz zwei. Den dritten Platz belegte **Karl Marx**.

31 **Welches war der deutsche Serienmörder mit den meisten Opfern?**

- Peter Kürten
- Fritz Haarmann
- Jürgen Bartsch
- Karl Denke

32 **Welcher der genannten Erfinder war von adliger Abstammung?**

- Werner von Siemens
- Otto von Guericke
- Manfred von Ardenne
- Carl von Linde

33 **Welcher deutsche Chemiker erarbeitete die Grundlagen für die Polymerchemie?**

- Friedlieb Ferdinand Runge
- August Kekulé
- Fritz Straßmann
- Hermann Staudinger

34 **Welche deutsche Popsängerin nennt sich Nena?**

- Marianne Rosemarie Schwab
- Gabriele Kerner
- Lieselotte Brunnenberg
- Doris Wegener

35 **Wer war der maßgebliche Unterhändler der DDR beim Agentenaustausch und beim Freikauf von Häftlingen?**

- Wolfgang Vogel
- Michael Kohl
- Markus Wolf
- Egon Bahr

36 **Von welchem Feldherrn stammt der strategische Grundsatz „Getrennt marschieren, vereint schlagen"?**

- Alfred von Schliefen
- Gerhard von Scharnhorst
- Helmuth von Moltke
- Carl von Clausewitz

31 Der Serienmörder mit den meisten Opfern war **Karl Denke** (* 1870, † 1924). Zwischen 1903 und 1924 tötete „Papa Denke“ in Münsterberg (Schlesien) 31 Menschen, zerlegte sie und aß ihr Fleisch oder verkaufte es auf dem Markt in Breslau. Nach seiner Verhaftung erhängte er sich in seiner Zelle.
Der „Schlächter von Hannover“ **Fritz Haarmann** brachte es auf 24, der „Vampir von Düsseldorf“ **Peter Kürten** auf neun Opfer. Der pädophile Serientäter **Jürgen Bartsch** ermordete vier Kinder.

32 Von den vier Erfindern war nur **Manfred von Ardenne** (* 1907, † 1997) von adliger Abstammung. Der Baron war einer der Väter des Fernsehens und nach dem Zweiten Weltkrieg an der Entwicklung der ersten sowjetischen Atombombe beteiligt.
Werner von Siemens, der Vater des Elektromotors, **Otto von Guericke**, der Vater der Luftpumpe, und **Carl von Linde**, der Vater des Kühlschranks, bekamen den Adelstitel ihrer Verdienste wegen verliehen.

33 Der deutsche Chemiker **Hermann Staudinger** (* 1881, † 1965) erforschte den Aufbau der makromolekularen Stoffe und schuf damit die Grundlagen der Polymerchemie. 1953 erhielt Staudinger den Nobelpreis für Chemie.
Friedlieb Ferdinand Runge war der Wegbereiter der modernen Teerfarbenchemie. **August Kekulé** legte die Grundlagen der modernen Strukturchemie. Der Chemiker **Fritz Straßmann** war einer der Entdecker der Kernspaltung.

34 **Gabriele Kerner** (* 1960) legte sich den Künstlernamen Nena zu. Durch den Hit „99 Luftballons“ wurde die Popsängerin mit ihrer Band Mitte der 1980er-Jahre international bekannt.
Die Sängerin Mary Roos heißt eigentlich **Marianne Rosemarie Schwab**. **Doris Wegener** war als Manuela in den 1960er-Jahren ein Schlagerstar. **Lieselotte Brunnenberg** wurde unter dem Künstlernamen Lale Andersen weltberühmt.

35 **Wolfgang Vogel** (* 1925) war der Organisator des Agentenaustauschs während des Kalten Kriegs. Er war am Austausch von 150 Agenten beteiligt und maßgeblicher Unterhändler der DDR beim Freikauf von politischen Häftlingen durch die Bundesrepublik.
Die Verhandlungen zum Grundlagenvertrag von 1972 zwischen der DDR und der Bundesrepublik wurden von **Michael Kohl** und **Egon Bahr** geführt. **Markus Wolf** war Leiter des Auslandsnachrichtendienstes der DDR.

36 Der Ausspruch wird dem preußischen Generalfeldmarschall **Helmuth von Moltke** (* 1800, † 1891) zugeschrieben. Er soll ihn als strategische Order im Deutschen Krieg 1866 ausgegeben haben. Eigentlicher Urheber des Ausspruchs war vermutlich jedoch der preußische Heeresreformer **Gerhard von Scharnhorst**.
Alfred von Schliefen gab die Forderung „Macht mir den rechten Flügel stark“ aus, die Behauptung „Der Krieg ist die Fortsetzung der Politik mit anderen Mitteln“ stammt von **Carl von Clausewitz**.

37 **Welches war kein Pseudonym des Schriftstellers und Journalisten Kurt Tucholsky?**

- Berthold Bürger
- Theobald Tiger
- Kaspar Hauser
- Peter Panter

38 **Martin Klaproth war der fruchtbarste deutsche Chemiker seiner Zeit. Welches der Elemente hat er nicht entdeckt?**

- Uran
- Titan
- Chrom
- Radon

39 **Willy Brandt war eine der herausragenden Persönlichkeiten der deutschen Nachkriegspolitik. Welches Amt legte er im März 1987 nieder?**

- Parteivorsitz der SPD
- Amt des Bundeskanzlers
- Leitung der Nord-Süd-Kommission
- Vorsitz der SI

40 **Bisher wurde erst ein Deutscher mit dem Wirtschaftsnobelpreis ausgezeichnet. Wer hat ihn 1994 erhalten?**

- Georg Wittig
- Wolfgang Paul
- Reinhard Selten
- Erwin Neher

41 **Als was wurde Dorothea Erxleben in Deutschland bekannt? Als erste promovierte …**

- Physikerin
- Philosophin
- Ärztin
- Chemikerin

42 **Wer von den genannten Personen war kein Arzt?**

- Robert Koch
- Rudolf Virchow
- Ferdinand Sauerbruch
- Sebastian Kneipp

37 Der Schriftsteller und Journalist Kurt Tucholsky (* 1890, † 1935) veröffentlichte die meisten seiner satirischen Beiträge zur linksbürgerlichen Wochenzeitschrift „Weltbühne“ sowie andere Essays unter einem seiner Pseudonyme. Neben Ignaz Wrobel waren dies **Theobald Tiger**, **Kaspar Hauser** und **Peter Panter**.
Der in der NS-Zeit mit einem Publikationsverbot belegte Schriftsteller Erich Kästner schrieb unter anderem unter dem Pseudonym **Berthold Bürger**.

38 Die Entdeckung von mindestens fünf der 92 natürlich vorkommenden chemischen Elemente wird Martin Klaproth (* 1743, † 1817) zugeschrieben, der als einer der angesehensten Chemiker seiner Zeit maßgeblich das chemische Denken beeinflusste. Zu den neuen Elementen, die von ihm entdeckt wurden, zählen das **Uran** (1789), das **Titan** (1795) und das **Chrom** (1797).
Das **Radon** war dagegen keine Entdeckung Klaproths. Das radioaktive Edelgas wurde 1900 von dem Physiker Friedrich Ernst Dorn entdeckt.

39 Im März 1987 trat Willy Brandt (* 1913, † 1992) vom **Parteivorsitz der SPD**, der er seit 1964 vorstand, zurück.
Nachdem sein Mitarbeiter im Kanzleramt, Günter Guillaume, als Agent der DDR enttarnt worden war, hatte Brandt das **Amt des Bundeskanzlers** bereits 1974 niedergelegt. Von 1977 bis 1980 hatte er die **Leitung der Nord-Süd-Kommission** der UNO inne und zwischen 1976 und 1992 den **Vorsitz der SI**, der Sozialistischen Internationalen.

40 Als erster und bisher einziger Deutscher wurde der Mathematiker und Volkswirtschaftler **Reinhard Selten** (* 1930) für seine Arbeiten zur Spieltheorie 1994 mit dem Nobelpreis für Wirtschaftswissenschaften ausgezeichnet.
Georg Wittig erhielt 1969 den Chemienobelpreis, **Wolfgang Paul** 1989 den Physiknobelpreis. **Erwin Neher** war einer der beiden deutschen Nobelpreisträger für Medizin des Jahres 1991.

41 Dorothea Christiane Erxleben (* 1715, † 1762) aus Quedlinburg war die erste promovierte **Ärztin** und damit die erste promovierte Frau in Deutschland. Nach einem Gesuch an den preußischen König Friedrich II. durfte sie 1741 in Halle ein Medizinstudium aufnehmen, wo sie 1754 ihr Doktorexamen ablegte.
Dorothea von Schlözer war 1787 die erste in Deutschland promovierte **Philosophin**. Elsa Neumann war eine **Physikerin**, Clara Immerwahr eine **Chemikerin**. Als erste Frauen in ihren Fächern wurden sie 1899 bzw. 1900 promoviert.

42 **Sebastian Kneipp** (* 1821, † 1897) war katholischer Pfarrer im bayerischen Wörishofen. Hier entwickelte der Naturheilkundige sein Wasserheilverfahren, das zusammen mit seinen Anregungen zu naturgemäßer, gesunder Lebensweise Grundlage des Behandlungsverfahrens der Kneipptherapie wurde.
Robert Koch war Mediziner und Mikrobiologe, **Rudolf Virchow** der Begründer der Pathologie. **Ferdinand Sauerbruch** war einer der bedeutendsten Chirurgen des 20. Jahrhunderts.

43 **Was ist keine Entdeckung oder Erfindung des Jesuitenpaters und Astronomen Christoph Scheiner?**

- Pantograf
- Andromedanebel
- Optometer
- Sonnenflecken

44 **Welcher deutsche Dramatiker prägte den Begriff des epischen Theaters?**

- Peter Weiss
- Georg Büchner
- Bertolt Brecht
- Friedrich Dürrenmatt

45 **Welcher Philosoph war der Begründer der Erkenntnistheorie in der modernen Philosophie?**

- Martin Heidegger
- Friedrich Nietzsche
- Immanuel Kant
- Johann Georg Hamann

46 **Welche deutsche Hochspringerin übersprang als erste Frau die Traummarke von zwei Metern?**

- Ulrike Meyfarth
- Renate Stecher
- Heide Rosendahl
- Rosemarie Ackermann

47 **Welche Erfindung des 17. Jahrhunderts verdanken wir dem deutschen Wissenschaftler Johannes Kepler?**

- Quecksilberthermometer
- Mikroskop
- Astronomisches Fernrohr
- Schiffschronometer

48 **Was war August der Starke nicht?**

- Kurfürst von Sachsen
- Markgraf von Brandenburg
- König von Polen
- Großherzog von Litauen

43 Der auch Storchschnabel genannte **Pantograf**, ein Gerät zum maßstabsgerechten Vergrößern oder Verkleinern von Zeichnungen, und das **Optometer**, ein Messinstrument zur Berechnung der Akkommodationsbreite des Auges, sind Erfindungen des Jesuitenpaters, Optikers und Astronomen Christoph Scheiner (* 1575, † 1650). Unabhängig von Galileo Galilei entdeckte er 1611 die **Sonnenflecken**.
Der **Andromedanebel** wurde 1612 von dem Astronomen Simon Marius entdeckt.

44 Das epische Theater ist eine von **Bertolt Brecht** (* 1898, † 1956) in den 1920er-Jahren entwickelte und theoretisch fundierte, dem aristotelischen Theater entgegengesetzte Form des Dramas. Es brachte ihm als Dramatiker Weltruhm ein.
Die Dramen **Georg Büchners** können als frühe Vorläufer des epischen Theaters angesehen werden, jene von **Peter Weiss** und die des Schweizers **Friedrich Dürrenmatt** lassen dessen starke Einflüsse erkennen.

45 Mit seiner Transzendentalphilosophie begründete **Immanuel Kant** (* 1724, † 1804), der bedeutendste deutsche Philosoph der Aufklärung, die Erkenntnistheorie in der modernen Philosophie.
Martin Heidegger war ein Hauptvertreter der Existenzphilosophie. **Friedrich Nietzsche** begründete die nihilistische Deutung der abendländischen Philosophie. **Johann Georg Hamann**, ein Königsberger Zeitgenosse Kants, war ein entschiedener Gegner der Aufklärung.

46 Im August 1977 übersprang **Rosemarie Ackermann** (* 1952) als erste Frau der Welt die Zweimetermarke. Für die DDR hatte die Hochspringerin bei den Olympischen Spielen 1976 in Montreal bereits die Goldmedaille gewonnen.
Die Bundesdeutsche **Ulrike Meyfarth** gewann Gold im Hochsprung bei den Olympischen Spielen 1972 in München, wo ihre Teamkollegin **Heide Rosendahl** den Weitsprung gewann. Die DDR-Sprinterin **Renate Stecher** siegte damals im 100-m- und 200-m-Lauf.

47 Von den genannten Erfindungen wurde nur eine im 17. Jahrhundert gemacht – die des **astronomischen Fernrohrs** des kaiserlichen Hofastronomen und Mathematikers Johannes Kepler (* 1571, † 1630). Von weitaus größerer Bedeutung sind jedoch seine berühmten mathematischen Gesetze für die Bewegung der Planeten um die Sonne.
Das **Mikroskop** wurde bereits im 16. Jahrhundert erfunden, **Quecksilberthermometer** und **Schiffschronometer** sind Erfindungen des 18. Jahrhunderts.

48 Friedrich August I. (* 1670, † 1733), genannt August der Starke, aus dem Fürstengeschlecht der Albertiner war seit 1694 **Kurfürst von Sachsen**. Nach seinem Übertritt zum Katholizismus wurde er 1797 als August II. zum **König von Polen** gewählt. Gleichzeitig wurde er in Personalunion **Großherzog von Litauen**.
Markgraf von Brandenburg war August der Starke nicht; die Mark Brandenburg war bereits 1356 zum Kurfürstentum erhoben worden.

Wer hats erfunden? Ein Deutscher!

Aus der Geschichte von Wissenschaft und Technik sind deutsche Wissenschaftler, Techniker, Entdecker und Erfinder nicht wegzudenken. So wurde zum Beispiel mit Wilhelm Conrad Röntgen ein Deutscher 1901 mit dem ersten Nobelpreis (für Physik) überhaupt ausgezeichnet. Bis heute erhielten fast 70 weitere Deutsche den Preis für ihre Verdienste in den Naturwissenschaften oder der Medizin, darunter so illustre Persönlichkeiten wie Albert Einstein, Otto Hahn oder Emil von Behring. Zahlreiche deutsche Erfindungen und Entdeckungen haben die Welt verändert – ohne sie gäbe es dieses Buch nicht, wir fahren mit ihnen, wir nehmen sie, wenn wir Kopfschmerzen haben, oder wir benutzen sie für den Morgenkaffee – alles „Made in Germany“.

1 In welchem Jahr fand die erste Fahrt eines Zeppelins statt?

- 1852
- 1900
- 1929
- 1937

2 Welche Kfz-technische Erfindung wurde nicht in Deutschland gemacht?

- Antiblockiersystem
- Benzineinspritzung
- Scheibenbremse
- Scheibenwischer

3 Obwohl sie längst hätten abgeschafft sein sollen, sind in Deutschland noch bzw. wieder nicht metrische Einheiten in Gebrauch. Welche Einheiten sind nicht metrisch?

- Hz
- in
- Pa
- dpi

4 Welcher deutsche Flugzeugbauer konstruierte 1939 das erste Düsenflugzeug der Welt?

- Hugo Junkers
- Ernst Heinkel
- Ernst Messerschmitt
- Heinrich Focke

5 Der Chemiker Justus Liebig war der Begründer der organischen Chemie und der Agrikulturchemie. Was zählt nicht zu seinen Entdeckungen oder Erfindungen?

- Fleischextrakt
- Chloroform
- Mineraldünger
- Harnstoff

6 Welches der Forschungsinstitute ist nicht im Wissenschaftspark Albert Einstein auf dem Potsdamer Telegrafenberg beheimatet?

- Europäisches Laboratorium für Molekularbiologie
- GeoForschungsZentrum Potsdam
- Alfred-Wegener-Institut für Polar- und Meeresforschung
- Zentralinstitut für Physik der Erde

1 Mit dem Jungfernflug des Zeppelins LZ 1 fand am 2. Juli **1900** in Friedrichshafen am Bodensee die erste, wenn auch nur 18 Minuten dauernde Fahrt eines Luftschiffs mit einem starren Gerippe statt.
Das erste lenkbare, jedoch unstarre Luftschiff war bereits **1852** gestartet worden. **1929** umfuhr ein Zeppelin als erstes und bis heute einziges Luftschiff die Erde. Mit der Katastrophe von Lakehurst ging **1937** die Ära der Zeppeline zu Ende.

2 Die **Scheibenbremse** wurde bereits 1902 von dem Briten Frederick Lanchester erfunden, doch dauerte es fast 50 Jahre, bis 1949 das erste Auto mit serienmäßigen Scheibenbremsen gebaut wurde.
Die **Benzineinspritzung** (1952) und das **Antiblockiersystem** (1982) sind Erfindungen des Stuttgarter Autozulieferers Bosch, der **Scheibenwischer** wurde von Prinz Heinrich von Preußen 1908 erfunden.

3 Seit der 1875 unterzeichneten Meterkonvention wird in Deutschland in metrischen Einheiten gemessen, die sich auf den Meter, das Kilogramm und die Sekunde zurückführen lassen. Dazu zählen die Einheiten der Frequenz **Hz** (1 Hz = 1/s) und des Drucks **Pa** (1 Pa = 1 kg/m · s^2).
Über die Informationstechnologie haben sich jedoch aus den angelsächsischen Ländern nicht metrische Einheiten wie **in** (Inch bzw. Zoll) oder **dpi** (dots per inch), die Einheit für die Punktdichte, eingeschlichen.

4 Das erste Düsenflugzeug der Welt war die von dem schwäbischen Flugzeugkonstrukteur **Ernst Heinkel** entwickelte Heinkel HE 178, die im August 1939 zu ihrem Jungfernflug startete.
Das von **Ernst Messerschmitt** konstruierte Jagdflugzeug Me 262 mit Strahltriebwerk wurde ab 1944 in Serie gebaut. **Heinrich Focke** baute 1936 mit dem Focke-Wulf Fw 61 den ersten praktisch einsetzbaren Hubschrauber. **Hugo Junkers** entwickelte 1915 das erste Ganzmetallflugzeug.

5 Mit der Synthese von **Harnstoff** durch Reaktion von Kaliumcyanat und Ammoniumsulfat gelang Friedrich Wöhler 1828 erstmals die künstliche Herstellung eines Stoffs, der bis dahin nur von lebenden Organismen bekannt war.
Chloroform wurde 1831 zum ersten Mal von Justus Liebig synthetisiert. 1840 propagierte er den **Mineraldünger** für die Landwirtschaft, 1852 entwickelte er den nach ihm benannten liebigschen **Fleischextrakt**.

6 Das **Europäische Laboratorium für Molekularbiologie** in Heidelberg ist eines der renommiertesten biologischen Forschungsinstitute der Welt.
Das **GeoForschungsZentrum Potsdam** ist, wie der Name schon vermuten lässt, auf dem Potsdamer Telegrafenberg angesiedelt. Es ist aus dem an gleicher Stelle beheimateten **Zentralinstitut für Physik der Erde** der DDR hervorgegangen. Auch das **Alfred-Wegener-Institut für Polar- und Meeresforschung** hat seinen Sitz in Potsdam.

7 **Welcher deutsche Physiker entdeckte die elektromagnetischen Wellen?**

- Georg Simon Ohm
- Heinrich Hertz
- Konrad Röntgen
- Gustav Hertz

8 **Welches deutsche Unternehmen entwickelte in den 1930er-Jahren das Magnettonbandgerät?**

- AEG
- BASF
- Siemens
- Telefunken

9 **Wo befindet sich in Deutschland das Endlager für hoch radioaktive Abfälle?**

- Morsleben
- Salzgitter
- Gorleben
- An keinem dieser Orte

10 **Welches war der für die mittelalterliche Hanse typische Schiffstyp?**

- Kogge
- Galeone
- Karavelle
- Holk

11 **Was wurde nicht in Deutschland erfunden?**

- Papiertaschentuch
- Teebeutel
- Klarsichtfolie
- Kaffeefilter

12 **Welcher deutsche Physiker formulierte 1927 das quantenmechanische Prinzip der Unschärferelation?**

- Wolfgang Pauli
- Werner Heisenberg
- Ernst Schrödinger
- Max Planck

7 Dem deutschen Physiker **Heinrich Hertz** gelang 1886–88 die Erzeugung sowie die Übertragung von elektromagnetischen Wellen und damit zugleich deren Nachweis.
Georg Simon Ohm entdeckte 1826 das nach ihm benannte Gesetz der Elektrizitätsleitung, **Konrad Röntgen** 1895 die nach ihm benannten Röntgenstrahlen. **Gustav Hertz**, Neffe von Heinrich Hertz, konnte 1912/13 zusammen mit James Franck die Existenz von diskreten Energieniveaus in Atomen nachweisen.

8 Das Magnettonbandgerät wurde 1928 von Fritz Pfleumer erfunden, der die Nutzungsrechte 1932 an die **AEG** abtrat. In Zusammenarbeit mit der **BASF** wurde es zur Serienreife entwickelt und 1935 als das weltweit erste Tonbandgerät Magnetophon K1 der Öffentlichkeit vorgestellt.
1958 ging der Markenname Magnetophon auf das Unternehmen **Telefunken** über. Bei **Siemens**, obwohl größter Hersteller in der Elektrotechnik, waren Tonbandgeräte von marginaler Bedeutung.

9 Das Endlager für hoch radioaktive Abfälle befindet sich **an keinem dieser Orte** – ein solches Endlager gibt es bisher weder in Deutschland noch sonst wo auf der Welt.
In **Gorleben** gibt es lediglich zwei Zwischenlager für hoch und schwach radioaktive Abfälle. Das ehemalige Bergwerk „Schacht Konrad“ bei **Salzgitter** soll ab 2013 Endlager für schwach und mittel radioaktiven Atommüll werden. Das Salzbergwerk in **Morsleben** diente in der DDR als Endlager für schwach radioaktive Abfälle.

10 Die im 13. Jahrhundert entstandene **Kogge** war das typische Handelsschiff der Hanse. Das bauchige, einmastige Segelschiff diente dem Transport, konnte aber auch mit Kanonen bestückt werden. Die Kogge wurde im späten 14. Jahrhundert zunehmend von dem ähnlichen **Holk** abgelöst.
Die **Galeone** war ein im ausgehenden Mittelalter entwickeltes Segelkriegsschiff, die **Karavelle** das typische Segelschiff der spanischen und portugiesischen Entdecker.

11 Die **Klarsichtfolie** wurde nicht in Deutschland erfunden, sondern 1905 von einem Schweizer Chemiker.
Das erste **Papiertaschentuch** wurde 1929 unter dem Namen „Tempo“ als Reichspatent angemeldet. Im selben Jahr brachte die Firma Teekanne den ersten **Teebeutel** aus geschmacksneutralem Spezialpapier auf den Markt. Der **Kaffeefilter** ist eine Erfindung von Melitta Bentz aus dem Jahr 1908.

12 Die für die Quantenmechanik grundlegende Unschärferelation besagt, dass Ort und Impuls eines Teilchens nicht gleichzeitig mit beliebig hoher Genauigkeit bestimmt werden können. Die Theorie der Unschärferelation wurde 1927 von **Werner Heisenberg** formuliert.
Ernst Schrödinger fand 1926 die Wellengleichung der Quantentheorie, die von **Max Planck** im Jahr 1900 begründet wurde. **Wolfgang Pauli** – wie Schrödinger Österreicher – formulierte 1925 das nach ihm benannte Ausschließungsprinzip in der Quantenmechanik.

13 **Welches Jagdflugzeug ist das weltweit meistgebaute?**

- De Havilland D.H.98
- Focke-Wulf Fw 190
- Messerschmitt Bf 109
- Supermarine Spitfire

14 **Seit wann gibt es in Deutschland festgesetzte Normen für Industrieprodukte?**

- 1917
- 1926
- 1947
- 1975

15 **In welchem Jahr wurde das erste Passagierflugzeug gebaut?**

- 1919
- 1932
- 1935
- 1949

16 **Wie groß ist die Spurweite bei der Deutschen Bahn?**

- 1435 mm
- 1458 mm
- 1520 mm
- 1668 mm

17 **Welcher der Begriffe bezeichnet kein altes deutsches Zählmaß?**

- Gros
- Mandel
- Klafter
- Schock

18 **In welchem Jahr baute ein Deutscher die erste mechanische Rechenmaschine?**

- 1623
- 1649
- 1693
- 1822

13 Die 1937 in Dienst gestellte und bis 1945 in einer Gesamtstückzahl von etwa 34 500 gebaute **Messerschmitt Bf 109** ist das meistgebaute Jagdflugzeugzeug der Welt.
Die in einer Stückzahl von 7781 gebaute **de Havilland D.H.98** war eines der erfolgreichsten britischen Jagdflugzeuge im Zweiten Weltkrieg. Die deutsche **Focke-Wulf Fw 190** wurde von 1941 bis 1945 19 500-mal, die britische **Supermarine Spitfire** von 1938 bis 1948 rund 20 350-mal gebaut.

14 Mit dem **1917** ins Leben gerufenen Normalienausschuss für den Allgemeinen Maschinenbau begann in Deutschland die Einführung von festgesetzten Normen für Industrieprodukte.
Der Normalienausschuss wurde **1926** in Deutscher Normenausschuss, **1975** dann in DIN, Deutsches Institut für Normung, umbenannt. Im Jahr **1947** nahm die Internationale Organisation für Normung, kurz ISO, die Erarbeitung internationaler Normen auf.

15 Das erste für den reinen Passagiertransport konzipierte Verkehrsflugzeug der Welt war die **1919** von Hugo Junkers konstruierte F 13.
1932 brachte Junkers mit der JU 52 seine legendäre „Tante Ju“ auf den Markt. Die in Deutschland als „Rosinenbomber“ bekannt gewordene Douglas DC-3 von **1935** war das erste Passagierflugzeug mit einziehbarem Fahrwerk. Mit der de Havilland Comet I begann **1949** das Zeitalter der Düsenverkehrsflugzeuge.

16 Die Spurweite – das heißt der Abstand der oberen Innenkanten der beiden Schienenstränge – ist in Deutschland und in sämtlichen angrenzenden Ländern die sogenannte europäische Normalspur mit **1435 mm**. Die Leipziger Straßenbahn hat mit **1458 mm** die größte Spurweite aller deutschen Straßenbahnen.
Die Spurweite der russischen Eisenbahnen beträgt **1520 mm**. Spanien will seine Spurweite von **1688 mm** bis 2020 auf die europäische Normalspur umstellen.

17 Alte deutsche Maße werden kaum mehr verwendet, lediglich das Dutzend als Zählmaß für zwölf Stück hat sich ins 21. Jahrhundert gerettet. **Gros** (zwölf Dutzend oder 144 Stück), **Mandel** (16 Stück) oder **Schock** (60 Stück) sind weitgehend dem Vergessen anheimgefallen. Obschon kein altes deutsches Zählmaß, teilt das **Klafter** als Längenmaß – etwa 1,80 m – das gleiche Schicksal.

18 Bereits um das Jahr **1623** entwickelte Wilhelm Schickhardt für Johannes Kepler eine einfache Rechenmaschine, die jedoch im Dreißigjährigen Krieg in Vergessenheit geriet.
Der Franzose Blaise Pascal stellte **1649** eine Maschine vor, die Addieren und Subtrahieren konnte. Der Rechenautomat von Gottfried Wilhelm Leibniz aus dem Jahr **1693** konnte darüber hinaus multiplizieren und dividieren. Die erste programmierbare Rechenmaschine zur Steuerung eines Webstuhls wurde **1822** von dem Briten Charles Babbage entwickelt.

19 **Wer konstruierte die erste elektrische Lokomotive?**

- Reinhard Mannesmann
- Robert Bosch
- Alfred Krupp
- Werner von Siemens

20 **Wer war 1978 der erste Deutsche im Weltall?**

- Klaus-Dietrich Flade
- Ulf Merbold
- Sigmund Jähn
- Thomas Reiter

21 **An der Erfindung welches elektrischen Haushaltsgeräts war ein Deutscher maßgeblich beteiligt?**

- Bügeleisen
- Staubsauger
- Mikrowellenherd
- Kühlschrank

22 **Die Impfstoffe gegen welche Infektionskrankheit verdanken wir dem Bakteriologen Emil von Behring?**

- Tuberkulose
- Diphterie
- Tetanus
- Syphilis

23 **Welche noch heute gebräuchliche Temperaturskala wurde von einem Deutschen aufgestellt?**

- Réaumurskala
- Celsiusskala
- Kelvinskala
- Fahrenheitskala

24 **Welche elektromagnetische Strahlung wurde nicht von einem Deutschen entdeckt?**

- Infrarotstrahlung
- X-Strahlung
- UV-Strahlung
- Gammastrahlung

19 Die erste einsatzfähige, von **Werner von Siemens** konstruierte elektrische Lokomotive wurde 1879 auf der Gewerbeausstellung in Berlin vorgestellt; zwei Jahre später baute Siemens in Berlin die erste elektrische Straßenbahn.
Reinhard Mannesmann erfand die Herstellung nahtloser Rohre und gründete die Mannesmann AG.
Robert Bosch entwickelte unter anderem die Magnetzündung für Vergasermotoren. **Alfred Krupp** baute den von seinem Vater gegründeten Konzern zur weltgrößten Gussstahlfabrik aus.

20 **Sigmund Jähn** war der erste Deutsche im Weltraum. Mit der Sojus-31-Mission flog der Offizier der Luftstreitkräfte der NVA der DDR im August 1978 für sieben Tage zur sowjetischen Raumstation Saljut 6.
Fünf Jahre danach war **Ulf Merbold** der erste Bundesdeutsche im All. **Thomas Reiter** startete 1995 zu seinem ersten Raumflug, **Klaus-Dietrich Flade** war 1992 Mitglied der Mir-92-Mission.

21 Bei der Erfindung des elektrischen **Kühlschranks** war Carl Linde, wenn schon nicht der alleinige Erfinder, so doch zumindest maßgeblich beteiligt. 1876 konstruierte er den ersten Kompressionskühlschrank, den „Eisschrank".
Das elektrische **Bügeleisen** wurde 1882 von dem Amerikaner Henry Seely erfunden. Der **Staubsauger** ist eine Erfindung des britischen Ingenieurs Hubert Booth aus dem Jahr 1901. Der **Mikrowellenherd** wurde 1953 von einer amerikanischen Firma auf den Markt gebracht.

22 Der Bakteriologe, Begründer der Serumheilkunde und erster Nobelpreisträger für Medizin, Emil von Behring, entwickelte Impfstoffe gegen **Diphterie** und **Tetanus**, nachdem er 1890 die Fähigkeit des Körpers zur Bildung von Antikörpern gegen Krankheitserreger entdeckt hatte.
Robert Koch entdeckte 1890 das Tuberkulin gegen **Tuberkulose**, Paul Ehrlich 1909 das Salvarsan, ein chemotherapeutisches Medikament gegen die **Syphilis**.

23 Die heute noch in den USA gebräuchliche **Fahrenheitskala** wurde 1714 von dem deutschen Physiker Daniel Fahrenheit eingeführt.
Die ansonsten weltweit verwendete **Celsiusskala** geht auf den Schweden Anders Celsius zurück. Die **Kelvinskala** ist die internationale SI-Einheit; sie wurde nach dem Briten Lord Kelvin benannt. Die von dem Franzosen René-Antoine Ferchault de Réaumur eingeführte **Réaumurskala** wurde bis Ende des 19. Jahrhunderts in Westeuropa verwendet.

24 Die **Gammastrahlung** als Komponente der kurz zuvor entdeckten radioaktiven Strahlung wurde 1900 von dem Franzosen Paul Ulrich Villard entdeckt.
Der in Hannover geborene Astronom Wilhelm Herschel entdeckte 1800 die **Infrarotstrahlung**, der Physiker Johann Wilhelm Ritter zwei Jahre später die **UV-Strahlung**. Wilhelm Conrad Röntgen bezeichnete die 1895 von ihm entdeckte und später nach ihm benannte Röntgenstrahlung selbst als **X-Strahlung**.

25 **Wie groß ist die Fläche eines Blattes Papier der Größe DIN A4? Ein …**

- viertel m^2
- achtel m^2
- sechzehntel m^2
- zweiunddreißigstel m^2

26 **Welcher deutsche Physiker erhielt den Physiknobelpreis für seine grundlegenden Arbeiten zur modernen Kernphysik?**

- Wilhelm Wien
- Walther Bothe
- Otto Hahn
- Max Born

27 **Hinter welchem Begriff verbirgt sich feinmechanisch-technisches Erzeugnis?**

- Danziger Lachs
- Nürnberger Ei
- Düsseldorfer Rippchen
- Salzburger Goldhuhn

28 **Welcher deutsche Astronaut war sowohl an Bord der Raumstation Mir als auch der ISS?**

- Ulf Merbold
- Thomas Reiter
- Reinhard Furrer
- Reinold Ewald

29 **Welcher deutsche Chemiker ließ sich 1908 die Ammoniaksynthese patentieren?**

- Friedrich Bergius
- Emil Fischer
- Fritz Haber
- Adolf Spitteler

30 **Wie heißt die oberste deutsche Behörde für Metrologie?**

- Arbeitsgemeinschaft Mess- und Eichwesen
- Deutscher Wetterdienst
- Institut für Physik der Atmosphäre
- Physikalisch-Technische Bundesanstalt

25 Das in Deutschland gebräuchliche Brief- oder Kopierpapier hat das Format DIN A4. Es misst ein **sechzehntel m²**.
Das Ausgangsformat der DIN-A-Papierformate ist DIN A0. Bei einer Länge von 1189 mm und einer Breite von 841 mm ist es genau ein Quadratmeter groß. DIN A1 ist gerade die Hälfte von DIN A0, DIN A2 die Hälfte von DIN A1 und somit ein **viertel m²** groß. Dementsprechend ist die Größe des DIN-A3-Formats ein **achtel m²**, die des DIN-A5-Formats ein **zweiunddreißigstel m²**.

26 **Walther Bothe**, der Entdecker der künstlichen Kernanregung, erhielt 1954 den Nobelpreis für Physik für seine grundlegenden kernphysikalischen Arbeiten. Er teilte sich den Preis mit **Max Born**, der für seine Arbeiten zur Quantenmechanik ausgezeichnet wurde.
Der Chemiker **Otto Hahn** bekam 1944 für die Entdeckung der Kernspaltung den Nobelpreis für Chemie. **Wilhelm Wien** wurde für seine Arbeit zur Wärmestrahlung 1911 der Physiknobelpreis verliehen.

27 Ab etwa 1510 baute der Nürnberger Mechaniker Peter Henlein die ersten tragbaren Uhren mit einem Federantrieb. Wegen ihrer Form wurden diese Taschenuhren unter dem Namen **Nürnberger Ei** bekannt.
Die anderen Begriffe bezeichnen Ess- oder Trinkbares. **Danziger Lachs** ist ein auch Goldwasser genannter Likör. Ein **Düsseldorfer Rippchen** ist eine Kalbfleischbulette, ein **Salzburger Goldhuhn** ein Gebäck.

28 **Thomas Reiter** lebte und arbeitete als Wissenschaftsastronaut 1995/96 rund 177 Tage auf der russischen Raumstation Mir. 2006 folgte ein 166-tägiger Aufenthalt auf der Internationalen Raumstation ISS.
Ulf Merbold absolvierte zwischen 1983 und 1994 drei Raumflüge und ist damit der erste Deutsche, der dreimal im Weltall war. **Reinhard Furrer** und **Reinold Ewald** waren 1985 bzw. 1997 jeweils einmal im Weltraum.

29 Mit seinem 1908 patentierten Verfahren der Ammoniaksynthese, für das er 1918 mit dem Nobelpreis für Chemie ausgezeichnet wurde, schuf **Fritz Haber** die Grundlage für die großtechnische Herstellung von Nitraten für Düngemittel.
Emil Fischer gelang es 1884, die Struktur von Zucker zu entschlüsseln. Mit dem Kaseinkunststoff Galalith entdeckt **Adolf Spitteler** 1897 das erste billige Synthesematerial. **Friedrich Bergius** entwickelte um 1910 ein Verfahren zur Kohleverflüssigung.

30 Metrologie ist die Wissenschaft vom Messen und von den Maßsystemen. Die oberste in Deutschland für die Metrologie zuständige Bundesbehörde ist die **Physikalisch-Technische Bundesanstalt**. Die **Arbeitsgemeinschaft Mess- und Eichwesen** koordiniert die Eichaufsichtsbehörden der Bundesländer. Das **Institut für Physik der Atmosphäre** des Deutschen Zentrums für Luft- und Raumfahrt und der **Deutsche Wetterdienst** befassen sich mit Meteorologie, die nicht mit der Metrologie verwechselt werden sollte.

31 In welcher Kategorie schnitten die deutschen Nobelpreisträger seit 1901 am besten ab?

- Medizin
- Physik
- Chemie
- Literatur

32 Welches alte deutsche Hohlmaß entsprach einem Liter?

- Stein
- Schoppen
- Kumpf
- Seidel

33 Der Begründer der modernen Zahlentheorie war auf den früheren Zehnmarkscheinen abgebildet. Wer war es?

- Georg Cantor
- Carl Friedrich Gauß
- David Hilbert
- Bernhard Riemann

34 Welches der bekannten Produkte geht nicht auf Erfindungen der Hamburger Firma Beiersdorf zurück?

- Waschmittel Persil
- Lippenpflegestift Labello
- Niveacreme
- Wundpflaster Hansaplast

35 Der Unternehmer Artur Fischer ist einer der erfolgreichsten Erfinder weltweit. Wie viele Patente hatte er bis Ende 2008 angemeldet?

- 570
- 601
- 1096
- 1121

36 Seit 2005 wird alljährlich die Auszeichnung „Stadt der Wissenschaft“ verliehen. Welche Stadt war der erste Träger dieses Titels?

- Oldenburg
- Dresden
- Bremen/Bremerhaven
- Jena

31 Am erfolgreichsten waren deutsche Nobelpreisträger bisher im Fach **Chemie**. Von den 157 bis 2009 verliehenen Chemienobelpreisen gingen 28, immerhin rund 18 %, an deutsche Wissenschaftler.
Von den 197 Nobelpreisträgern für **Physik** waren 24 Deutsche, in **Medizin** waren es 16 von 195. Nur acht der 106 Nobelpreise für **Literatur** gingen ins Land der Dichter und Denker.

32 Das früher in der Pfalz gebräuchliche Raum- oder Hohlmaß **Stein** entsprach einem Liter.
Schoppen wird in der Pfalz noch immer verwendet - ein Schoppen Wein ist hier ein halber Liter. In Zusammenhang mit Bier ist **Seidel** in Bayern auch heute noch gebräuchlich - ein Seidel fasst ebenfalls einen halben Liter. Dem altdeutschen Hohlmaß **Kumpf** entsprechen - regional unterschiedlich - 6,8 bis zehn Liter.

33 Der Mathematiker, Astronom und Physiker **Carl Friedrich Gauß** begründete um 1800 die moderne Zahlentheorie.
Die Arbeiten von **Bernhard Riemann** über die Geometrie gekrümmter Räume sind mathematische Grundlage der Relativitätstheorie. **David Hilbert** gilt als Begründer des Formalismus in der Mathematik, **Georg Cantor** als Begründer der axiomatischen Mengenlehre.

34 Das **Waschmittel Persil** wurde 1907 von den Chemikern der Waschmittelfabrik Henkel in Düsseldorf entwickelt. Es erhielt seinen Namen von seinen ursprünglichen Hauptkomponenten, dem Bleichmittel Perborat und dem Schmutzlöser Silikat.
Die **Niveacreme** ist das bekannteste Produkt des Beiersdorfkonzerns. Die Hautpflegecreme kam 1911 auf den Markt, der **Lippenpflegestift Labello** bereits 1909. Das **Wundpflaster Hansaplast** wurde 1922 von Beiersdorf entwickelt.

35 Der schwäbische Tüftler und Unternehmer Artur Fischer hatte bis Ende 2008 insgesamt **1121** Patente und Gebrauchsmuster angemeldet. Bis dahin wurden ihm allein in Deutschland **570** Patente erteilt.
Damit hat Fischer Thomas Alva Edison überflügelt, der mit **1096** Patenten als einer der weltweit erfolgreichster Erfinder gilt. Der deutsche Physiker Manfred von Ardenne nimmt mit **601** Patenten ebenfalls eine Spitzenposition unter den Erfindern ein.

36 Mit dem Wettbewerb „Stadt der Wissenschaften“ sollen Städte zu mehr Leistung und Förderung im Bereich Wissenschaft, insbesondere im Hinblick auf ihre Wahrnehmung in der Öffentlichkeit, motiviert werden. Die erste Stadt, die 2005 mit dem Titel geehrt wurde, war **Bremen/Bremerhaven**.
Im Jahr 2006 konnte sich **Dresden** die Auszeichnung sichern, 2008 war es **Jena**. **Oldenburg** wurde 2009 zur „Stadt der Wissenschaften“ gekürt.

37 **Welche der Abkürzungen bezeichnet keine außeruniversitäre deutsche Forschungseinrichtung?**

- DKFZ
- BMBF
- MPI
- GSI

38 **Welche Erfindung bzw. Entdeckung geht nicht auf den deutschen Astronomen und Mathematiker Johannes Kepler zurück?**

- Astronomisches Fernrohr
- Gesetze der Planetenbewegung
- Jupitermonde
- Verfahren zur Integralberechnung

39 **Welche der chemischen Erfindungen wurde bereits im 19. Jahrhundert gemacht?**

- Anilin
- Plexiglas®
- PVC
- Aspirin®

40 **Wer war der erste deutsche Flugpionier?**

- Gustav Weißkopf
- Hans Grade
- Otto Lilienthal
- Albrecht Berblinger

41 **Die 1897 von Karl Ferdinand Braun erfundene Kathodenstrahlröhre war bis Anfang des 21. Jahrhunderts Grundlage eines Elektrogeräts, des …**

- Fernsehgeräts
- CD-Players
- Computermonitors
- Mikrowellenherds

42 **Welcher deutsche Wissenschaftler beschrieb im 13. Jahrhundert als Erster die Gewinnung von Arsen?**

- Albertus Magnus
- Hennig Brand
- Georgius Agricola
- Franz Joseph Müller von Reichenstein

37 **BMBF** ist die Abkürzung des Bundesministeriums für Bildung und Forschung der Bundesrepublik Deutschland. Es fördert unter anderem die Forschung in allen Bereichen der Wissenschaft.
Das **DKFZ** ist die Abkürzung für das Deutsche Krebsforschungszentrum in Heidelberg. Ein Max-Planck-Institut, abgekürzt **MPI**, ist ein wissenschaftliches Institut der Max-Planck-Gesellschaft. Die Gesellschaft für Schwerionenforschung **GSI** ist eine physikalische Großforschungseinrichtung in Darmstadt.

38 Die Entdeckung der vier **Jupitermonde** Europa, Io, Ganymed und Kallisto im Jahr 1610 ist das Verdienst von Galileo Galilei.
Die drei **Gesetze der Planetenbewegung** sind als die keplerschen Gesetze bekannt, die keplersche Fassregel ist ein **Verfahren zur Integralberechnung**. Das Prinzip des **astronomischen Fernrohrs** wurde 1611 von Johannes Kepler beschrieben.

39 **Anilin**, wichtiger Grundstoff für die Herstellung von Polyurethanen, Farbstoffen und Pharmazeutika, wurde bereits 1826 von Otto Unverdorben entdeckt. Die unter dem Markennamen **Aspirin®** bekannt gewordene Acetylsalicylsäure wurde 1897 von Felix Hoffmann erstmals synthetisiert.
PVC ist eine Entwicklung der 1920er-Jahre; es wurde in Deutschland ab 1935 von der IG Farben großtechnisch produziert. **Plexiglas®** wurde 1929 von Walter Bauer entwickelt.

40 Als erster deutscher Flugpionier kann **Albrecht Berblinger** gelten. Der Nachbau seines Hängegleiters, mit dem der „Schneider von Ulm“ 1811 die Donau überqueren wollte, erwies sich als prinzipiell flugfähig.
Otto Lilienthal kam 1896 bei einem seiner Gleitflüge ums Leben. Dem aus Deutschland stammenden **Gustav Weißkopf** soll 1901 in den USA der erste Motorflug geglückt sein. **Hans Grade** gelang 1908 der erste Motorflug Deutschlands.

41 Die 1897 von Karl Ferdinand Braun erfundene Kathodenstrahlröhre, die nach ihm benannte braunsche Röhre, war als Bildröhre das wesentliche Bauteil des **Fernsehgeräts** und des **Computermonitors**. Geräte mit Bildröhre werden inzwischen zunehmend von LCD- und Plasmabildschirmen verdrängt.
CD-Player arbeiten mit einem Laserabtastsystem, im **Mikrowellenherd** erzeugt eine Magnetron genannte Elektronenröhre die Mikrowellen.

42 Obwohl Verbindungen des Arsens bereits in der Antike bekannt waren, stammt die Beschreibung der Gewinnung von elementarem Arsen durch **Albertus Magnus** erst aus dem 13. Jahrhundert.
Die Darstellung des Elements Wismut wurde 1555 von **Georgius Agricola** beschrieben. **Hennig Brand** entdeckte 1669 den Phosphor, **Franz Joseph Müller von Reichenstein** 1782 das Tellur.

43 **Die technischen Grundlagen der drahtlosen Bildübertragung wurden von dem Deutschen Arthur Korn erarbeitet. Wann verschickte er das erste „Telefax“?**

- 1906
- 1908
- 1923
- 1979

44 **Welcher deutsche Forschungsreisende erkundete im 19. Jahrhundert Nord- und Westafrika?**

- Alexander von Humboldt
- Carl Koldeway
- Heinrich Barth
- Erich von Drygalski

45 **Was erfand Emil Berliner im Jahr 1887?**

- Schallplatte
- Linotype-Setzmaschine
- Grammofon
- Fotozelle

46 **Auf welchen deutschen Mathematiker geht das CGS-System bei physikalischen Einheiten zurück?**

- Gottlob Frege
- Karl Weierstraß
- Emmy Noether
- Carl Friedrich Gauß

47 **Welche Erfindung wurde nicht von einem Deutschen gemacht?**

- Quecksilberthermometer
- Druckknopf
- Konservendose
- Luftpumpe

48 **Welcher Physiknobelpreisträger war kein Erfinder eines Elektronenmikroskops?**

- Heinrich Rohrer
- Ernst Ruska
- Gerd Binnig
- Rudolf Mößbauer

43 Im Jahr **1906** verschickte Arthur Korn, einer der Pioniere der Bildtelegrafie, ein Bild auf telegrafischem Weg über eine Strecke von 1800 km und bereits **1908** wurde das erste Fahndungsfoto per Bildtelegrafie von Paris nach London übertragen. **1923** gelang Korn die drahtlose Bildübertragung von Rom nach Bar Harbor (USA).
Im Jahr **1979** richtete die Deutsche Bundespost einen regulären Telefaxdienst über das Fernsprechnetz ein.

44 Der Archäologe, Geograf und Afrikaforscher **Heinrich Barth** bereiste zwischen 1849 und 1855 Nord- und Westafrika und lieferte eine detaillierte Beschreibung der Kultur und Geschichte der dortigen Völker.
Carl Koldeway und **Erich von Drygalski** erkundeten als Polarforscher die Ostküste bzw. die Westküste Grönlands. **Alexander von Humboldt** wurde durch seine Forschungsreisen durch Süd- und Mittelamerika berühmt.

45 Emil Berliner erfand 1887 sowohl die **Schallplatte** als auch das zugehörige Abspielgerät, das **Grammofon**. Berliners Grammofon war eine Weiterentwicklung des 1877 von Thomas Alva Edison erfundenen Phonographen.
Die **Linotypesetzmaschine** aus dem Jahr 1884 ist eine Erfindung des 1872 in die USA ausgewanderten Deutschen Ottmar Mergenthaler. Die erste brauchbare **Fotozelle** wurde 1904 von Julius Elster hergestellt.

46 Das auf die Maßeinheiten Zentimeter, Gramm und Sekunde basierende CGS-Einheitensystem wurde von **Carl Friedrich Gauß** entwickelt und 1833 vorgestellt. Es war das erste absolute Maß- und Einheitensystem in der Physik.
Gottlob Frege war Mathematiker und Logiker und gilt als der Begründer der modernen Logik. **Karl Weierstraß** wird auch als Vater der modernen Analysis bezeichnet. Die deutsche Mathematikerin **Emmy Noether** gehört zu den Begründern der modernen Algebra.

47 Die **Konservendose** ist keine in Deutschland gemachte Erfindung. Der französische Koch Nicolas Appert entwickelte ab 1812 ein Verfahren, Lebensmittel unter Druck zu erhitzen und sie in Blechdosen luftdicht zu verschließen.
Die Erfindung der **Luftpumpe** durch Otto von Guericke datiert auf das Jahr 1650, jene des **Quecksilberthermometers** durch Daniel Fahrenheit auf 1714. Der **Druckknopf** schließlich wurde 1885 von Heribert Bauer erfunden.

48 **Rudolf Mößbauer** entdeckte die rückstoßfreie Kernresonanzabsorption von Gammastrahlen und lieferte die quantenmechanische Theorie für diesen Effekt. Dafür erhielt er 1961 den Physiknobelpreis.
Gerd Binnig entwickelte zusammen mit dem Schweizer **Heinrich Rohrer** 1981 das Rastertunnelelektronenmikroskop. Dafür wurden sie 1986 gemeinsam mit **Ernst Ruska**, der 1931 das erste Elektronenmikroskop konstruiert hatte, mit dem Nobelpreis für Physik ausgezeichnet.

49 **Welches deutsche Elektrounternehmen entwickelte den ersten FCKW-freien Kühlschrank?**

- Neff
- Bauknecht
- Foron
- Miele

50 **Die größte deutsche Wissenschaftsorganisation ist die …**

- Max-Planck-Gesellschaft
- Helmholtz-Gemeinschaft
- Deutsche Forschungsgemeinschaft
- Fraunhofer-Gesellschaft

51 **Welche dieser Erfindungen wurde in Deutschland gemacht?**

- Haftnotiz
- Sicherheitsnadel
- Kunststoffdübel
- Büroklammer

52 **Wann wurde in Deutschland die erste Autobahn eröffnet?**

- 1921
- 1924
- 1932
- 1935

53 **Welcher Verbrennungsmotor wurde nicht von einem Deutschen erfunden?**

- Viertaktmotor
- Kreiskolbenmotor
- Zweitaktmotor
- Dieselmotor

54 **Welche der Erfindungen wurde nicht von einem Deutschen gemacht?**

- Telefon
- Elektromagnetischer Telegraf
- Wärmepumpe
- Glühlampe

49 Die Firma Foron ging nach der deutschen Vereinigung unter anderem aus dem VEB dkk Scharfenstein hervor, dem in der DDR führenden Hersteller von Kühl- und Gefrierschränken. 1992 gelang es **Foron**, den weltweit ersten FCKW-freien Kühlschrank zu entwickeln.
Mittlerweile haben alle namhaften Hersteller wie **Neff**, **Bauknecht** oder **Miele** FCKW-freie Kühlgeräte im Angebot.

50 Mit einem Jahresbudget von rund 2,8 Milliarden Euro ist die **Helmholtz-Gemeinschaft** die größte Wissenschaftsorganisation Deutschlands. Die **Max-Planck-Gesellschaft** ist die Trägergesellschaft der Max-Planck-Institute, die vorwiegend Grundlagenforschung betreiben. Die **Fraunhofer-Gesellschaft** ist die führende Organisation für angewandte und anwendungsorientierte Forschung in Europa. Die **Deutsche Forschungsgemeinschaft** ist eine Einrichtung zur Förderung der Wissenschaft und Forschung in Deutschland.

51 Der **Kunststoffdübel** wurde von dem deutschen Erfinder Artur Fischer entwickelt; er kam 1958 auf den Markt und ist seitdem der weltweit meistproduzierte Dübel.
Die **Haftnotiz**, auch Post-it genannt, wurde in den 1970er-Jahren vom amerikanischen Konzern 3M auf den Markt gebracht. Die **Sicherheitsnadel** wurde 1849 von dem Amerikaner Walter Hunt erfunden. Wer die **Büroklammer**, die bereits 1890 in Großbritannien industriell hergestellt wurde, erfunden hat, ist unbekannt.

52 Die **1921** eröffnete AVUS in Berlin war die erste autobahnähnliche Strecke Deutschlands. Die erste Autobahn für den öffentlichen Verkehr zwischen Köln und Bonn wurde jedoch erst **1932** eröffnet.
Die erste im Dritten Reich gebaute Autobahnstrecke zwischen Frankfurt und Darmstadt wurde **1935** für den Verkehr freigegeben. Bereits **1924** war in Italien die erste ausschließlich für Kraftfahrzeuge bestimmte Autostraße Europas eröffnet worden.

53 Der erste betriebsfähige, wenn auch noch unwirtschaftliche **Zweitaktmotor** wurde um 1860 von dem französischen Mechaniker Jean Joseph Étienne Lenoir gebaut.
Der nach seinem Erfinder auch Ottomotor genannte **Viertaktmotor** wurde ab 1862 von Nikolaus Otto konstruiert und 1876 patentiert. Mit dem 1893–97 von Rudolf Diesel geschaffenen **Dieselmotor** gelang der Durchbruch für die Verbrennung schwerflüchtiger Kraftstoffe. Der **Kreiskolbenmotor** oder Wankelmotor wurde in den 1950er-Jahren von Felix Wankel entwickelt.

54 Die **Wärmepumpe** wurde unbestreitbar nicht von einem Deutschen erfunden, sondern 1852 von dem Briten William Thomson, dem späteren Lord Kelvin.
Als Erfinder von Telefon, Telegraf und Glühlampe gelten gemeinhin Graham Bell (1876), Samuel Morse (1837) und Thomas Alva Edison (1880). Tatsächlich wurde das **Telefon** 1860 von Philipp Reis entwickelt, der erste **elektromagnetische Telegraf** 1833 von Carl Friedrich Gauß. Ob die **Glühlampe** tatsächlich bereits 1854 von dem Deutschen Heinrich Goebel erfunden wurde, ist indessen umstritten.

55 **Welche der chemischen Elemente wurden von deutschen Chemikern entdeckt?**

- Gallium
- Germanium
- Indium
- Polonium

56 **Wer brachte das erste Motorrad auf den Markt?**

- Gottlieb Daimler
- Alois Wolfmüller
- Heinrich Hildebrand
- Wilhelm Maybach

57 **Welcher der Mitbegründer der Quantenmechanik war Deutscher?**

- Erwin Schrödinger
- John von Neumann
- Pascual Jordan
- Niels Bohr

58 **Welche der deutschen Erfindungen wurde 1895 gemacht?**

- Radargerät
- Elektronische Bildübertragung
- Magnetzündung
- Elektrische Bohrmaschine

59 **Welche der „bunten" Listen ist ein Zusammenschluss deutscher Forschungsinstitute?**

- Grüne Liste
- Rote Liste
- Blaue Liste
- Schwarze Liste

60 **Für welche Entdeckung erhielt der Physiker Gustav Hertz 1925 den Nobelpreis?**

- Dopplereffekt an Kanalstrahlen
- Elektromagnetische Wellen
- Elektronenstoßgesetze
- Beugung von Röntgenstrahlen

55 Das 1886 vom Freiberger Chemiker Clemens Winkler entdeckte **Germanium** erhielt seinen Namen zu Ehren Deutschlands. Ferdinand Reich und Theodor Richter, ebenfalls aus Freiberg, entdeckten 1863 das **Indium**, dessen Name sich von seiner indigoblauen Spektrallinie im Flammenspektrum ableitet.
Das 1875 von dem Franzosen Paul-Émile Lecoq de Boisbaudran entdeckte **Gallium** wurde von ihm zu Ehren Frankreichs benannt. Die Entdeckerin von **Polonium** war 1898 Marie Curie; sie benannte das Element nach ihrem Heimatland Polen.

56 Das erste serienmäßige gefertigte Motorrad mit Verbrennungsmotor war die von **Heinrich Hildebrand** und **Alois Wolfmüller** gebaute „Hildebrandt & Wolfmüller" aus dem Jahr 1894.
Zwar hatten **Gottlieb Daimler** und **Wilhelm Maybach** bereits 1885 mit dem sogenannten Reitwagen ein motorradähnliches Gefährt konstruiert, das jedoch nur als Versuchsfahrzeug für die Motorenentwicklung konzipiert worden war.

57 Mit seinen Arbeiten zur Quantenelektrodynamik war der in Hannover geborene **Pascual Jordan** maßgeblich am Aufbau der Quantenmechanik beteiligt.
Die Wellenmechanik des Österreichers **Erwin Schrödinger** war ein wichtiger Beitrag zur Quantenmechanik, deren mathematische Grundlagen von dem in Ungarn geborenen **John von Neumann** erarbeitet wurden. Die Arbeiten des Dänen **Niels Bohr** trugen wesentlich zum Durchbruch der Quantentheorie bei.

58 Die **elektrische Bohrmaschine** erfand 1895 Wilhelm Fein. Sie war eines der ersten Elektrowerkzeuge und wurde mit Beginn der Serienfertigung in den USA seit dem frühen 20. Jahrhundert ein Welterfolg.
Die ersten praktischen Versuche mit einem **Radargerät** wurden 1904 von Christian Hülsmeyer gemacht. Die erste vollständig **elektronische Bildübertragung** gelang 1930 Manfred von Ardenne. Robert Bosch entwickelte 1902 das Prinzip der bis heute gebräuchlichen Hochspannungs-**Magnetzündung** für Verbrennungsmotoren.

59 Die **Blaue Liste** ist ein Zusammenschluss deutscher Forschungsinstitute, die aufgrund ihrer Bedeutung als Forschungseinrichtungen gefördert werden.
Der Begriff **Grüne Liste** bezeichnet eine grün-alternative Wählergemeinschaft. Die **Rote Liste** ist ein Verzeichnis bedrohter Tier- und Pflanzenarten oder ein Arzneimittelverzeichnis. Eine **schwarze Liste** ist die Auflistung unerlaubter, unerwünschter oder missliebiger Personen oder Dinge.

60 Gustav Hertz bekam 1925 für die Entdeckung der **Elektronenstoßgesetze** den Nobelpreis für Physik verliehen.
Johannes Stark wurde bereits 1919 mit dem Physiknobelpreis geehrt. Er war für seine Entdeckungen des **Dopplereffekts an Kanalstrahlen** und der Zerlegung der Spektrallinien im elektrischen Feld ausgezeichnet worden.
Die **elektromagnetischen Wellen** wurden von Gustav Hertz' Onkel Heinrich Hertz entdeckt. Für die Entdeckung der **Beugung von Röntgenstrahlen** durch Kristalle erhielt Max von Laue 1914 den Physiknobelpreis.

SPRACHE UND LITERATUR

Die schreckliche deutsche Sprache

„Es gibt ganz gewiss keine andere Sprache, die so unordentlich und systemlos daherkommt und dermaßen jedem Zugriff entschlüpft. Aufs Hilfloseste wird man in ihr hin und her geschwemmt, und wenn man glaubt, man habe endlich eine Regel zu fassen bekommen, die im tosenden Aufruhr der zehn Wortarten festen Boden zum Verschnaufen verspricht, blättert man um und liest: Der Lernende merke sich die folgenden Ausnahmen …“ So Mark Twain in seinem Essay „Die schreckliche deutsche Sprache“.

Zugegeben, Deutsch ist keine einfache oder leicht zu erlernende Sprache, aber trotzdem ist es Menschen wie Luther, Goethe, Schiller, Eichendorff, Böll, Grass und vielen anderen gelungen, Werke der Weltliteratur zu schaffen und der deutschen Sprache damit über die Grenzen Deutschlands hinaus Bedeutsamkeit und Achtung zu verschaffen.

1 **Einer der Begriffe fällt aus der Reihe. Welcher passt nicht zu den anderen drei?**

- Jägerlatein
- Seemannsgarn
- Bauernregel
- Anglerlatein

2 **Wer wurde nicht zum Opfer der Streiche von Max und Moritz?**

- Onkel Fritze
- Schneider Böck
- Lehrer Lämpel
- Maler Klecksel

3 **Welche Redensart bedeutet nicht so viel wie „sich anpassen"? Mit …**

- dem Strom schwimmen
- dem Wind segeln
- der Wurst nach der Speckseite werfen
- den Wölfen heulen

4 **Im Deutschen gibt es zahlreiche englische Fremdwörter, aber auch das Englische hat deutsche Wörter übernommen. Welches zählt nicht dazu?**

- Schnitzel
- Sauerkraut
- Hamburger
- Bratwurst

5 **Wer waren die Herausgeber der Liedersammlung „Des Knaben Wunderhorn"?**

- Clemens Brentano
- Bettina von Arnim
- Achim von Arnim
- Heinrich von Brentano

6 **Auf wen geht das Standardwerk für die deutsche Rechtschreibung zurück?**

- Brüder Grimm
- Friedrich Arnold Brockhaus
- Joseph Meyer
- Konrad Duden

1 **Bauernregeln** sind volkstümliche, oft gereimte Merksprüche zur Vorhersage des Wetters und der Konsequenzen daraus für die Landwirtschaft. Sie beruhen auf jahrhundertelangen Beobachtungen und treffen recht häufig zu.
Unter **Jägerlatein**, **Seemannsgarn** und **Anglerlatein** versteht man die übertriebenen Erzählungen, Flunkereien oder Lügengeschichten über fantastische Jagderfolge, mysteriöse Seefahrtserlebnisse und angebliches Anglerglück.

2 Die bekannteste der Bildergeschichten von Wilhelm Busch, die als Vorläufer der modernen Comics angesehen werden können, ist zweifellos Max und Moritz, eine Bubengeschichte in sieben Streichen. Opfer des dritten Streichs ist **Schneider Böck**. Im vierten und fünften Streich leiden **Lehrer Lämpel** und **Onkel Fritze** unter den Untaten der beiden bösen Buben.
Wilhelm Buschs **Maler Klecksel** ist der Protagonist einer eigenen Bildergeschichte und kein Opfer der Streiche von Max und Moritz.

3 Mit **der Wurst nach der Speckseite werfen** bedeutet, sich durch einen geringen Einsatz einen großen Vorteil verschaffen zu wollen. Die Wendung bezieht sich darauf, dass eine Wurst von geringerem Wert ist als eine Speckseite.
Mit **dem Strom schwimmen**, mit **dem Wind segeln** und mit **den Wölfen heulen** bedeuten sich anpassen oder sich aus Opportunismus der Mehrheit oder einer vorherrschenden Tendenz anschließen.

4 Die deutschen Begriffe **Schnitzel**, **Sauerkraut** und **Bratwurst** sind als Fremdwörter in die englische Sprache aufgenommen worden.
Nicht so das Wort **Hamburger**. Wie es entstanden ist und ob es sich auf die Stadt Hamburg bezieht, ist strittig, sicher ist aber, dass es vor mehr als hundert Jahren in den USA entstanden ist. Als Bezeichnung für das Fast-Food-Gericht kam der Begriff in der zweiten Hälfte des vorigen Jahrhunderts, sozusagen als Fremdwort aus dem Amerikanischen, nach Deutschland.

5 Unter dem Titel „Des Knaben Wunderhorn. Alte deutsche Lieder" gaben **Clemens Brentano** und **Achim von Arnim** 1805–08 in Heidelberg eine Sammlung mit Volks- und Kunstliedern, die sie teilweise selbst bearbeitet hatten, heraus. Clemens Brentano heiratete 1811 **Bettina von Arnim**, die Schwester von Achim von Arnim. **Heinrich von Brentano** war ein CDU-Politiker und von 1955 bis 1961 Bundesaußenminister in der Regierung Adenauer.

6 Als Standwerk für die deutsche Rechtschreibung gilt der Duden®, Band 1, der auf das „Vollständige orthographische Wörterbuch der deutschen Sprache" des Gymnasialdirektors **Konrad Duden** aus dem Jahr 1880 zurückgeht.
Die **Brüder Grimm** gaben ab 1852 die ersten Bände des großen „Deutschen Wörterbuchs" heraus. **Friedrich Arnold Brockhaus** war der Begründer der Brockhaus-Enzyklopädie, **Joseph Meyer** der Herausgeber von Meyers Konversationslexikon.

7 **Welches ist die sprichwörtliche Gretchenfrage?**

- Wer darf ihn nennen?
- Wo warst du, Adam?
- Was macht die Kunst?
- Wie hast du's mit der Religion?

8 **Was macht jemand nicht, wenn er aufgibt?**

- Die Waffen strecken
- Das Handtuch werfen
- Die Segel streichen
- Die Platte putzen

9 **Mit welchen Worten beginnt Ludwig Uhlands Ballade „Des Sängers Fluch“?**

- Wer wagt es …
- Es stand in alten Zeiten …
- In einem kühlen Grunde …
- Wer reitet so spät …

10 **Welcher der vier Begriffe ist nicht sinnverwandt mit Hoffnung?**

- Glanzlicht
- Silberstreifen
- Strohhalm
- Morgenluft

11 **Wie heißt der Protagonist in Alfred Döblins Roman „Berlin Alexanderplatz“?**

- Hans Castorp
- Diederich Heßling
- Franz Biberkopf
- Harry Haller

12 **Das am häufigsten gebrauchte deutsche Adjektiv ist …**

- deutsch
- neu
- viel
- klein

(7) Die sprichwörtliche Gretchenfrage ist die Frage von Gretchen an Faust: „Nun sag, **wie hast du's mit der Religion?**“ Das Zitat „**Wer darf ihn nennen?**“ stammt ebenfalls aus Goethes Faust und ist Teil der Antwort Fausts auf eben diese Gretchenfrage. „**Wo warst du, Adam?**“ ist der Titel eines Romans von Heinrich Böll aus dem Jahr 1951. Die Frage „**Was macht die Kunst?**“ wird in Lessings Trauerspiel Emilia Galotti dem Maler Conti gestellt.

(8) **Die Platte putzen** wird im Sinne von verschwinden oder sich schnell davonmachen verwendet. Die Wendung stammt möglicherweise aus dem Rotwelschen und geht auf das Jiddische zurück.
Die Segel streichen und **die Waffen strecken** bedeuten Aufgabe. Es sind ursprünglich militärische Begriffe für Kapitulation. **Das Handtuch werfen** stammt aus dem Boxsport, wobei nicht etwa der aufgebende Boxer der Handtuchwerfer ist, sondern dessen Betreuer.

(9) „**Es stand in alten Zeiten** ein Schloss so hoch und hehr“ ist die erste Zeile von Ludwig Uhlands Ballade „Des Sängers Fluch“.
Schillers Ballade „Der Taucher“ beginnt mit den Worten „**Wer wagt es**, Rittersmann oder Knapp'“, Goethes „Erlkönig“ mit „**Wer reitet so spät** durch Nacht und Wind?“. „**In einem kühlen Grunde**“ ist der Anfang von Eichendorffs „Das zerbrochene Ringlein“.

(10) Ein **Glanzlicht** ist ein Höhepunkt oder ein Prachtstück. Im 19. Jahrhundert wird der Begriff zu einem Fachausdruck in der Malerei und bezeichnet einen aufgemalten tupfenartigen Lichteffekt.
Wenn jemand **Morgenluft** wittert oder einen **Silberstreifen** am Horizont erblickt, schöpft er neue Hoffnung. Der rettende **Strohhalm** steht für einen letzten Rettungsversuch und ist häufig die letzte Hoffnung.

(11) Döblins Roman „Berlin Alexanderplatz“ schildert die Versuche des aus der Haftanstalt entlassenen **Franz Biberkopf**, sich wieder in die Gesellschaft einzugliedern.
Hans Castorp ist die Hauptperson in Thomas Manns „Der Zauberberg“, **Diederich Heßling** die des Romans „Der Untertan“ von Thomas Manns Bruder Heinrich. Die Hauptfigur **Harry Haller** in „Der Steppenwolf“ ist das Alter Ego von Hermann Hesse.

(12) Die Häufigkeit eines deutschen Wortes hängt von der Textquelle ab – beispielsweise variiert sie deutlich zwischen Zeitungstexten und literarischen Texten. Wenn man alle Textquellen berücksichtigt, ist das häufigste gebrauchte deutsche Adjektiv **neu**. Bei Romanen kommt es dagegen nur auf einen zehnten Platz.
Hier liegt **klein** auf Platz 2, während es bei Berücksichtigung aller Textquellen nur Platz 9 belegt. Hinter **viel** liegt **deutsch** auf Platz 6 der häufigsten deutschen Adjektive.

13 **Mit welcher Wortfügung wird normalerweise kein Ärgernis bezeichnet?**

- Stein des Anstoßes
- Dorn im Auge
- Faust aufs Auge
- Rotes Tuch

14 **Welches ist keine Bildergeschichte von Wilhelm Busch?**

- Pater Filucius
- Hans Huckebein
- Bruder Lustig
- Balduin Bählamm

15 **Welcher der zu geflügelten Worten gewordenen Werbesprüche stammt nicht aus einer Spirituosenwerbung?**

- Man gönnt sich ja sonst nichts
- Von höchster Reinheit
- Für harte Männer
- Der große Klare aus dem Norden

16 **Welches Werk stammt nicht aus der Feder des deutschsprachigen Schriftstellers Franz Kafka?**

- Der Steppenwolf
- Der Prozeß
- Der Verschollene
- Das Schloß

17 **Welche literarische Stilepoche dauerte in Deutschland etwa von 1770 bis 1785?**

- Romantik
- Sturm und Drang
- Realismus
- Weimarer Klassik

18 **Von welchem Schriftsteller stammt der Roman „Berlin Alexanderplatz"?**

- Ernst Jünger
- Erich Maria Remarque
- Alfred Döblin
- Hans Carossa

13 Wenn man die **Faust aufs Auge** bekommt, mag dies gegebenenfalls ein Ärgernis sein, doch normalerweise bezeichnet die Redewendung etwas Widersprüchliches, Unpassendes oder Geschmackloses.
Ein **rotes Tuch**, das auf den Stierkampf zurückgeht, ist die Ursache für eine Verärgerung oder ein Ärgernis selbst, wie auch die Wendungen **Stein des Anstoßes** und **Dorn im Auge**, beides Bilder aus der Bibel.

14 **Bruder Lustig** ist ein Märchen von einem abgedankten Soldaten der Brüder Grimm.
Den ganz und gar unchristlichen **Pater Filucius** setze Wilhelm Busch 1872 ins Bild, die Abenteuer des verhinderten Dichters **Balduin Bählamm** 1883. Die Geschichte des **Hans Huckebein**, eines boshaften Raben, der nach übermäßigem Likörgenuss ein schlimmes Ende findet, stammt aus dem Jahr 1867.

15 In Zeiten, in denen in Rundfunk, Kino und Zeitschriften für Zigaretten noch uneingeschränkt geworben werden durfte, pries der Tabakkonzern Reemtsma die Zigarettenmarke Ernte 23 mit dem Slogan „**Von höchster Reinheit**" an.
Durch die Werbekampagne des Schauspielers Günter Strack für Malteserkreuz Aquavit wurde in den 1980er-Jahre „**Man gönnt sich ja sonst nichts**" zum geflügelten Wort.
In den 1960er-Jahren wurde der Wodka Puschkin als etwas „**Für harte Männer**" beworben, zur gleichen Zeit wurde Bommerlunder Aquavit als „**Der große Klare aus dem Norden**" bekannt.

16 „**Der Steppenwolf**" ist ein 1927 erschienener Roman von Hermann Hesse, der maßgeblich zur Begründung des Weltrufs des Schriftstillers beitrug. In den 1960er-Jahren wurde das Werk zu einem Kultbuch der Hippie-Bewegung.
Etwa um die gleiche Zeit schrieb der in Prag lebende deutschsprachige Schriftsteller Franz Kafka seine düsteren, traumhaft-beklemmenden – kafkaesken – Romane und Romanfragmente „**Der Prozeß**", „**Das Schloß**" und „**Der Verschollene**".

17 Die **Sturm und Drang** genannte Umbruchzeit in der deutschen Literatur dauerte von 1770 bis 1785. Der junge Goethe und die frühen Werke von Schiller werden dieser Stilepoche zugerechnet.
Die nach den klassischen Werken von Goethe und Schiller benannte Zeit der **Weimarer Klassik** dauerte von 1794 bis 1805. Die literarische Epoche der **Romantik** umfasste den Zeitraum von 1790 bis 1850, die des **Realismus** ist zwischen 1830 und 1880 angesiedelt.

18 Der Großstadtroman „Berlin Alexanderplatz" aus dem Jahr 1929 ist der wohl bekannteste in der Zeit der Weimarer Republik entstandene deutsche Roman. Geschrieben hat ihn der expressionistische Schriftsteller **Alfred Döblin**.
Von **Ernst Jünger** („In Stahlgewittern", 1920), **Hans Carossa** („Rumänisches Tagebuch", 1924) und **Erich Maria Remarque** („Im Westen nichts Neues", 1928) erschienen in den 1920er-Jahren bedeutende Kriegs- bzw. Antikriegsdichtungen.

19 **Neben Goethe ist Schiller der wohl bedeutendste deutsche Dichter. Welches war sein literarisches Erstlingswerk?**

- Wilhelm Tell
- Die Räuber
- Demetrius
- Kabale und Liebe

20 **Mit welchem der vier Paarbegriffe ist nichts Unvermeidliches gemeint?**

- Wohl oder übel
- Weit und breit
- Über kurz oder lang
- Früher oder später

21 **Aus der Familie Mann gingen bedeutende Autoren hervor. Welcher Mann war kein Schriftsteller?**

- Golo Mann
- Heinrich Mann
- Thomas Mann
- Klaus Mann

22 **Etwas eher Belangloses bezeichnet man auch als …**

- des Kaisers Bart
- den springenden Punkt
- des Pudels Kern
- den Dreh- und Angelpunkt

23 **Ein jiddisches Wort für „sich unterhalten“ ist …**

- onschikern
- bahaltn
- kegnschteln
- schmueßn

24 **Welchem Schauspiel von Friedrich Schiller entstammt das Zitat „Die Axt im Hause erspart den Zimmermann“?**

- Die Jungfrau von Orléans
- Wilhelm Tell
- Götz von Berlichingen
- Wallensteins Tod

(19) Schillers Erstlingswerk „**Die Räuber**" löste bei seiner Uraufführung in Mannheim 1782 Begeisterung und Tumulte aus und hatte in seiner württembergischen Heimat ein Schreibverbot zur Folge, dem sich Schiller durch Flucht entzog. Wie „Die Räuber" entstand das Drama „**Kabale und Liebe**" (1784) in Schillers Sturm-und-Drang-Zeit, während „**Wilhelm Tell**" (1804) der Weimarer Klassik zuzurechnen ist. Schillers letztes Drama „**Demetrius**" (1804/05) blieb unvollendet.

(20) In regionalem Sinn bedeutet die Paarformel **Weit und breit** in einem weiten Umkreis oder überall, im übertragenen Sinn so viel wie allenthalben oder auch nirgendwo.
Die Wendungen „**Über kurz oder lang**" und „**Früher oder später**" drücken etwas zeitlich Ungewisses, in absehbarer Zukunft aber Unvermeidliches aus. „**Wohl oder übel**" – ob man will oder nicht – bezeichnet etwas willentlich nicht Vermeidbares.

(21) **Golo Mann**, ein Sohn des Literaturnobelpreisträgers Thomas Mann, war kein Schriftsteller. Als Historiker und Publizist war er Herausgeber und Mitarbeiter der zehnbändigen „Propyläen-Weltgeschichte".
Zum Hauptwerk von **Thomas Mann** zählt der Roman „Die Buddenbrooks", von seinem Bruder **Heinrich Mann** stammt der Roman „Professor Unrat". **Klaus Mann**, ebenfalls ein Sohn von Thomas Mann schrieb den Schlüsselroman „Mephisto".

(22) Wer sich um des **Kaisers Bart** streitet, streitet überflüssigerweise um etwas Belangloses, Nebensächliches oder Unentscheidbares.
Wie mit der Wendung des **Pudels Kern** und mit dem **springenden Punkt**, ein auf Aristoteles zurückgehender Begriff, wird mit dem **Dreh- und Angelpunkt** demgegenüber der entscheidende Umstand bzw. das Wesentliche einer Sache bezeichnet.

(23) Das Jiddische ist die dem Deutschen nächstverwandte westgermanische Sprache. Viele jiddische Wörter ähneln deutschen Wörtern, haben aber oft eine andere Bedeutung. Das jiddische „**schmueßn**" hat nichts mit dem deutschen Schmusen zu tun, sondern bedeutet so viel wie sich unterhalten.
Onschikern heißt sich betrinken, **bahaltn** sich verstecken. Ein Wort für sich widersetzen – sich etwas oder jemandem entgegenstellen – ist **kegnschteln**.

(24) „Die Axt im Hause erspart den Zimmermann" stammt aus Schillers „**Wilhelm Tell**". Mit diesen Worten beschließt Tell im 1. Auftritt des III. Akts seine Arbeit am Hoftor.
Schillers Dramen sind überhaupt eine Fundgrube für geflügelte Worte. „Mit der Dummheit kämpfen Götter selbst vergebens" stammt aus „**Die Jungfrau von Orléans**", „Daran erkenn' ich meine Pappenheimer" aus **Wallensteins Tod. Götz von Berlichingen** ist ein Drama von Goethe.

25 **Welche der umgangssprachlichen Wendungen ist aus Goethes „Faust"?**

- Des Pudels Kern
- Donner und Doria!
- Seine Pappenheimer kennen
- Der Dritte im Bunde

26 **Welcher der Romane stammt nicht von Heinrich Böll?**

- Gruppenbild mit Dame
- Haus ohne Hüter
- Billard um halb zehn
- Deutschstunde

27 **Welchen Buchstaben gibt es nur im deutschen Alphabet?**

- „ä"
- „ö"
- „ß"
- „œ"

28 **Nach wem sind die Kulturinstitute benannt, deren Aufgabe es ist, die Kenntnis der deutschen Sprache im Ausland zu fördern?**

- Max Planck
- Johann Wolfgang Goethe
- Robert Koch
- Ludwig Boltzmann

29 **Außer in Deutschland ist Deutsch in sechs anderen europäischen Ländern Amtssprache. Welches Land gehört nicht dazu?**

- Luxemburg
- Frankreich
- Belgien
- Italien

30 **Unter welchem Pseudonym schrieb der Schriftsteller Rudolf Ditzen?**

- Jean Paul
- Carl Amery
- Hans Fallada
- Peter Bamm

25 „Das also war **des Pudels Kern**“ ist der Ausruf von Faust, als sich ein schwarzer Pudel vor seinen Augen in Mephisto verwandelt.
Die Redewendungen „**Donner und Doria**“ und „**Seine Pappenheimer kennen**“ haben ihren Ursprung in den Schiller-Dramen „Die Verschwörung des Fiesco zu Genua“ und „Wallensteins Tod“. Der Ausdruck „**Der Dritte im Bunde**“ geht auf Schillers Ballade „Die Bürgschaft“ zurück.

26 Der 1968 erschienene Roman „**Deutschstunde**“ über die Verquickung von Pflicht und Schuld in der NS-Zeit stammt von dem Schriftsteller Siegfried Lenz.
In „**Haus ohne Hüter**“ schilderte Böll die soziale Not im Nachkriegsdeutschland, die Romane „**Billard um halb zehn**“ und „**Gruppenbild mit Dame**“ waren breiter angelegte Zeitdarstellungen der Bundesrepublik in den 1950er- und 1960er-Jahren.

27 Das „**ß**“ gibt es ausschließlich im deutschen Alphabet, es wird aber nicht in allen Ländern mit Deutsch als Amtssprache verwendet. In der Schweiz beispielsweise wird „ss“ anstelle von „ß“ geschrieben.
Die Umlaute „**ä**“ und „**ö**“ gibt es dagegen auch in den Alphabeten anderer Sprachen, so im Schwedischen, Finnisch-Estnischen oder auch Türkischen. Das „œ“, eine in Frankreich gebräuchliche Ligatur aus „o“ und „e“, findet sich im Deutschen nur bei wenigen Fremdwörtern.

28 Die weltweit tätigen Kulturinstitute zur Förderung der deutschen Sprache im Ausland sind die nach **Johann Wolfgang Goethe** benannten Goethe-Institute.
Die **Max-Planck**-Institute sind außeruniversitäre Forschungseinrichtungen; ihnen vergleichbar sind die nach dem Physiker **Ludwig Boltzmann** benannten Forschungsinstitute in Österreich. Das **Robert Koch**-Institut ist die zentrale Einrichtung der Bundesrepublik auf dem Gebiet der Krankheitsüberwachung und -prävention.

29 Auch wenn es in den französischen Regionen Elsass und Lothringen eine Deutsch sprechende Minderheit von noch knapp einer Million Menschen gibt, ist Französisch die einzige Amtssprache in **Frankreich**.
In **Belgien** ist Deutsch neben Französisch und Niederländisch die dritte Amtssprache, wie auch in **Luxemburg** neben Französisch und Luxemburgisch. In **Italien** ist Deutsch in Südtirol, in der Provinz Bozen, die Amtssprache neben Italienisch.

30 **Hans Fallada** war der Verfasser von kritisch-realistischen Romanen („Kleiner Mann, was nun?“). Er wurde als Rudolf Ditzen geboren.
Carl Amery war das Pseudonym des Schriftstellers und Umweltaktivisten Christian Mayer. Der zwischen Klassik und Romantik anzusiedelnde Dichter Johann Paul Richter schrieb unter dem Pseudonym **Jean Paul**.
Der Schriftsteller **Peter Bamm** hieß eigentlich Curt Emmrich.

31 **Welcher Schriftsteller wird nicht zur Stilepoche der Romantik gerechnet?**

- Adalbert Stifter
- Joseph von Eichendorff
- Gerhart Hauptmann
- E. T. A. Hoffmann

32 **Welches der Schauspiele gilt als das klassische Drama der Aufklärung?**

- Wilhelm Tell
- Nathan der Weise
- Götz von Berlichingen
- Dantons Tod

33 **Mit welchem Werk, das als erste deutsche Dichtung in die Weltliteratur einging, wurde Goethe über die Grenzen Frankfurts hinaus berühmt?**

- Faust. Erster Teil
- West-östlicher Divan
- Egmont
- Die Leiden des jungen Werthers

34 **Wessen Bücher wurden 1933 von den Nationalsozialisten unter dem Vorwurf „Dekadenz und moralischer Verfall“ verbrannt?**

- Erich Maria Remarque
- Erich Kästner
- Kurt Tucholsky
- Alfred Kerr

35 **Welches Wort zählt nicht zu den zehn häufigsten in deutschen Texten vorkommenden Wörtern?**

- „und“
- „die“
- „sie“
- „der“

36 **Einige inzwischen deutsche Wörter stammen ursprünglich aus dem Arabischen. Welches der vier genannten Wörter zählt nicht dazu?**

- Karaffe
- Basar
- Matratze
- Alkohol

31 Weder **Adalbert Stifter** noch **Gerhart Hauptmann** werden zur Stilepoche der Romantik gerechnet. Adalbert Stifters Werke („Bunte Steine“) werden dem Realismus zugerechnet, Gerhart Hauptmann („Die Weber“) war ein Vertreter des Naturalismus.
E. T. A. Hoffmann und **Joseph von Eichendorff** zählen zu den bekanntesten und bedeutendsten Schriftstellern der Epoche der Romantik.

32 Als das klassische Drama der Aufklärung gilt „**Nathan der Weise**“ von Gotthold Ephraim Lessing, dem bedeutendsten deutscher Dichter dieser Literaturepoche.
„**Wilhelm Tell**“ von Friedrich Schiller entstammt der Zeit der Weimarer Klassik. „**Götz von Berlichingen**“ von Johann Wolfgang Goethe entstand in der Sturm-und-Drang-Epoche, Georg Büchners „**Dantons Tod**“ ist ein Drama des psychologischen Realismus.

33 Mit dem 1774 verfassten Briefroman „**Die Leiden des jungen Werthers**“ wurde Goethe über die Grenzen Frankfurts und Deutschlands hinaus berühmt. Der Roman wurde in fast alle Kultursprachen übersetzt und war die erste deutsche Dichtung, die in die Weltliteratur einging.
Das Trauerspiel „**Egmont**“ schrieb Goethe 1787, als er bereits als Klassiker galt. „**Faust. Erster Teil**“ und „**West-östlicher Divan**“ zählen zum Alterswerk Goethes.

34 Im Mai 1933 wurden die Bücher zahlreicher, den Nationalsozialisten missliebiger Autoren verbrannt, unter dem Vorwurf „Dekadenz und moralischer Verfall“ auch die von **Erich Kästner**.
Auch die Werke von **Kurt Tucholsky** wurden unter dem Vorwurf „Anmaßung und Frechheit“ Opfer der Flammen, ebenso diejenigen von **Erich Maria Remarque** wegen „Verrat an den Soldaten“ oder von **Alfred Kerr** wegen „Sprachverhunzung“.

35 Das Wort „**sie**“ ist keines der zehn häufigsten in deutschen Texten vorkommenden Wörter. Welchen Rang es in einer Häufigkeitsliste einnimmt, hängt stark von dem untersuchten Textkorpus ab, meist findet man es aber irgendwo um Platz 20.
Die beiden häufigsten Wörter sind „**der**“ und „**die**“, auf den beiden nächsten Plätzen folgen dann „**und**“ und „in“.

36 Das Wort **Basar**, das das Händlerviertel in orientalischen Städten bezeichnet, stammt aus dem Persischen; in arabischen Städten wird dieses Viertel Souk genannt.
Das Wort **Matratze** bürgerte sich über das italienische „materazzo“ im Deutschen ein, stammt aber ursprünglich aus dem Arabischen, wo es schlicht und einfach Bodenkissen bedeutet. Auch **Karaffe** und **Alkohol** sind arabischen Ursprungs, auch wenn ihnen ihre Herkunft kaum mehr anzumerken ist.

37

Welches ist kein Titel eines der fünf Bände von Theodor Fontanes Reisebeschreibung „Wanderungen durch die Mark Brandenburg“?

- Die Altmark
- Havelland
- Die Grafschaft Ruppin
- Das Oderland

38

Von welchem bayerischen Schriftsteller stammen die „Lausbubengeschichten“?

- Ludwig Ganghofer
- Oskar Maria Graf
- Maximilian Schmidt
- Ludwig Thoma

39

Welche Novelle stammt aus der Literaturepoche des Realismus?

- Aus dem Leben eines Taugenichts
- Bahnwärter Thiel
- Immensee
- Die Marquise von O.

40

Welcher Schriftsteller zählte nicht zu den Autoren der Gruppe 47?

- Martin Walser
- Heinrich Böll
- Günter Grass
- Ulrich Plenzdorf

41

In welcher Stadt befindet sich die größte deutsche Bibliothek?

- Frankfurt
- München
- Berlin
- Leipzig

42

Goethes Faust ist wohl die bekannteste Faustbearbeitung. Welcher der deutschen Dichter hat das Thema ebenfalls aufgegriffen?

- Joseph von Eichendorff
- Theodor Fontane
- Heinrich Heine
- Thomas Mann

37 Theodor Fontanes „Wanderungen durch die Mark Brandenburg“ ist die bekannteste literarische Reisebeschreibung, die ein Dichter einer deutschen Region hat angedeihen lassen. In fünf zwischen 1862 und 1889 erschienenen Teilbänden beschreibt er „**Die Grafschaft Ruppin**“, „**Das Oderland**“, das „**Havelland**“, das „Spreeland“ und „Fünf Schlösser“.
Die **Altmark** hat Fontane nicht beschrieben – sie war zu seinen Zeiten Teil der preußischen Provinz Sachsen.

38 Die „Lausbubengeschichten“ wurden von **Ludwig Thoma** geschrieben. Thoma war jedoch nicht nur Heimatschriftsteller, sondern zeichnete sich darüber hinaus durch seine satirische Schilderungen von Klerikalismus, Untertanengeist oder Hinterwäldlertum aus.
Oskar Maria Graf schrieb neben sozialkritischen Novellen derb-realistische, volkstümliche Dorfromane. **Ludwig Ganghofer** und **Maximilian Schmidt** sind bekannte bayerische Heimatschriftsteller.

39 Die Novelle „**Immensee**“ ist eine frühe Novelle von Theodor Storm, einem der bedeutendsten Vertreter des deutschen Realismus.
Die Novelle „**Bahnwärter Thiel**“ stammt von Gerhart Hauptmann, der als Vollender und Überwinder des Naturalismus gilt. Joseph von Eichendorffs „**Aus dem Leben eines Taugenichts**“ ist eine der bekanntesten Novellen der Romantik. Wie sein Gesamtwerk, das zwischen Klassik und Romantik fällt, lässt sich Kleists Novelle „**Die Marquise von O.**“ keiner literaturhistorischen Epoche zuordnen.

40 Als Gruppe 47 werden die Teilnehmer an den Schriftstellertreffen bezeichnet, die zwischen 1947 und 1967 stattfanden. Bekannte Autoren der Gruppe 47 waren die bundesdeutschen Autoren **Martin Walser**, **Heinrich Böll** oder **Günter Grass**.
Kein Autor der Gruppe 47 war **Ulrich Plenzdorf**. Der Schriftsteller wurde 1973 durch den Roman „Die neuen Leiden des jungen W.“, in dem er das Lebensgefühl der jungen DDR-Generation beschrieb, über die Grenzen der DDR hinaus bekannt.

41 Die größte deutsche Bibliothek ist die Deutsche Nationalbibliothek, die 1990 aus der Deutschen Bibliothek in **Frankfurt** am Main und der Deutschen Bücherei in **Leipzig** hervorgegangen ist. Ihr Bestand einschließlich der Abteilung Deutsches Musikarchiv in **Berlin** umfasst mehr als 22 Millionen Schriftstücke, Tonträger und Noten.
Die Bayerische Staatsbibliothek in **München** ist mit einem Bestand von rund 9,4 Millionen Bänden eine der bedeutendsten europäischen Universalbibliotheken.

42 Die Faustsage wurde in der deutschen Literatur immer wieder bearbeitet, so auch von **Heinrich Heine** und **Thomas Mann**. „Der Doktor Faust. Ein Tanzpoem“ von 1846 war eines der letzten Werke von Heinrich Heine, von Thomas Mann stammt der Roman „Doktor Faustus“.
Von den etwa ein Dutzend Faustbearbeitungen von bedeutenden deutschen Autoren stammt jedoch keine von **Joseph von Eichendorff** oder **Theodor Fontane**.

43 **Wie hieß die Bühne, die Bertolt Brecht 1949 in Ostberlin eröffnete?**

- Deutsches Theater Berlin
- Berliner Ensemble
- Volksbühne
- Berliner Schaubühne

44 **Welcher Dichter stammt nicht aus Schleswig-Holstein?**

- Johann Peter Hebel
- Thomas Mann
- Friedrich Hebbel
- Theodor Storm

45 **„Bruno grillt im Garten seines Reihenhauses." Welcher der vier Fälle – Nominativ, Genitiv, Dativ, Akkusativ – kommt in diesem Satz nicht vor?**

- Nominativ
- Genitiv
- Dativ
- Akkusativ

46 **Welches Geschlecht kommt bei deutschen Hauptwörtern am häufigsten vor?**

- Männlich
- Weiblich
- Sächlich
- Jedes Geschlecht kommt gleich häufig vor

47 **Was bedeutet die auf das Lateinische zurückgehende Abkürzung „e.g."?**

- Und so weiter
- Umgekehrt
- Das heißt
- Beispielsweise

48 **Welches der Wörter ist im Deutschen kein Fremdwort?**

- Salat
- Fenster
- Kasse
- Möbel

(43) Das **Berliner Ensemble** gilt als eine der führenden deutschsprachigen Bühnen. Spielstätte der 1949 von Bertolt Brecht gegründeten Bühne ist seit 1954 das berühmte Theater am Schiffbauerdamm.
Das **Deutsche Theater Berlin** wurde 1850, die **Volksbühne** am Rosa-Luxemburg-Platz 1890 und die **Berliner Schaubühne** am Lehniner Platz im Jahr 1962 gegründet.

(44) Der 1760 geborene **Johann Peter Hebel** war ein alemannischer Dichter und schrieb im Dialekt seiner südbadischen Heimat bedeutende Mundartdichtungen.
Der Dramatiker **Friedrich Hebbel** wurde 1813 in Wesselburen in Dithmarschen geboren, **Theodor Storm** 1817 in Husum. Beide sind bedeutende Vertreter des norddeutschen Realismus. Der in Lübeck geborene **Thomas Mann** gilt als einer der größten deutschsprachigen Erzähler des 20. Jahrhunderts.

(45) Der **Akkusativ** kommt in dem Satz nicht vor. Hieße der Satz „Bruno grillt im Garten seines Reihenhauses Würstchen“, dann stünde „Würstchen“ im Akkusativ (wen oder was). „Bruno“ (wer oder was?) ist **Nominativ**, „im Garten“ (in wem oder was?) **Dativ** und „seines Reihenhauses“ (wessen?) **Genitiv**.

(46) Nicht **jedes Geschlecht kommt gleich häufig vor**, sondern es gibt deutliche Unterschiede im Genus der deutschen Substantive.
Mit 46 % am häufigsten ist der Genus **weiblich** oder feminin, gefolgt von **männlich** oder maskulin mit 34 %. Rund 20 % der deutschen Hauptwörter haben einen **sächlichen** bzw. neutralen Artikel. Etwa 1,3 % der Substantive können mit zwei Artikeln gebraucht werden.

(47) Die Abkürzung „e. g.“ bedeutet **beispielsweise**, das im Lateinischen exempli gratia heißt.
Für das deutsche usw. – **und so weiter** – steht „etc.“, die Abkürzung für das lateinische et cetera. „v. v.“ steht für vice versa und bedeutet **umgekehrt**. „i. e.“, die Abkürzung von id est, ist gleichbedeutend mit „d. h.“, der deutschen Abkürzung von **das heißt**.

(48) Das Wort **Fenster**, obwohl lateinischen Ursprungs, gilt im Deutschen nicht mehr als Fremdwort, sondern allenfalls als Lehnwort.
Die allgemein gebräuchlichen und jedem verständlichen Wörter Salat, Kasse und Möbel sind dagegen Fremdwörter, auch wenn man ihnen ihre fremdsprachige Herkunft nicht mehr ansieht: **Salat** und **Kasse** stammen aus dem Italienischen, **Möbel** aus dem Französischen.

49 **Wie viele Wörter umfasst der aktive Wortschatz eines durchschnittlichen Deutschen?**

- Etwa 3 500
- Rund 14 000
- Mindestens 50 000
- Mehr als 300 000

50 **Hinter dem Ausdruck „Die Nagelprobe machen“ verbirgt sich …**

- eine Bewährungsprobe
- eine Trinksitte
- ein Handwerksbrauch
- eine Überprüfung

51 **Welcher englischsprachige Schriftsteller mokierte sich im 19. Jahrhundert über „die schreckliche deutsche Sprache“?**

- Charles Dickens
- George Bernard Shaw
- Mark Twain
- George Eliot

52 **Wie wird die Sprachgrenze zwischen niederdeutschen und hochdeutschen Dialekten bezeichnet?**

- Benrather Linie
- Weißwurstäquator
- Dialektkontinuum
- Das-dat-Linie

53 **Welches literarische Werk gilt als das bedeutendste der Brüder Grimm?**

- Sagensammlung
- Deutsche Grammatik
- Wörterbuch
- Märchensammlung

54 **Welches ist keine literarische Form der höfischen Dichtung des Mittelalters?**

- Höfisches Epos
- Minnesang
- Ballade
- Spruchdichtung

49 Der aktive Wortschatz eines heutigen deutschen Durchschnittsprechers wird auf **rund 14000** Wörter geschätzt. Davon sind **etwa 3500** Fremdwörter.
Der passive Wortschatz, also das, was ohne Schwierigkeiten verstanden wird, liegt bei **mindestens 50000** Wörtern. Der gesamte Wortschatz der deutschen Gegenwartssprache umfasst **mehr als 300000** und möglicherweise bis zu 500000 Wörter.

50 Der Ausdruck „Die Nagelprobe machen" bedeutet **eine Überprüfung** einer Sache machen, bei der sich erweisen muss, ob sie stimmt oder nicht. Die Redensart geht auf **eine Trinksitte** zurück, bei der ein ausgetrunkenes Glas über den Daumennagel gehalten werden musste, um nachzuweisen, dass es auch wirklich geleert wurde.
Ein Handwerksbrauch ist eine Nagelprobe dagegen nicht, und für eine **Bewährungsprobe** verwendet man gelegentlich den Begriff Feuerprobe.

51 Anlässlich seines „Bummels durch Europa" schrieb der amerikanische Schriftsteller **Mark Twain** den Essay „Die schreckliche deutsche Sprache". Ironisch und mit einer gewissen skurrilen Übertreibung nimmt er darin die Eigenheiten der deutschen Sprache auf die Schippe.
George Bernard Shaw hat bissige Bemerkungen über die englische Sprache gemacht, kritische Aussagen zur deutschen Sprache sind von ihm aber ebenso wenig bekannt wie von **Charles Dickens** oder **George Eliot**.

52 Die Sprachgrenze zwischen niederdeutschen und hochdeutschen Dialekten wird als die **Benrather Linie** bezeichnet. Sie verläuft etwa von Aachen über Düsseldorf, Kassel und Berlin bis Frankfurt/Oder und trennt das **Dialektkontinuum** der niederdeutschen und hochdeutschen Sprachen.
Die **Das-dat-Linie** ist die Sprachgrenze zwischen dem moselfränkischen und dem rheinfränkischen Dialekt, die Mainlinie als Nordgrenze des Oberdeutschen wird scherzhaft auch als **Weißwurstäquator** bezeichnet.

53 Durch ihre **Märchensammlung**, die 1812/15 herausgegebenen „Kinder- und Hausmärchen", sind Jacob und Wilhelm Grimm noch heute weithin bekannt. Das weitaus bedeutendere Werk der beiden Germanisten ist jedoch ihr „Deutsches **Wörterbuch**", dessen erster Band 1854 erschien. Es ist mit 34156 Seiten die umfassendste Darstellung der neuhochdeutschen Sprache,
Eine zweibändige **Sagensammlung** veröffentlichten die Brüder Grimm 1816/18, Jacob Grimm verfasste auch eine **Deutsche Grammatik**.

54 Die **Ballade**, ursprünglich ein erzählendes Tanzlied, ist im späten Mittelalter aus der höfischen Troubadourdichtung hervorgegangen, zählt aber nicht zu den literarischen Formen der höfischen Dichtung.
Das **höfische Epos** ist die erzählende Großform der mittelalterlichen höfischen Dichtung. Der **Minnesang** als die mittelhochdeutsche Liebeslyrik unterscheidet sich thematisch und formal von den Liedern und Gedichten der **Spruchdichtung**.

55 **Welcher Name gehört nicht zum gebräuchlichen deutschen Buchstabieralphabet?**

- Friedrich
- Ludwig
- Rudolf
- Wilhelm

56 **In welcher Sprache entstand im frühen 13. Jahrhundert Wolfram von Eschenbachs „Parzival“?**

- Althochdeutsch
- Gotisch
- Latein
- Mittelhochdeutsch

57 **Nach Theodor Mommsen 1902 erhielten bisher sieben weitere Deutsche den Literaturnobelpreis. Wer war kein deutscher Literaturnobelpreisträger?**

- Rudolf Eucken
- Heinrich Böll
- Paul Heyse
- Heinrich Wieland

58 **Von wem stammt das Kinderbuch „Der Struwwelpeter“?**

- E. T. A. Hoffmann
- Hoffmann von Fallersleben
- Heinrich Hoffmann
- Hugo von Hofmannsthal

59 **Der sächsische Dialekt hat seine Tücken. Was meint der Sachse wohl nicht, wenn er „Fliesche“ sagt?**

- Pflüge
- Flüche
- Fliese
- Fliege

60 **Welche der redensartlichen Passagen stammt nicht aus Schillers „Lied von der Glocke“?**

- Die ich rief die Geister
- Das Auge des Gesetzes
- Doch der Segen kommt von oben
- Da werden Weiber zu Hyänen

55 Beim Buchstabieren können Buchstaben zur besseren Verständlichkeit durch Wörter mit gleichen Anfangsbuchstaben verdeutlicht werden. Man sagt beispielsweise Berta statt B oder auch B wie Berta.
Rudolf gehört nicht zum deutschen, durch DIN 5009 festgelegten Buchstabieralphabet. Für den Buchstaben R ist Richard festgelegt. Die Buchstaben F, L und W verdeutlicht man durch **Friedrich**, **Ludwig** und **Wilhelm**.

56 Die im Hochmittelalter vom 11. bis 14. Jahrhundert in Deutschland gesprochene Sprache war das **Mittelhochdeutsche**, in dem Wolfram von Eschenbach Anfang des 13. Jahrhunderts auch das Epos „Parzival" verfasst hat.
Bereits in der späten Antike hatte sich die Literatur vom **Latein** zu lösen begonnen; am Anfang steht im 4. Jahrhundert die Bibelübersetzung Wulfilas ins **Gotische**. Als **Althochdeutsch** wird die deutsche Sprache des frühen Mittelalters bezeichnet.

57 **Heinrich Wieland** war kein Literaturnobelpreisträger. Der deutsche Wissenschaftler bekam 1927 vielmehr den Chemienobelpreis für seine Forschungen zur Struktur der Gallensäure verliehen.
Der heute weitgehend vergessene bayerische Hofdichter **Paul Heyse** erhielt 1910 den Literaturnobelpreis, den der Philosoph **Rudolf Eucken** bereits zwei Jahre zuvor erhalten hatte. **Heinrich Böll** bekam den Literaturnobelpreis im Jahr 1972.

58 Autor des 1845 erstmals erschienenen Kinderbuchs war der Frankfurter Arzt **Heinrich Hoffmann**, der mit dem „Struwwelpeter" eines der erfolgreichsten deutschen Kinderbücher schuf.
Der Dichter, Zeichner und Komponist **E. T. A. Hoffmann** beeinflusste mit seinen fantastischen Novellen die Weltliteratur. **Hoffmann von Fallersleben** war der Dichter des Textes des Deutschlandlieds. **Hugo von Hofmannsthal** zählt als Lyriker und Dramatiker zu den bedeutendsten Vertretern des österreichischen Symbolismus.

59 Das Sächsische – genauer genommen die thüringisch-obersächsische Dialektgruppe – zählt zu den markantesten Dialekten Deutschlands. Durch Entrundung der Umlaute „ö" und „ü" wird im Sächsischen statt ihrer ein „e" oder „i" gesprochen; „g" oder „ch" werden zu „sch" verschliffen, „pf" zu „f", sodass „Fliesche" sowohl **Pflüge** oder **Flüche** als auch **Fliege** bedeuten kann.
Fliese dagegen wird auch im Sächsischen **Fliese** ausgesprochen.

60 **„Die ich rief die Geister"** ist ein Zitat aus Goethes Ballade „Der Zauberlehrling". Damit wird eine Entwicklung kommentiert, die man zwar selbst eingeleitet hat, die aber außer Kontrolle geraten ist.
Die Metapher **„Das Auge des Gesetzes"** als Bezeichnung für die Polizei sowie die Zitate **„Da werden Weiber zu Hyänen"** und **„Doch der Segen kommt von oben"** stammen aus Schillers 1799 entstandenem „Lied von der Glocke".

61 **Welches ist kein Drama von Georg Büchner?**

- Lenz
- Woyzeck
- Leonce und Lena
- Dantons Tod

62 **In welcher Stadt befindet sich die älteste deutsche Bibliothek?**

- Heidelberg
- Nürnberg
- München
- Karlsruhe

63 **Welches althochdeutsche Werk ist das einzige schriftliche Zeugnis germanischer Religiosität?**

- Georgslied
- Wessobrunner Gebet
- Muspilli
- Merseburger Zaubersprüche

64 **Welcher Minnesänger schuf das Epos „Tristan und Isold“?**

- Walther von der Vogelweide
- Gottfried von Straßburg
- Wolfram von Eschenbach
- Hartmann von Aue

65 **Seit einiger Zeit sieht man ihn öfter, den Apostroph. Wo ist er richtig gesetzt?**

- Ankauf von Kfz's
- Heidi's Grillstube
- Mittwoch's Ruhetag
- Goethe's Faust

66 **Wie heißt das älteste bekannte Literaturzeugnis in deutscher Sprache?**

- Beowulf
- Abrogans
- Straßburger Eide
- Hildebrandslied

61
Lenz ist das Fragment einer Novelle von Georg Büchner.
Neben der politischen Kampfschrift „Der hessische Landbote" hat der bereits im Alter von 33 Jahren verstorbene Büchner lediglich die Revolutionstragödie **Dantons Tod** - sein einziges vollständiges Drama -, das nur als handschriftliches Fragment erhaltene soziale Drama **Woyzeck** und das der Romantik verpflichtete, ohne gesicherten Text überlieferte Lustspiel **Leonce und Lena** verfasst.

62
Die älteste noch existierende Bibliothek Deutschlands ist die Staatsbibliothek **Nürnberg**. Sie wurde bereits im Jahr 1370 gegründet.
Die Universitätsbibliothek **Heidelberg** reicht bis ins Gründungsjahr der Heidelberger Universität im Jahr 1386 zurück. Die badische Landesbibliothek **Karlsruhe** hat ihren Ursprung in der um 1495 gegründeten Pforzheimer Schlossbibliothek. Die Bayerische Staatsbibliothek **München** wurde 1558 als herzogliche Hofbibliothek gegründet.

63
Die um 750 in althochdeutscher Sprache entstandenen **Merseburger Zaubersprüche**, zwei auf heidnisch-germanische Tradition zurückgehende Beschwörungsformeln, sind das einzige bekannte schriftliche Zeugnis germanischer Religiosität. Das **Wessobrunner Gebet**, das älteste erhaltene christliche Gedicht in althochdeutscher Sprache, ist vermutlich um 790 entstanden. Das um 870 entstandene **Muspilli** ist ein Gedicht über den Weltuntergang, das **Georgslied** aus dem Jahr 896 der älteste deutschsprachige Heiligenhymnus.

64
Das mittelhochdeutsche Versepos „Tristan und Isold", auch nur „Tristan" genannt, wurde um 1210 von **Gottfried von Straßburg** verfasst.
Er gehört neben **Wolfram von Eschenbach** („Parzival") und **Hartmann von Aue** („Erek", „Iwein") zu den großen epischen Dichtern der Stauferzeit. **Walther von der Vogelweide** gilt als der bedeutendste deutschsprachige Lyriker dieser Zeit.

65
An sich ist der Apostroph, im Deutschen ein Auslassungszeichen, in allen vier Fällen falsch. Lediglich bei Namensfügungen wie **Heidi's Grillstube** wird er mittlerweile gerade mal akzeptiert.
Bei **Goethe's Faust** steht vor dem Genitiv-s kein Apostroph, und schon gar nicht bei adverbialen Wendungen wie in **Mittwoch's Ruhetag**.
Schreibt man **Ankauf von Kfz's** aus, sieht man, dass der Apostroph doppelt falsch ist; es hieße dann: Ankauf von Kraftfahrzeugen's.

66
Die etwa 765-770 entstandene Bearbeitung einer lateinischen Synonymensammlung, der **Abrogans**, ist das älteste Literaturzeugnis in deutscher Sprache.
Das altenglische Heldenepos **Beowulf** (8./9. Jahrhundert) ist die älteste und einzige vollständig erhaltene germanische Dichtung. Die **Straßburger Eide** aus dem Jahr 842 sind das erste Literaturzeugnis der altfranzösischen Sprache. Das **Hildebrandslied** (um 830) ist das einzige althochdeutsche Beispiel eines germanischen Heldenlieds.

67 **Wie viele Sprechvokale gibt es im Deutschen?**

- Fünf
- Acht
- 18
- 21

68 **Um welches Jahr begann die deutsche Sprachgeschichte?**

- 600
- 750
- 1150
- 1350

69 **Welche Figur der griechischen Mythologie kommt in den Schauspielen Goethes nicht vor?**

- Helena
- Iphigenie
- Antigone
- Chiron

70 **Welcher der bekannten Theaterregisseure war kein Deutscher?**

- Erwin Piscator
- Gustaf Gründgens
- Peter Zadek
- Max Reinhardt

71 **Welcher der Preise ist kein Literaturpreis?**

- Friedenspreis des Deutschen Buchhandels
- Kleist-Preis
- Geschwister-Scholl-Preis
- Georg-Büchner-Preis

72 **Welches ist der erste namentlich bekannte deutsche Dichter?**

- Konrad der Pfaffe
- Heinrich von Morungen
- Otfried von Weißenburg
- Konrad von Würzburg

67 Im deutschen Alphabet gibt es **acht** Vokale: die **fünf** Vokale des lateinischen Alphabets und die drei Umlaute „ä“, „ö“ und „ü“. Zu den Sprechvokalen zählen darüber hinaus die Diphthonge, beispielsweise „au“ oder „eu“, sowie die phonetisch unterschiedlichen Vokale - etwa das lange und das kurze „a“ wie in Kahn bzw. kann -, sodass es im Deutschen insgesamt **18** gesprochene Vokale gibt.
Die Zahl der im Deutschen gesprochenen Konsonanten beträgt **21**.

68 Durch die zweite Lautverschiebung um das Jahr **600** entstand aus den westgermanischen Stammessprachen im süddeutschen, im Norden vom Mittelgebirgsrand begrenzten Raum bis zum Jahr **750** die althochdeutsche Sprache.
Dem Althochdeutschen folgte im Hochmittelalter ab **1150** das Mittelhochdeutsche, im Spätmittelalter um **1350** begann mit dem Frühneuhochdeutschen die historische Sprachstufe der heutigen deutschen Sprache.

69 Der antike Mythos von **Antigone** wurde literarisch vielfach bearbeitet, unter anderen von Sophokles, Brecht und Anouilh, jedoch nicht von Goethe.
Sie tritt auch nicht in einer „Gastrolle“ auf, wie etwa **Helena** oder **Chiron** in „Faust. Der Tragödie II. Teil“. In Goethes Schauspiel „Iphigenie auf Tauris“ ist **Iphigenie** die Titelheldin.

70 **Max Reinhardt**, der von 1905 bis 1930 das deutsche Theater in Berlin leitete und als Begründer des modernen deutschen Regietheaters gilt, war kein Deutscher. Er wurde in Österreich geboren, war ungarischer und ab 1940 dann amerikanischer Staatsbürger.
Erwin Piscator inszenierte politisches Agitationstheater, **Gustaf Gründgens** schuf beispielhafte Inszenierungen klassischer Autoren. Mit seinen provokativen Inszenierungen verstieß **Peter Zadek** immer wieder gegen gesellschaftliche und Theaterkonventionen.

71 Der **Friedenspreis des Deutschen Buchhandels** ist ein internationaler Preis, der für Beiträge aus Literatur, Wissenschaft und Kunst zur Verwirklichung des Friedensgedankens verliehen wird.
Der **Kleist-Preis** wird an aufstrebende junge Dichter deutscher Sprache vergeben, der **Geschwister-Scholl-Preis** ist ein Literaturpreis für ein auf deutsch erschienenes literarisches Werk. Der von der Deutschen Stiftung für Sprache und Dichtung verliehene **Georg-Büchner-Preis** ist der bedeutendste deutsche Literaturpreis.

72 **Otfried von Weißenburg** (* um 790, † um 875) ist der erste namentlich bekannte deutsche Dichter. Der Mönch des Klosters Weißenburg im Elsass verfasste die „Evangelienharmonie“, eine Ludwig dem Deutschen gewidmete althochdeutsche Bearbeitung des Lebens Jesu.
Konrad der Pfaffe übersetzte im 12. Jahrhundert das Rolandslied aus dem Französischen ins Mittelhochdeutsche. **Heinrich von Morungen** und **Konrad von Würzburg** waren mittelhochdeutsche Dichter des 12. bzw. 13. Jahrhunderts.

MYTHEN, MÄRCHEN, SAGEN

Märchen- und sagenhaftes Deutschland

Seit die Brüder Grimm, Ludwig Bechstein und andere im 19. Jahrhundert die bis dahin nur mündlich überlieferten Märchen und Sagen gesammelt, schriftlich niedergelegt und damit eine eigene Literaturgattung geschaffen haben, zählen Schneewittchen oder Rübezahl zu den literarischen Figuren mit dem höchsten Bekanntheitsgrad in der deutschen Bevölkerung.
Während Märchen, Erzählungen von Königstöchtern und Prinzen, von Hexen, Zauberern, Riesen, Zwergen, Drachen und sprechenden Tieren, in der Regel reine Fiktion sind, knüpfen Sagen meist an reale Ereignisse, Personen oder Orte an und verbinden diese mit magischen und mystischen Elementen. Fast jeder kennt davon noch einige aus der Kindheit, aber wie viel davon hat man behalten? Wer hat sich mit der vergifteten Spindel in den Finger gestochen, Schneewittchen oder Dornröschen? Finden Sie heraus, was Sie noch über Märchen und Sagen, Mythen und Legenden wissen.

1 **Was bringt die Titelfigur im „Märchen von einem, der auszog, das Fürchten zu lernen“ zum Gruseln?**

- Ein Gespenst
- Ein Eimer kaltes Wasser
- Eine Nacht unter dem Galgen
- Ein verwunschenes Schloss

2 **Was tauscht „Hans im Glück“ gegen den Goldklumpen ein, den er als Lohn für sieben Jahre Dienst erhalten hat?**

- Ein Schwein
- Einen Wetzstein
- Ein Pferd
- Eine Gans

3 **Das Märchen vom „Der Fischer und seine Frau“ ist ein Märchen in plattdeutschem Dialekt. Wie heißt die Frau des Fischers?**

- Jorinde
- Else
- Maleen
- Ilsebill

4 **Auf welche Figur aus der Nibelungensage geht der Begriff „Nibelungentreue“ zurück?**

- Hagen von Tronje
- Siegfried
- Gunther
- Etzel

5 **Welches war keine der drei Aufgaben, die „Das Tapfere Schneiderlein“ lösen musste, um die Hand der Königstochter zu gewinnen?**

- Ein Wildschwein fangen
- Ein Einhorn unschädlich machen
- Die Nacht im Bärengehege verbringen
- Zwei Riesen töten

6 **Verschiedene Orte nehmen für sich in Anspruch, Schauplatz des Märchens „Die Bremer Stadtmusikanten“ zu sein. Welcher gehört nicht dazu?**

- Brakel
- Syke
- Bremen
- Kirchlinteln

(1) Der namenlose, etwas unbedarfte Titelheld im „Märchen von einem, der auszog, das Fürchten zu lernen“ der Brüder Grimm hält Gruseln für eine Kunst, die es zu erlernen gilt. Doch weder der als **Gespenst** verkleidete Küster noch eine **Nacht unter dem Galgen** zusammen mit sieben Gehenkten lehren es ihn, ebenso wenig drei Nächte in einem **verwunschenen Schloss**. Erst als er einen **Eimer kaltes Wasser** übergeschüttet bekommt, weiß er, was Gruseln ist.

(2) „Hans im Glück“ tauscht den Goldklumpen, seinen Lohn für sieben Jahre Dienst, zunächst gegen ein **Pferd** ein. Als dieses ihn abwirft, tauscht er es gegen eine Kuh, die ihn tritt, und die gegen ein **Schwein** und diese wiederum gegen eine Gans. Schließlich tauscht er die **Gans** gegen einen **Wetzstein**. Doch aus seiner Idee, Scherenschleifer zu werden, wird nichts, da der Wetzstein in einen Brunnen fällt. Jetzt, aller irdischen Last ledig, ist Hans wieder glücklich.

(3) Die Frau des Fischers, die mit allem unzufrieden ist, was ihr Mann und sie von einem Butt, einem verwunschenen Prinzen, dafür erhalten haben, dass der Fischer ihn vom Haken gelassen und zurück ins Meer geworfen hat, heißt **Ilsebill**.
Jorinde ist der weibliche Part des Liebespaares „Jorinde und Joringel“, **Else** und **Maleen** sind die Titelfiguren der Märchen „Die kluge Else“ und „Die Jungfrau Maleen“.

(4) Nachdem **Siegfried** sich in den Besitz des Nibelungenschatzes gebracht hat, ging die Bezeichnung Nibelungen auf ihn und die Burgunden über. Der Begriff „Nibelungentreue“ bezeichnet jedoch nicht die Treue der, sondern die Treue zu den Nibelungen. Er geht auf den Gefolgsmann von König Gunther, **Hagen von Tronje**, zurück. Aus Treue zu **Gunther** tötete er Siegfried und folgte seinem König, obwohl ihm Unheil schwante, an den Hof des Hunnenkönigs **Etzel**.

(5) Um die Hand der Königstochter zu erhalten, muss das tapfere Schneiderlein, das „Siebene auf einen Streich“ erlegte, im Märchen der Brüder Grimm zunächst **zwei Riesen töten**, dann **ein Einhorn unschädlich machen** und zuletzt **ein Wildschwein fangen**.
Um die Prinzessin zu gewinnen, musste der Titelheld von Grimms Märchen „Vom klugen Schneiderlein“ **die Nacht im Bärengehege verbringen**.

(6) „Die Bremer Stadtmusikanten“ sind eine Notgemeinschaft ausgemusterter Haustiere, die sich, um den sicheren Tod zu entgehen, mit dem Berufswunsch Stadtmusikant auf den Weg nach Bremen machen. Doch bis **Bremen** sind sie nie gekommen. Unterwegs können sie Räuber aus ihrem Haus vertreiben und es für sich selbst in Besitz nehmen. Darüber, wo dieses Räuberhaus stand, streiten sich die Orte **Syke** und **Kirchlinteln** im Bremer Umland und die nordrhein-westfälische Stadt **Brakel**.

7 **Wie nennt man einen der hilfreichen Hausgeister, die in Kölner Häusern nachts heimlich Hausarbeiten verrichteten?**

- Kobold
- Wichtel
- Heinzelmännchen
- Klabautermann

8 **Welches ist laut einer 2007 durchgeführten Umfrage das bekannteste deutsche Märchen?**

- Dornröschen
- Hänsel und Gretel
- Schneewittchen
- Rotkäppchen

9 **Welchen zweiten Titel gaben die Brüder Grimm ihrem Märchen „Der Froschkönig"?**

- Der eiserne Heinrich
- Das blaue Licht
- Der Eisenhans
- Das kalte Herz

10 **Die bekanntesten deutschen Märchenfilme wurden in den DEFA-Studios in der DDR gedreht. Welcher der Filme wurde nicht allein von der DEFA produziert?**

- Frau Holle
- Die Bremer Stadtmusikanten
- König Drosselbart
- Drei Nüsse für Aschenbrödel

11 **Mit Kinderschreckfiguren versuchen Eltern, ihre Kinder von etwas abzuhalten oder zu etwas zu bewegen. Welches Fabelwesen ist keine Kinderschreckfigur?**

- Hakemann
- Wichtelmann
- Nachtkrabb
- Butzemann

12 **Welches der Märchen stammt nicht von den Brüdern Grimm?**

- Des Kaisers neue Kleider
- Der alte Sultan
- Der Teufel und seine Großmutter
- Zwerg Nase

7 Der 1826 erstmals schriftlich erschienenen Sage nach verrichteten die **Heinzelmännchen** nachts, wenn die Kölner Bürger schliefen, deren Arbeit. Wenn sie dabei aber beobachtet wurden, verschwanden sie für immer. **Kobolde** und **Wichtel** sind Hausgeister, die ebenfalls Gutes tun, dabei aber immer zu allerlei Schabernack aufgelegt sind. Der **Klabautermann** ist ein lärmender, aber im Allgemeinen gutmütiger Schiffsgeist.

8 Das bekannteste und beliebteste deutsche Märchen ist **Schneewittchen**. In einer 2007 durchgeführten Umfrage kannten mehr als die Hälfte der erwachsenen Deutschen das Märchen von der schönen Königstochter und den sieben Zwergen, für die meisten war es auch das Lieblingsmärchen.
Auf dem zweiten Platz der Bekanntheit- und Beliebtheitsskala kam **Hänsel und Gretel**. Nur noch ein Drittel der Befragten kannte **Rotkäppchen**, etwa ein Viertel **Dornröschen**.

9 „Der Froschkönig oder **der eiserne Heinrich**" ist das einzige Märchen mit einem Doppeltitel in der Sammlung der Brüder Grimm, die es für eines der schönsten Märchen hielten. „**Das blaue Licht**" und „**Der Eisenhans**" sind ebenfalls Märchen der Brüder Grimm, „**Das kalte Herz**" wurde von Wilhelm Hauff in seinem Märchenalmanach veröffentlicht.

10 „**Drei Nüsse für Aschenbrödel**" ist der in Deutschland beliebteste Märchenfilm. Er wurde 1973 als Koproduktion in den Studios der DEFA und an verschiedenen Orten in der damaligen Tschechoslowakei gedreht. „**Frau Holle**" und „**König Drosselbart**" sind DEFA-Spielfilme aus den Jahren 1963 und 1965. Der Trickfilm „**Die Bremer Stadtmusikanten**" wurde von der DEFA 1987 produziert.

11 Der **Wichtelmann**, ein heinzelmännchenähnlicher, gutmütiger Kobold, ist normalerweise keine Kinderschreckfigur.
Mit dem **Nachtkrabb**, einem großen, rabenähnlichen Vogel, oder dem **Butzemann**, einem bösartigen Kobold, drohen Eltern – vorwiegend im süddeutschen Raum – ihren Kindern, wenn sie diese zu etwas bewegen oder von etwas abhalten wollen. Zu den norddeutschen Kinderschreckfiguren zählt der **Hakemann**, eine Chimäre aus Fisch und Mensch.

12 „**Des Kaisers neue Kleider**" stammt von dem dänischen Dichter Hans Christian, dessen Kunstmärchen zur Weltliteratur zählen. „**Zwerg Nase**" ist ein Märchen des romantischen Schriftstellers Wilhelm Hauff.
„**Der alte Sultan**", ein Tiermärchen um einen alten, zahnlosen Hund, und „**Der Teufel und seine Großmutter**" sind aus der grimmschen Sammlung der Kinder- und Hausmärchen.

13 **Was forderte der Frosch in „Der Froschkönig“ nicht von der Königstochter als Belohnung dafür, dass er ihre goldene Kugel aus dem Brunnen geholt hat?**

- Ihr Bett mit ihm zu teilen
- Seine Spielkameradin zu werden
- Von ihrem Geschirr essen zu dürfen
- Von ihr geküsst zu werden

14 **Wie heißt in der Nibelungensage das Schwert Siegfrieds?**

- Nagelring
- Balmung
- Notung
- Mimung

15 **Zwei der Märchen haben nahezu das gleiche Motiv. Welche beiden sind es?**

- Die goldene Gans
- Die sechs Schwäne
- Schwan, kleb an
- Die sieben Raben

16 **In der Zeit der Romantik schrieben auch viele bekannte Schriftsteller Märchen. Vom wem stammt „Der goldne Topf“?**

- Adelbert von Chamisso
- Ludwig Tieck
- Clemens Brentano
- E. T. A. Hoffmann

17 **Welcher Name bezeichnet keine Person aus der Nibelungensage?**

- Mime
- Dankwart
- Blödel
- Grane

18 **Von wem wurde Kriemhild in der Nibelungensage getötet?**

- Hagen von Tronje
- Hildebrand
- Gunther
- Dietrich von Bern

(13) Als Belohnung versprach die Königstochter dem Frosch in „Der Froschkönig“ **ihr Bett mit ihm zu teilen** und **seine Spielkameradin zu werden** sowie **von ihrem Geschirr essen** und trinken zu dürfen.
Von ihr geküsst zu werden, zählt nicht zu den erbetenen Belohnungen des Froschs. Und tatsächlich verwandelte er sich auch nicht durch einen Kuss in einen Prinzen, sondern als er von der Königstochter an die Wand geworfen wurde.

(14) In der mittelalterlichen Mythologie hatte das Schwert als Waffe eine herausragende Bedeutung. Die Schwerter großer Helden hatten ihre eigenen Namen, so auch das von Siegfried in der Nibelungensage; es wurde **Balmung** genannt. In Wagners Bearbeitung des Nibelungenstoffs heißt Siegfrieds Schwert **Notung**.
Nagelring war das Schwert von Dietrich von Bern, **Mimung** jenes von Wieland in der nach ihm benannten Sage.

(15) Die beiden Märchen „**Die goldene Gans**“ der Brüder Grimm aus dem Jahr 1812 und Ludwig Bechsteins „**Schwan, kleb an**“ von 1845 haben das nahezu gleiche Motiv: Der Erste, der die Gans bzw. den Schwan berührt, bleibt an ihm hängen, der Zweite bleibt wiederum am Ersten hängen und so weiter.
In den grimmschen Märchen „**Die sechs Schwäne**“ und „**Die sieben Raben**“ sucht die Schwester ihre in Vögel verwandelten sechs bzw. sieben Brüder.

(16) Als „Märchen aus der neuen Zeit“ bezeichnete **E. T. A. Hoffmann** seine 1814 erschienene romantische Novelle „Der goldne Topf“.
Ludwig Tieck schrieb 1797 das Kindermärchen in drei Akten „Der gestiefelte Kater“. Von **Clemens Brentano** stammt das 1838 veröffentlichte Kunstmärchen „Gockel, Hinkel und Gackeleia.“ **Adelbert von Chamisso** verfasste 1813 „Peter Schlemihls wundersame Geschichte“.

(17) In verschiedenen Varianten der Nibelungensage, unter anderen in Richard Wagners Götterdämmerung, ist **Grane** das Pferd Siegfrieds.
Mime, der Schmied, war der Pflegevater Siegfrieds, **Dankwart** der Bruder des Hagen von Tronje. Bleda war der ältere Bruder des Hunnenkönigs Attila oder Etzel; im Nibelungenlied taucht er als Blödelin oder **Blödel** auf.

(18) Bei den Kämpfen am Hof König Etzels kann **Dietrich von Bern** die letzten beiden Burgunden, **Hagen von Tronje** und **Gunther**, gefangen nehmen. Er bringt sie vor Kriemhild, die Frau des Hunnenkönigs Etzel. Kriemhild lässt ihren Bruder Gunther töten und schlägt Hagen eigenhändig den Kopf ab. Aus Rache, dass eine Frau es wagte, den wehrlosen Helden zu töten, wird sie daraufhin von **Hildebrand**, einem Gefolgsmann von Dietrich von Bern, erschlagen.

19 **Welcher der Autoren hat den Märchenstoff des „Bärenhäuters" nicht literarisch bearbeitet?**

- Jacob und Wilhelm Grimm
- Hans Jakob Christoffel von Grimmelshausen
- Ludwig Emil Grimm
- Clemens Brentano

20 **Wen tötete Siegfried der Nibelungensage nach, bevor er den Schatz der Nibelungen errang?**

- Schildung
- Alberich
- Fafnir
- Nibelung

21 **Wer war keiner der „Sieben Schwaben" aus dem Märchen von Ludwig Bechstein?**

- Gelbfüßler
- Bürle
- Knöpfleschwab
- Seehas

22 **Wie heißt die möglicherweise an der Ostseeküste von Vorpommern gelegene, der Sage nach im Mittelalter untergegangene Stadt?**

- Damasia
- Haithabu
- Vineta
- Rungholt

23 **Märchen sind ein beliebtes Thema für Opern. Welches Märchen der Brüder Grimm wurde von Carl Orff zu einer Oper verarbeitet?**

- Hänsel und Gretel
- Die kluge Bauerntochter
- Bruder Lustig
- Königskinder

24 **Aus welchem Märchen der Brüder Grimm stammt das Motiv, das auf den 1992 ausgegebenen 1000-DM-Scheinen abgebildet war?**

- Kalif Storch
- Die Sterntaler
- Der kleine Muck
- Das Feuerzeug

19 Der alte Märchenstoff des „Bärenhäuters“ wurde bereits im 17. Jahrhundert von **Hans Jakob Christoffel von Grimmelshausen** in seiner Erzählung „Der erste Bärenhäuter“ literarisch aufgegriffen. 1808 folgte **Clemens Brentanos** „Geschichte des ersten Bärenhäuters“, ehe das Märchen unter dem Titel „Der Bärenhäuter“ 1815 Eingang in die Sammlung der Brüder Grimm fand.
Ein für Clemens Brentano gezeichnetes Bärenhäutermotiv war das erste Märchenbild von **Ludwig Emil Grimm**, einem Bruder von **Jacob und Wilhelm Grimm**.

20 In der deutschen Version der Nibelungensage, dem Nibelungenlied, tötete Siegfried die Brüder **Schildung** und **Nibelung**, die rechtmäßigen Besitzer des Nibelungenhorts, und besiegte den Zwerg **Alberich**, den Hüter des Schatzes, wodurch er in seinen Besitz gelangt.
Den Drachen **Fafnir**, in der nordischen Nibelungensage der Hüter des Schatzes, hatte Siegfried dem Nibelungenlied nach bereits zuvor erschlagen.

21 Die sieben Spießgesellen aus Bechsteins Märchen „Die sieben Schwaben“, die neben anderen Abenteuern den Kampf gegen einen toten Bären und gegen einen Hasen bestehen müssen, hießen Allgäuer, **Seehas**, Nestelschwab, Blitzschwab, Spiegelschwab, **Knöpfleschwab** und **Gelbfüßler**.
„Das **Bürle**“ ist der Titel eines Märchens der Brüder Grimm.

22 Die Handelsstadt an der Ostseeküste Vorpommerns, die der Sage nach bei einer Sturmflut im 12. Jahrhundert untergegangen sein soll, hieß **Vineta**. **Damasia** ist eine sagenhafte keltisch-römische Stadt in Bayern, deren Lage ebenfalls unbekannt ist. **Haithabu** in Schleswig-Holstein war in der Wikingerzeit eine der bedeutendsten Handelsstädte an der Ostsee. **Rungholt** an der schleswig-holsteinischen Nordseeküste ging bei einer großen Sturmflut im 14. Jahrhundert unter.

23 Vorbild für die 1942 von Carl Orff komponierte Oper „Die Kluge“ mit dem Untertitel „Die Geschichte vom König und der klugen Frau“ war das grimmsche Märchen „**Die kluge Bauerntochter**“.
„**Hänsel und Gretel**“ und „**Königskinder**“ sind zwei bekannte Märchenopern des Komponisten Engelbert Humperdinck, Richard Wagners Sohn Siegfried komponierte 1905 die Märchenoper „**Bruder Lustig**“.

24 Die 1992 ausgegebenen 1000-DM-Scheine zeigten auf der Vorderseite die Porträts von Jacob und Wilhelm Grimm und auf der Rückseite ein Bild zu ihrem Märchen „**Die Sterntaler**“. Es war das einzige Märchenmotiv, das jemals auf einer deutschen Banknote abgebildet war.
„**Kalif Storch**“ und „**Der kleine Muck**“ sind Märchen von Wilhelm Hauff, „**Das Feuerzeug**“ stammt von Hans Christian Andersen.

RELIGION UND PHILOSOPHIE

Von Heiligen und Philosophen, Gott und Göttern

Religion ist das Verhältnis und das Verhalten der Menschen zu übernatürlichen und göttlichen Kräften, Antworten auf die Fragen nach den Grundlagen des Seins, Geschehens und Erkennens gibt die Philosophie. Auf beiden Gebieten haben deutsche Humanisten, Reformatoren und philosophische Denker beachtenswerte geistesgeschichtliche Beiträge geliefert. So wurde der folgenreichste Umbruch der christlichen Kirche im Abendland von einem deutschen Mönch ausgelöst: Martin Luther. Und auf die philosophischen Ideen zweier deutscher Philosophen begründeten sich im 20. Jahrhundert die politischen Systeme zahlreicher Staaten dieser Erde: Karl Marx und Friedrich Engels

In diesem Kapitel können Sie Ihr Wissen über Philosophen und ihre Werke und über das Christentum sowie andere frühere und jetzige Religionen und Religionsgemeinschaften im deutschen Sprachraum unter Beweis stellen.

1 **Wer wird als der „Apostel der Deutschen“ bezeichnet?**

- Bonifatius
- Willibrord
- Winfried
- Wilfried

2 **In welchem Bundesland ist das Verhältnis von katholischen zu evangelischen Christen am größten?**

- Saarland
- Baden-Württemberg
- Bayern
- Rheinland-Pfalz

3 **Welche der norddeutschen Regionen ist vorwiegend katholisch geprägt?**

- Thüringen
- Ostfriesland
- Münsterland
- Holstein

4 **Und in welcher Region Süddeutschlands überwiegt die protestantische Konfession?**

- Saarland
- Oberbayern
- Franken
- Württemberg

5 **Wie nennt man die im 17. Jahrhundert aus Frankreich nach Deutschland geflohenen calvinistischen Protestanten?**

- Katharer
- Hugenotten
- Waldenser
- Albigenser

6 **Was feiern die katholischen Christen an Fronleichnam?**

- Fest des Leibes und Blutes Christi
- Auferstehung Christi
- Herabsendung des Heiligen Geistes
- Himmelfahrt Christi

1 Der aus dem englischen Wessex stammende **Winfried** erhielt 719 von Papst Gregor II. den Namen **Bonifatius** und wurde mit der Missionierung der Germanen beauftragt. Der auch „Apostel der Deutschen" genannte Bonifatius missionierte Thüringen und Hessen und starb 754 in Friesland den Märtyrertod.
Die angelsächsischen Mönche **Wilfried** und **Willibrord** wirkten im 7. und 8. Jahrhundert als Missionare in Friesland.

2 Die Zahl derjenigen, die sich zu einer christlichen Kirche bekennen, hat in Deutschland in den letzten Jahrzehnten kontinuierlich abgenommen, das Verhältnis von katholischen zu evangelischen Christen ist jedoch nahezu gleich geblieben. Von allen Bundesländern ist es im **Saarland** mit 3,5 am höchsten.
In **Bayern** liegt dieses Verhältnis bei 2,7, in **Rheinland-Pfalz** bei 1,5. **Baden-Württemberg** hat mit 1,1 ein nahezu ausgeglichenes Verhältnis von Katholiken zu Protestanten.

3 Historisch bedingt überwiegt im nördlichen Teil Deutschlands der Anteil der Protestanten den der Katholiken, doch gibt es auch regionale Ausnahmen. So ist das **Münsterland** heute noch immer stark katholisch geprägt.
In **Thüringen**, **Ostfriesland** und **Holstein** ist dagegen die protestantische Konfession das vorherrschende christliche Bekenntnis.

4 Im **Saarland**, in **Oberbayern** und in **Franken** ist die Bevölkerung mehrheitlich römisch-katholisch.
In jenen Teilen **Württembergs**, die zum ehemaligen Herzogtum und späteren Königreich Württemberg gehörten, ist die Mehrzahl der Einwohner noch immer protestantisch, während der südwürttembergisch-hohenzollernsche Teil vorwiegend römisch-katholisch ist.

5 Die **Hugenotten** litten im vorrevolutionären Frankreich trotz zugesicherter Religionsfreiheit unter Verfolgungen, die um 1685 einen Höhepunkt erreichten. Mehr als 200 000 von ihnen flohen in die Nachbarländer, 50 000 davon in die reformierten Gebiete Deutschlands.
Katharer, **Waldenser** und **Albigenser** waren die Anhänger von vorreformatorischen Glaubensbewegungen, die von der katholischen Kirche als ketzerisch verfolgt wurden.

6 An Fronleichnam, dem **Fest des Leibes und Blutes Christi**, feiert die römisch-katholische Kirche die leibliche Gegenwart Christi im Sakrament der Eucharistie.
Die **Auferstehung Christi** an Ostern, die **Himmelfahrt Christi** am 40. Tag nach Ostern und die **Herabsendung des Heiligen Geistes** an Pfingsten werden von allen christlichen Westkirchen gefeiert.

(7) **Welche Religionsgemeinschaft ist nach den evangelischen und den katholischen Christen sowie den Muslimen in Deutschland die zahlenmäßig größte?**

- Hindus
- Juden
- Orthodoxe Christen
- Buddhisten

(8) **Welche der Gestalten stammt aus der germanischen Mythologie?**

- Epona
- Cernunnos
- Belenus
- Werdandi

(9) **Was zählt, anders als bei den Katholiken, in den evangelischen Kirchen nicht als Sakrament?**

- Beichte
- Taufe
- Eucharistie
- Ehe

(10) **Welcher Reformator formulierte das Augsburger Bekenntnis?**

- Martin Bucer
- Philipp Melanchthon
- Georg von Anhalt
- Martin Luther

(11) **In welcher Stadt befindet sich die älteste Moschee Deutschlands?**

- Mannheim
- Berlin
- Schwetzingen
- Duisburg

(12) **Welches geflügelte Wort geht nicht auf den Philosophen Friedrich Nietzsche zurück?**

- Jenseits von Gut und Böse
- Gott ist tot
- Der Mensch ist, was er isst
- Gelobt sei, was hart macht

(7) Die in Deutschland nach evangelischen und katholischen Christen sowie den Muslimen, deren Anzahl bei etwa 3,2 Millionen liegt, zahlenmäßig größte Religionsgemeinschaft sind die **orthodoxen Christen** mit 1,3 Millionen.
Die Anzahl der **Buddhisten** in Deutschland liegt bei 250 000, **Hindus** gibt es knapp 100 000. Mosaischen Glaubens sind die rund 200 000 **Juden**.

(8) **Werdandi** war eine der drei Nornen, der Schicksalsgöttinnen der Germanen. Da man über die Religion der Germanen in Mitteleuropa jedoch kaum etwas weiß, ist ungewiss, ob unsere Vorfahren diese Gestalt der nordischen Mythologie tatsächlich kannten und verehrten.
Gleiches gilt für die Götter der Kelten wie **Epona** und **Cernunnos**, keltische Fruchtbarkeitsgötter, oder **Belenus**, den Gott des Lichts.

(9) Sakramente sind in der christlichen Theologie Riten, die Gottes Segen und Gnade spenden. Die katholische Kirche kennt mit der Taufe, der Firmung, der Eucharistie bzw. dem Abendmahl, der **Beichte**, der Krankensalbung, der Priesterweihe und der **Ehe** sieben Sakramente.
In den evangelischen Kirchen gelten dagegen nur die **Taufe** und die **Eucharistie** als Sakramente.

(10) Das Augsburger Bekenntnis ist die wichtigste Bekenntnisschrift der reformatorischen Kirche. Es wurde von **Philipp Melanchthon** verfasst und 1830 vor dem Reichstag in Augsburg verlesen, an dem **Martin Luther**, gegen den die Reichsacht verhängt war, nicht teilnehmen konnte.
Martin Bucer, der Reformator des Elsass, war einer der bedeutendsten Theologen der Reformation. **Georg von Anhalt** war eine treibende Kraft unter den deutschen Landesfürsten bei der Einführung der Reformation.

(11) Die 1779–91 erbaute „Rote Moschee" im Schlosspark von **Schwetzingen** war ursprünglich nicht als Gebetshaus konzipiert, wurde 1870 von muslimischen Kriegsgefangenen aber erstmals als solches genutzt.
Die älteste erhaltene, als Gebetshaus gebaute Moschee Deutschlands wurde 1924 in **Berlin**-Wilmersdorf errichtet. Die 1995 und 2008 eröffneten Moscheen in **Mannheim** und in **Duisburg** sind die größten Deutschlands.

(12) „Das Geheimnis des Opfers oder **Der Mensch ist, was er isst**" ist der Titel einer Schrift des Philosophen Ludwig Feuerbach.
Mit „**Jenseits von Gut und Böse**. Vorspiel einer Philosophie der Zukunft" hat Nietzsche eine seiner Schriften betitelt. „**Gott ist tot**" ist ein Zitat aus seiner „Fröhlichen Wissenschaft", „**Gelobt sei, was hart macht**" stammt aus dem dritten Band seiner philosophischen Dichtung „Also sprach Zarathustra".

13 **Welcher Philosoph war kein Vertreter des deutschen Idealismus?**

- Johann Gottlieb Fichte
- Arthur Schopenhauer
- Georg Wilhelm Friedrich Hegel
- Friedrich Wilhelm Schelling

14 **Welche Gruppe mythologischer Wesen war nicht Teil der germanischen Götterwelt?**

- Parzen
- Wanen
- Nornen
- Asen

15 **Welche im Zuge der Reformation entstandene Bewegung errichtete 1534 eine religiöse Diktatur?**

- Mennoniten
- Jesuiten
- Hutterer
- Wiedertäufer

16 **Welcher Philosoph ist kein Vertreter der Existenzphilosophie?**

- Edmund Husserl
- Karl Jaspers
- Ludwig Wittgenstein
- Martin Heidegger

17 **Wodurch wurden die Religionskämpfe der Reformationszeit beigelegt?**

- Westfälischer Friede
- Augsburger Bekenntnis
- Frankfurter Anstand
- Augsburger Religionsfriede

18 **Welcher Papst verkündete zum bisher einzigen Mal eine Enzyklika – die Enzyklika „Mit brennender Sorge“ – in deutscher Sprache?**

- Leo XIII.
- Paul VI.
- Pius XI.
- Benedikt XVI.

(13) **Arthur Schopenhauer** vertrat die philosophische Idee des Pessimismus, da der Welt mit dem „Willen“ ein unvernünftiges Prinzip zugrunde liege.
Der Idealismus ist eine philosophische Grundposition, die die gesamte Wirklichkeit aus einem geistig-ideellen Prinzip ableitet. Die bedeutendsten Vertreter des deutschen Idealismus im 17./18. Jahrhundert waren **Johann Gottlieb Fichte**, **Georg Wilhelm Friedrich Hegel** und **Friedrich Wilhelm Schelling**.

(14) Das germanische Göttergeschlecht der **Asen** bewohnte das im Himmel gedachte Reich Asgard. Ihnen gegenüber stand das Göttergeschlecht der **Wanen**, das die Tiefen der Erde und des Meeres bewohnte. Die **Nornen** waren die germanischen Schicksalsgöttinnen, die keinem der beiden Göttergeschlechter angehörten.
Die **Parzen** sind die den Nornen entsprechenden Schicksalsgöttinnen in der römischen Mythologie.

(15) Die sich mit der Reformation ausbreitende Täuferbewegung brachte eine radikal-reformatorische Gruppe hervor, die sogenannten **Wiedertäufer**, die in Münster 1534 eine religiöse Diktatur errichteten, die ein Jahr später blutig beendet wurde.
Mennoniten und **Hutterer** sind aus der Täuferbewegung hervorgegangene Glaubensgemeinschaften. Der katholische Orden der **Jesuiten** wurde mit dem Ziel der Gegenreformation gegründet.

(16) **Edmund Husserl** war der Begründer der philosophischen Strömung der Phänomenologie, **Ludwig Wittgenstein** ein Vertreter des Positivismus. **Karl Jaspers** und **Martin Heidegger** waren die Hauptvertreter von zwei der drei Hauptrichtungen der Existenzphilosophie, nämlich der Philosophie der möglichen Existenz und der Existenzialontologie.

(17) Mit dem **Augsburger Religionsfrieden** von 1555, der den Anhängern des **Augsburger Bekenntnisses** Besitz und freie Religionsausübung gewährte, wurden die Religionskämpfe der Reformationszeit beigelegt.
Der sogenannte **Frankfurter Anstand** von 1539 war ein Beschluss von Ausgleichsgesprächen zwischen den konfessionell verfeindeten Reichsständen. Der auch, aber nicht ausschließlich aus konfessionellen Gründen geführte Dreißigjährige Krieg endete 1648 mit dem **Westfälischen Frieden**.

(18) In der in deutscher Sprache verkündeten Enzyklika „Mit brennender Sorge“ kritisierte Papst **Pius XI.** 1937 die Unterdrückung der katholischen Kirche in Deutschland.
Als epochal gilt die von Papst **Leo XIII.** 1891 veröffentlichte Sozialenzyklika „Rerum novarum“. Von Papst **Paul VI.** stammt die umstrittene Enzyklika „Humanae vitae“ aus dem Jahr 1968. Papst **Benedikt XVI.** veröffentlichte 2009 die Enzyklika „Caritas in veritate“.

19 **Mit welchen Worten beginnt das 1848 von Karl Marx und Friedrich Engels herausgegebene Manifest der Kommunistischen Partei?**

- Krieg den Palästen!
- Proletarier aller Länder, vereinigt euch!
- Wacht auf, Verdammte dieser Erde …
- Ein Gespenst geht um in Europa …

20 **Welcher Philosoph des 20. Jahrhunderts wird nicht der Frankfurter Schule zugerechnet?**

- Karl Popper
- Max Horkheimer
- Theodor W. Adorno
- Herbert Marcuse

21 **In welcher Stadt befindet sich der größte Hindutempel Deutschlands?**

- Mannheim
- Hamm
- Freiberg/Sachsen
- Berlin

22 **Der Philosoph Ludwig Feuerbach war ein Vertreter …**

- des Rationalismus
- des Idealismus
- des Materialismus
- der Aufklärung

23 **In der germanischen Mythologie gibt es die Göttergeschlechter der Wanen und der Asen. Welcher Gott gehört keinem der beiden Geschlechter an?**

- Freyja
- Baldr
- Aegir
- Donar

24 **Das germanische Mitteleuropa wurde durch angelsächsische und iroschottische Mönche christianisiert. Welcher der Missionare war ein Angelsachse?**

- Liudger
- Korbinian
- Pirmin
- Kilian

19 Das Manifest der Kommunistischen Partei, von Karl Marx und Friedrich Engels 1848 veröffentlicht, beginnt mit den Worten **„Ein Gespenst geht um in Europa** – das Gespenst des Kommunismus“ und endet mit der Forderung **„Proletarier aller Länder, vereinigt euch!“**
Mit „Friede den Hütten! **Krieg den Palästen!**“ ist Georg Büchners Hessischer Landbote überschrieben.
„Wacht auf, Verdammte dieser Erde …“ ist der Anfang des Kampflieds „Die Internationale“.

20 Als Frankfurter Schule wird eine Gruppe von neomarxistischen Philosophen und Soziologen bezeichnet, die ihren räumlichen Mittelpunkt im Institut für Sozialforschung in Frankfurt am Main hatte. Zu ihren bekanntesten Vertretern zählen **Max Horkheimer**, **Theodor W. Adorno** und **Herbert Marcuse**.
Karl Popper war ein einflussreicher Kritiker der Frankfurter Schule.

21 Der 2002 eingeweihte tamilisch-hinduistische Tempel „Sri Kamadchi Ampal“ in **Hamm** ist der größte der etwa zwei Dutzend Hindutempel in Deutschland und der zweitgrößte in Europa.
Die Yavuz-Sultan-Selim-Moschee in **Mannheim** ist mit 2500 Plätzen die größte Moschee in Deutschland. Die größte Synagoge ist die Synagoge Rykestraße in **Berlin**. In **Freiberg/Sachsen** wurde 1985 – noch zu DDR-Zeiten – unter großer öffentlicher Beachtung ein Mormonentempel eingeweiht.

22 Ludwig Feuerbach war ein Vertreter der philosophischen Richtung des **Materialismus**. Feuerbach wurde durch seine Theologie- und Religionskritik bekannt und war von großem Einfluss auf Karl Marx und Friedrich Engels.
Ein deutscher Philosoph des **Rationalismus** war Gottfried Wilhelm Leibniz, Johann Gottlieb Fichte und Friedrich Hegel waren Vertreter des **Idealismus**. Der bedeutendste deutsche Philosoph der **Aufklärung** war Immanuel Kant.

23 **Aegir**, der Gott des Meeres, und seine Gemahlin Ran gehören keinem der beiden Göttergeschlechter an. Zu den Wanen zählen Freyr und seine Schwester und Gattin Freyja. Nach dem Krieg zwischen Wanen und Asen wurde **Freyja** mit Odin, dem in Walhall residierenden höchsten Gott der Germanen und Stammvater des Asengeschlechts, vermählt. Von ihm und Freyja stammen unter anderen die Götter **Donar** und **Baldr** ab.

24 Die Christianisierung des Frankenreichs vom 6. bis 8. Jahrhundert wurde hauptsächlich von iroschottischen Missionaren und Wandermönchen, unter ihnen die Heiligen **Korbinian**, **Pirmin** und **Kilian**, vorangetrieben.
Angelsächsische Missionare versuchten sich dagegen vorrangig an der Missionierung der Sachsen und der Friesen. Zu ihnen zählt auch der heilige **Liudger**.

BILDENDE KUNST UND ARCHITEKTUR

Das Gewissen der Menschheit

„Kunst ist das Gewissen der Menschheit", hat Friedrich Hebbel einmal formuliert. Kunst ist international. Insofern gibt es keine deutsche Kunst, und in jenen Jahren, als eine solche propagiert wurde, lag das künstlerische Schaffen denn auch am Boden.
Allerdings gibt es bedeutende, aus dem deutschen Raum stammende Beiträge von Malerei, Grafik oder Bildhauerkunst, sakraler oder profaner Architektur zur Weltkultur. So hat die abstrakte Malerei in Deutschland ihren Anfang genommen. Expressionismus und Dadaismus haben hier ihren Ursprung. Und wussten Sie, dass Architekten wie Walter Gropius und Ludwig Mies van der Rohe Meisterwerke ihrer Zeit schufen, die noch heute stilbildend wirken? Oder dass deutsche Gegenwartskünstler derzeit zu den international erfolgreichsten zählen?
Bei den folgenden Fragen können Sie testen, wie es Ihr um Wissen über deutsche Künstler oder Baumeister, die Weltgeltung erlangten, bestellt ist.

1 **Welcher der Maler war kein Mitglied der Künstlervereinigung „Der Blaue Reiter"?**

- Arnold Schönberg
- Emil Nolde
- Franz Marc
- August Macke

2 **Welcher Renaissancemaler schuf mit dem Isenheimer Altar eines der Hauptwerke deutscher Malerei?**

- Lucas Cranach d. Ä.
- Stephan Lochner
- Matthias Grünewald
- Tilman Riemenschneider

3 **Welche der deutschen Kathedralen ist nicht der Gotik zuzurechnen?**

- Kölner Dom
- Freiburger Münster
- Ulmer Münster
- Speyerer Dom

4 **Der Maler Ernst Ludwig Kirchner war Mitbegründer einer Künstlervereinigung. Wie hieß diese Künstlergemeinschaft?**

- Die Brücke
- Wiener Sezession
- Der Blaue Reiter
- Darmstädter Sezession

5 **In welchem Architekturstil ist Schloss Sanssouci in Potsdam erbaut?**

- Renaissance
- Barock
- Klassizismus
- Rokoko

6 **Wer gründete 1919 in Weimar das Bauhaus?**

- Ludwig Mies van der Rohe
- Walter Gropius
- Lyonel Feininger
- Paul Klee

1 **Emil Nolde** gehörte nicht der Künstlervereinigung „Der Blaue Reiter“ an; er war ein Mitglied in der Künstlergruppe „Berliner Secession“.
„Der Blaue Reiter“ wurde 1911 in München von **Franz Marc** und Wassily Kandinsky gegründet. Mitglieder waren unter anderen Alfred Kubin, **August Macke**, Paul Klee und der Komponist **Arnold Schönberg**, der auch Maler war.

2 Das Meisterwerk von **Matthias Grünewald**, der zwischen 1512 und 1516 im Antoniterkloster im elsässischen Isenheim entstandene Isenheimer Altar, befindet sich heute im Unterlinden-Museum in Colmar.
Von **Lucas Cranach d. Ä.** stammt der Torgauer Altar. Der Maler **Stephan Lochner** schuf den gotischen Dreikönigsaltar im Kölner Dom, der spätgotische Bildhauer **Tilman Riemenschneider** den Creglinger Altar.

3 Der seit 1981 zum Weltkulturerbe gehörende Kaiser- und Mariendom zu Speyer ist die größte erhaltene romanische Kirche der Welt. Mit dem Bau des **Speyerer Doms** wurde um 1030 begonnen.
Der **Kölner Dom** und das **Freiburger Münster** sind dagegen weitgehend im gotischen Stil erbaut, ebenso das **Ulmer Münster**, das als evangelisches Gotteshaus jedoch keine Kathedrale ist.

4 Die Künstlervereinigung **„Die Brücke“** wurde 1905 in Dresden von Ernst Ludwig Kirchner, Erich Heckel, Karl Schmidt-Rottluff und Fritz Bleyl gegründet.
Die **„Wiener Sezession“** war eine 1897 gegründete Künstlervereinigung um den Maler Gustav Klimt. Franz Marc und Wassily Kandinsky nannten ihre 1911 gegründete Künstlervereinigung **„Der Blaue Reiter“**. Max Beckmann war 1919 ein Mitbegründer der **„Darmstädter Sezession“**.

5 Das Schloss Sanssouci im gleichnamigen Park in Potsdam ist ein in den 1740er-Jahren nach Entwürfen von Friedrich dem Großen im Stil des **Rokoko** errichtetes Sommerschloss. Unter Rokoko wird in Deutschland (und Frankreich) die kunstgeschichtliche Epoche zwischen **Barock** und **Klassizismus** bzw. des Spätbarocks bezeichnet. Die **Renaissance** ist die dem Barock vorausgehende Kunstepoche.

6 Das Staatliche Bauhaus in Weimar wurde von dem Architekten **Walter Gropius** als Schule für gestaltendes Handwerk, Architektur und bildende Künste gegründet. 1925 zog das Bauhaus nach Dessau um und wurde 1933 von den Nationalsozialisten geschlossen.
Die Maler **Paul Klee** und **Lyonel Feininger** waren Lehrer am Bauhaus, der Architekt **Ludwig Mies van der Rohe** übernahm 1930 seine Leitung.

7 **Welches Gebäude stammt nicht von dem Architekten Karl Friedrich Schinkel?**

- Nikolaikirche in Potsdam
- Altes Museum in Berlin
- Brandenburger Tor
- Neue Wache in Berlin

8 **Der Kölner Dom ist die größte gotische Kirche Deutschlands. Wann wurde er fertiggestellt?**

- 1248
- 1322
- 1880
- 1944

9 **Welches Museum befindet sich nicht auf der Berliner Museumsinsel?**

- Alte Pinakothek
- Pergamonmuseum
- Bode-Museum
- Alte Nationalgalerie

10 **Der bayerische König Ludwig II. ist als Bauherr mehrerer Schlösser bekannt. Welches zählt nicht dazu?**

- Hohenschwangau
- Herrenchiemsee
- Linderhof
- Neuschwanstein

11 **Welcher der bekannten deutschen Maler wurde nicht in Franken geboren?**

- Matthias Grünewald
- Albrecht Altdorfer
- Albrecht Dürer
- Lukas Cranach d. Ä.

12 **Welches der Museen ist kein Kunstmuseum?**

- Deichtorhallen in Hamburg
- Museum Folkwang in Essen
- Deutsches Museum in München
- Brücke-Museum in Berlin

(7)
Architekt des 1788/91 im frühklassizistischen Stil errichteten **Brandenburger Tors** in Berlin war Carl Gotthard Langhans.
Die **Nikolaikirche in Potsdam**, das **Alte Museum in Berlin** und die **Neue Wache in Berlin** stammen alle aus der ersten Hälfte des 19. Jahrhunderts und zählen zu den Hauptwerken von Karl Friedrich Schinkel, dem bedeutendsten Baumeister des deutschen Klassizismus.

(8)
Mit dem Bau des Kölner Doms, wie wir ihn heute kennen, wurde im Jahr **1248** begonnen. Nach den ursprünglichen Bauplänen endgültig fertiggestellt wurde er erst im Jahr **1880**, auch wenn der Chor der fünfschiffigen Basilika mit dreischiffigem Querhaus und Kapellenkranz bereits **1322** geweiht wurde.
Der **1944** durch alliierte Bombenangriffe schwer beschädigte Dom wurde nach dem Zweiten Weltkrieg wiederhergestellt.

(9)
Die **Alte Pinakothek** in München zählt zu den bedeutendsten Gemäldegalerien der Welt. Sie zeigt Werke von Malern vom 13. bis zum 18. Jahrhundert.
Auf der seit 1999 zum Weltkulturerbe der UNESCO gehörenden Museumsinsel in Berlin befinden sich fünf Museen. Neben dem Alten Museum und dem Neuen Museum sind dies das **Pergamonmuseum**, das **Bode-Museum** und die **Alte Nationalgalerie**.

(10)
Im Jahr 1832 erwarb Maximilian II., der Vater von Ludwig II., die Burgruine **Hohenschwangau** und ließ sie im Stil der Neugotik zum Schloss umbauen.
Direkt gegenüber von Schloss Hohenschwangau liegt das Schloss **Neuschwanstein**, das der „Märchenkönig“ Ludwig II. im Stil einer mittelalterlichen Ritterburg errichten ließ. Bauherr der Schlösser **Herrenchiemsee** und **Linderhof** war ebenfalls Ludwig II.

(11)
Der Renaissancemaler **Albrecht Altdorfer** wurde um 1480 vermutlich in Regensburg geboren. Er schuf das erste reine Landschaftsbild der europäischen Malerei.
Der Maler **Matthias Grünewald** wurde um 1480 in Würzburg geboren. Er gilt neben dem 1471 in Nürnberg geborenen **Albrecht Dürer** und dem 1472 in Kronach geborenen **Lukas Cranach d. Ä.** als der bedeutendste deutsche Vertreter der Malerei der Spätgotik und Frührenaissance.

(12)
Das **Deutsche Museum in München** ist kein Kunstmuseum. Mit rund 28 000 Exponaten aus Naturwissenschaften und Technik ist es das größte naturwissenschaftlich-technische Museum der Welt.
Im ehemaligen Großmarkt **Deichtorhallen in Hamburg** finden wechselnde Ausstellungen moderner Kunst, Fotografie und modernen Designs statt. Das **Museum Folkwang in Essen** zeigt Werke verschiedener Stilrichtungen der modernen Kunst, das **Brücke-Museum in Berlin** Werke von Malern der Künstlergruppe „Die Brücke“.

13 **Welche der genannten Personen ist kein der Stilrichtung des Expressionismus zuzurechnender Maler?**

- Ernst Ludwig Kirchner
- Alfred Döblin
- Max Pechstein
- Fritz Lang

14 **Wessen Werke waren auf der Ausstellung „Entartete Kunst“ 1937 in München nicht zu sehen?**

- Ernst Barlach
- Otto Dix
- Wolfgang Willrich
- George Grosz

15 **Welche deutsche Künstlerkolonie wurde durch die Maler Paula Modersohn-Becker, Hans am Ende oder Heinrich Vogeler bekannt?**

- Ahrenshoop
- Mathildenhöhe
- Dachau
- Worpswede

16 **Welcher der genannten Maler wird dem Biedermeier zugerechnet?**

- Carl Spitzweg
- Wilhelm Tischbein
- Caspar David Friedrich
- Adolph Menzel

17 **Welches ist das älteste mittelalterliche Baudenkmal Deutschlands?**

- Pfalzkapelle in Aachen
- Klosterkirche Corvey
- Kirche St. Michael in Fulda
- Kloster Lorsch

18 **Welcher der genannten Künstler zählt nicht zu den bildenden Künstlern des Dadaismus?**

- Hugo Ball
- Hans Arp
- George Grosz
- Max Ernst

13 **Fritz Lang** und **Alfred Döblin** sind beide der Stilrichtung des Expressionismus zuzurechnen, waren jedoch keine Maler. Der Regisseur Fritz Lang drehte expressionistische Meisterwerke der Stummfilmepoche, Alfred Döblin war ein expressionistischer Schriftsteller.
Ernst Ludwig Kirchner und **Max Pechstein** zählen zu den Wegbereitern der Malerei des deutschen Expressionismus.

14 Der Maler **Wolfgang Willrich** war ein fanatischer Verfechter der nationalsozialistischen Kunstauffassung und einer der Organisatoren der Ausstellung „Entartete Kunst“, die 1937 in München Beispiele „degenerierten, ungesunden Kunstschaffens“ darbot. Zu sehen waren die Werke von verpönten Künstlern, unter anderen von **Ernst Barlach**, **Otto Dix** oder **George Grosz**.

15 In **Worpswede** bei Bremen ließen sich 1889 die Künstler Fritz Mackensen, Hans am Ende und Otto Modersohn nieder und gründeten eine Künstlerkolonie, der sich später auch Heinrich Vogeler und Paula Modersohn-Becker anschlossen.
In der Künstlerkolonie **Mathildenhöhe** in Darmstadt kamen Anfang des 20. Jahrhunderts die bedeutendsten Jugendstilkünstler zusammen. In **Ahrenshoop** an der Ostsee und in **Dachau** bei München entstanden in der zweiten Hälfte des 19. Jahrhunderts ebenfalls namhafte Künstlerkolonien.

16 **Carl Spitzweg** war ein Maler aus der Zeit von Biedermeier und Restauration. In seinen Bildern („Der arme Poet“) schildert er humorvoll Szenen aus dem Leben von Kleinbürgern und Sonderlingen.
Caspar David Friedrich gilt als der Hauptmeister der Malerei der deutschen Romantik. **Wilhelm Tischbein** war einer der bedeutendsten Maler des deutschen Klassizismus, **Adolph Menzel** ein Vertreter des gegen Romantik und Klassizismus gerichteten Realismus.

17 Das älteste mittelalterliche Baudenkmal Deutschlands ist die Königshalle des ehemaligen **Klosters Lorsch** im südlichen Hessen. Die 768 erbaute Königshalle ist eines der wenigen vollständig erhaltenen Bauwerke aus karolingischer Zeit.
Die **Pfalzkapelle in Aachen** entstand zwischen 785 und 805, die karolingische **Kirche St. Michael in Fulda** um 820. Die ältesten Teile der **Klosterkirche Corvey** in Höxter stammen aus der Zeit von 822 bis 844.

18 **Hugo Ball** war Literat und der geistige Vater des Dadaismus. Sein 1916 in Zürich eröffnetes „Cabaret Voltaire“ war die Geburtsstätte der Dadabewegung.
Der Maler und Grafiker **George Grosz** war 1918 einer der Gründer der Berliner Dadagruppe. Die späteren Surrealisten, der Maler und Bildhauer **Hans Arp** und der Maler **Max Ernst**, gründeten 1919 die Kölner Dadagruppe.

19 **Wofür ist der Kupferstecher Matthäus Merian d. Ä. bekannt?**

- Insektenbilder
- Bibelillustrationen
- Stadtansichten
- Porträts

20 **Von welchem Künstler stammt die Quadriga auf dem Brandenburger Tor?**

- Leo von Klenze
- Johann Gottfried Schadow
- Carl Gotthard Langhans
- Friedrich Wilhelm von Erdmannsdorff

21 **Welcher deutsche Maler war Hofmaler des englischen Königs Heinrich VIII.?**

- Lucas Cranach d. Ä.
- Jörg Breu d. Ä.
- Hans Holbein d. J.
- Hans Burgkmair d. Ä.

22 **Das älteste erhaltene Baudenkmal Deutschlands aus der Römerzeit ist …**

- eine Römerbrücke
- ein Amphitheater
- ein Kaiserpalast
- ein Stadttor

23 **Welcher zeitgenössische deutsche Maler wurde mit seinen „auf dem Kopf stehenden" Bildern weltberühmt?**

- Georg Baselitz
- Markus Lüpertz
- Jörg Immendorf
- Joseph Beuys

24 **Welcher der bedeutenden Fotografen wurde nicht in Deutschland geboren?**

- John Heartfield
- Alfred Stieglitz
- Helmut Newton
- Heinrich Zille

19 Matthäus Merian d. Ä. wurde durch seine exakten **Stadtansichten** zu Martin Zeilers „Topographia Germaniae" bekannt. Seine **Bibelillustrationen** gaben einer 1630 erschienenen deutschen Bibel den Namen Merianbibel.
Seine Tochter Maria Sibylla Merian veröffentlichte naturwissenschaftliche Werke mit naturgetreuen Blumen- und **Insektenbildern**, sein Sohn Matthäus Merian d. J. schuf als Maler und Kupferstecher zahlreiche **Porträts**.

20 Der vierspännige Streitwagen mit der Siegesgöttin, die Quadriga, auf dem von **Carl Gotthard Langhans** erbauten Brandenburger Tor wurde von **Johann Gottfried Schadow**, dem bedeutendsten Bildhauer des deutschen Klassizismus, geschaffen.
Von **Leo von Klenze** stammen zahlreiche klassizistische Bauwerke in München. Das Hauptwerk des frühklassizistischen Baumeisters **Friedrich Wilhelm von Erdmannsdorff** war Schloss und Park Wörlitz bei Dessau.

21 **Hans Holbein d. J.** war einer der größten Renaissancemaler und von 1536 bis zu seinem Tod 1543 Hofmaler des englischen Königs Heinrich VIII.
Wie Holbein sind auch **Hans Burgkmair d. Ä.** und **Jörg Breu d. Ä.** in Augsburg geboren. Beide waren wichtige Maler zu Beginn des 16. Jahrhunderts. **Lucas Cranach d. Ä.** war einer der produktivsten deutschen Maler zwischen Spätgotik und Renaissance. Von den etwa 5000 in seiner Werkstatt entstandenen Gemälden sind noch etwa 1000 erhalten.

22 Die Porta Nigra in Trier ist das am besten erhaltene **Stadttor** aus der Römerzeit nördlich der Alpen.
Sie steht als Weltkulturerbe unter dem Schutz der UNESCO, wie auch die anderen römischen Baudenkmäler Triers. Zu diesen zählen unter anderem die **Römerbrücke**, das **Amphitheater** und die Konstantinbasilika, ein **Kaiserpalast**, die aber nur teilweise erhalten sind bzw. rekonstruiert wurden.

23 Mit seinen „auf dem Kopf stehenden" Bildern wurde der Maler **Georg Baselitz** in den 1970er-Jahren weltberühmt. Baselitz will mit diesen Bildern dem Betrachter die Unabhängigkeit der Malerei von der Wirklichkeit demonstrieren.
Markus Lüpertz und **Jörg Immendorf** zählen seit den 1980er-Jahren zu den bekanntesten deutschen Malern der Gegenwart. Der Künstler **Joseph Beuys** machte durch seine Objekte aus Fett und Filz von sich reden.

24 **Alfred Stieglitz** wurde 1864 in den USA geboren. Stieglitz erhob mit seinen Arbeiten als Fotograf, Verleger und Galerist die Fotografie zu einer Kunstform.
John Heartfield gilt als Begründer der sozialkritischen Fotomontage. Der Modefotograf **Helmut Newton** ist auch für seine erotischen Fotografien bekannt. Der als Zeichner bekannt gewordenen **Heinrich Zille** begründete als Fotograf die sozialdokumentarische Fotografie in Deutschland.

MUSIK UND INTERPRETEN

Wie's singt und klingt im deutschen Land

Mark Twain fühlte sich bei einer Wagner-Oper, deren Aufführung er in Mannheim beigewohnt hatte, daran erinnert, was er durchlitten hatte, als das große Waisenhaus niederbrannte. Und Wilhelm Busch reimte: „Musik wird oft nicht schön gefunden, weil sie stets mit Geräusch verbunden." Zweifellos ist der Musikgeschmack äußerst mannigfaltig. Der eine mag Wagner nicht, der andere Jazz, der dritte verabscheut vielleicht Volksmusik. Aber ebenso unbezweifelbar ist, dass Deutschland einige der größten Musiker der Welt hervorgebracht hat: Beethoven, Bach und Händel oder Bohlen …

In diesem Kapitel können Sie Ihr Wissen über klassische Musik sowie über Pop und Jazz in Deutschland unter Beweis stellen.

1 **Von welcher DDR-Band stammt der Hit „Über sieben Brücken musst du geh'n“?**

- City
- Karat
- Klaus Renft Combo
- Puhdys

2 **Welche Oper gehört nicht zu Richard Wagners „Der Ring des Nibelungen“?**

- Siegfried
- Lohengrin
- Götterdämmerung
- Das Rheingold

3 **Welche Person war ein berühmter deutscher Orgelbauer?**

- Wilhelm Schimmel
- Gottfried Silbermann
- Carl Bechstein
- Heinrich Steinweg

4 **Was findet alljährlich im schleswig-holsteinischen Wacken statt?**

- Rockfestival
- Festival für Neue Musik
- Kostenloses Blues- und Jazzfestival
- Heavy-Metal-Festival

5 **Von welchem Komponisten stammt die Melodie der deutschen Nationalhymne?**

- Joseph Haydn
- Wolfgang Amadeus Mozart
- Hanns Eisler
- Ludwig van Beethoven

6 **Welcher deutsche Schlager war ein Hit in den 1970er-Jahren?**

- Tränen lügen nicht
- Major Tom
- Marmor, Stein und Eisen bricht
- Ganz in Weiß

1
Der Hit „Über sieben Brücken musst du geh'n“, der in der Bundesrepublik durch Peter Maffay bekannt geworden ist, stammt ursprünglich von der DDR-Band **Karat**.
„Alt wie ein Baum“ ist ein bekanntes Lied der **Puhdys**, mit dem Titel „Am Fenster“ gelang der Band **City** der Durchbruch. Wegen der „Rockballade vom kleinen Otto“ erhielt die **Klaus Renft Combo** 1975 Auftrittsverbot.

2
Wagners 1848 vollendete romantische Oper „**Lohengrin**“ zählt nicht zu seiner Tetralogie „Der Ring des Nibelungen“.
Sein zwischen 1848 und 1874 entstandenes vierteiliges Musikdrama, bei dem Wagner Stoffe von verschiedenen nordischen Sagenkreisen einarbeitete und miteinander verknüpfte, besteht aus den Opern „**Das Rheingold**“, „Die Walküre“, „**Siegfried**“ und „**Götterdämmerung**“.

3
Gottfried Silbermann zählt zusammen mit seinem Bruder Andreas zu den berühmtesten deutschen Orgelbauern. Er baute in den ersten Jahrzehnten des 18. Jahrhunderts nachweislich 46 Kirchenorgeln.
Carl Bechstein und **Wilhelm Schimmel** waren bekannte deutsche Klavierbauer und im 19. Jahrhundert die Gründer von noch immer existierenden Klavierfabriken. Die von **Heinrich Steinweg** 1835 gegründete Klavierfabrik heißt heute Steinway & Sons.

4
Seit 1990 findet in der schleswig-holsteinischen Gemeinde Wacken das inzwischen größte **Heavy-Metal-Festival** der Welt statt.
Das größte deutsche Open-Air-Festival ist das **Rockfestival** „Rock am Ring“, das seit 1985 auf dem Nürburgring stattfindet. Das weltweit renommierteste **Festival für Neue Musik** findet alljährlich in Donaueschingen statt, Deutschlands größtes **kostenloses Blues- und Jazzfestival** in Bamberg.

5
Die Melodie des Deutschlandlieds, das seit 1922 offizielle deutsche Nationalhymne ist, wurde von **Joseph Haydn** 1796 als Kaiserhymne „Gott erhalte Franz den Kaiser“ für den römisch-deutschen Kaiser Franz II. komponiert.
Die Melodie der Nationalhymne Österreichs wird **Wolfgang Amadeus Mozart** zugeschrieben, **Hanns Eisler** war der Komponist der Hymne der DDR. Die Melodie der Europahymne stammt aus dem letzten Satz der 9. Sinfonie von **Ludwig van Beethoven**.

6
Der von Michael Holm gesungene Schlager „**Tränen lügen nicht**“ ist ein Hit aus dem Jahr 1974.
„**Marmor, Stein und Eisen bricht**“ von Drafi Deutscher stürmte 1965 die Hitparaden, ein Jahr später folgte Roy Black mit der noch immer auf Hochzeiten beliebten Edelschnulze „**Ganz in Weiß**“. Im Jahr 1983 besang Peter Schilling das Schicksal von „**Major Tom**“.

7 **Verdi hat mehrere Opern geschrieben, die auf Dramen von Schiller basieren. Welche gehört nicht dazu?**

- Don Carlos
- Luisa Miller
- Falstaff
- Giovanna d'Arco

8 **Welche der deutschen Popgruppen ist eine Punkband?**

- Scooter
- Fanta 4
- Tote Hosen
- Fettes Brot

9 **Wie heißt das Verzeichnis, in dem die vollendeten Kompositionen Ludwig van Beethovens aufgeführt sind?**

- Köchelverzeichnis
- WWV
- Kinsky-Halm-Verzeichnis
- B-W-Verzeichnis

10 **Welcher der für Deutschland startenden Titel schnitt beim Grand Prix d'Eurovision de la Chanson am besten ab?**

- Guildo hat euch lieb
- Wunder gibt es immer wieder
- Dschingis Khan
- Johnny Blue

11 **Welcher Kapellmeister war kein leitender Dirigent des Berliner Philharmonischen Orchesters?**

- Karl Böhm
- Wilhelm Furtwängler
- Hans von Bülow
- Herbert von Karajan

12 **In welchem Jahr fand auf der Wartburg bei Eisenach der berühmte Sängerkrieg statt?**

- 1521
- 1817
- 1845
- In keinem der Jahre

7 In seinem letzten Bühnenwerk greift Verdi 1893 die komische Figur des John **Falstaff** aus William Shakespeares „Die lustigen Weiber von Windsor" auf.
Literarisches Vorbild der Verdi-Oper „**Luisa Miller**" war Schillers „Kabale und Liebe", jenes von „**Giovanna d'Arco**" das Drama „Die Jungfrau von Orleans". Verdis Oper „**Don Carlos**", die zu seinen Hauptwerken zählt, basiert auf dem gleichnamigen Schauspiel von Schiller.

8 Die **Toten Hosen** sind eine deutsche Rockband, die 1982 in Düsseldorf gegründet wurde und seitdem mit deutsch gesungener Stimmungsmusik à la Punk kommerziell erfolgreich ist.
Die Technoband **Scooter** hat sich seit den 1990er-Jahren mit elektronischer Tanzmusik auch international einen Namen gemacht. Die Fantastischen Vier, kurz **Fanta 4**, und **Fettes Brot** sind zwei deutschsprachige Hip-Hop-Bands.

9 Das von Georg Kinsky verfasste und nach dessen Tod von Hans Halm abgeschlossene Werkverzeichnis der vollendeten Kompositionen Beethovens ist unter dem Namen **Kinsky-Halm-Verzeichnis** bekannt.
Das chronologisch-thematische Verzeichnis der Werke von Wolfgang Amadeus Mozart ist das **Köchelverzeichnis**. Das **B-W-Verzeichnis** (BWV) ist das Verzeichnis der Werke von Johann Sebastian Bach, das Wagner-Werk-Verzeichnis (**WWV**) jener von Richard Wagner.

10 Am besten von den vier genannten Titeln schnitt „**Johnny Blue**" mit Lena Valaitis ab. Beim Grand Prix Eurovision de la Chanson 1981 kam sie damit auf den zweiten Platz.
Katja Ebstein wurde mit „**Wunder gibt es immer wieder**" 1970 Dritte, „**Dschingis Khan**" kam 1979 mit dem gleichnamigen Titel auf Platz 4. Guildo Horn belegte 1998 mit „**Guildo hat euch lieb**" lediglich den siebten Platz.

11 **Karl Böhm** zählt nicht zu den Dirigenten der Berliner Philharmoniker. Böhm war unter anderem Direktor der Dresdner Staatsoper und Dirigent an der Wiener Staatsoper.
Wilhelm Furtwängler war mit einer siebenjährigen Unterbrechung von 1922 bis 1954 Dirigent der Berliner Philharmoniker, sein Nachfolger **Herbert von Karajan** war bis 1989 Chefdirigent. **Hans von Bülow** leitete von 1887 bis 1894 das 1881 begründete Orchester.

12 Der Sängerwettstreit zwischen Walther von der Vogelweide, Wolfram von Eschenbach und anderen hat **in keinem der Jahre** stattgefunden – er ist eine ins 13. Jahrhundert zurückgehende literarische Erfindung.
Berühmt wurde der Sängerstreit durch Richard Wagner, der das Motiv **1845** in seiner Oper „Tannhäuser" wieder aufnahm.
Martin Luther begann **1521** auf der Wartburg mit der Übersetzung des neuen Testaments, im Jahr **1817** kamen Studenten aus ganz Deutschland zum Wartburgfest zusammen.

13 **Was ist keine Komposition von Georg Friedrich Händel?**

- Wassermusik
- Matthäuspassion
- Feuerwerksmusik
- Messias

14 **Wie heißt die einzige Oper des Komponisten Jacques Offenbach?**

- Orpheus in der Unterwelt
- Blaubart
- Hoffmanns Erzählungen
- Die schöne Helena

15 **Der 1941 erstmals von einem deutschen Soldatensender ausgestrahlte Schlager „Lili Marleen" wurde weltweit bekannt. Von wem wurde er gesungen?**

- Lale Andersen
- Marlene Dietrich
- Zarah Leander
- Hildegard Knef

16 **Wer schrieb den Text zur Oper „Der Rosenkavalier" von Richard Strauss?**

- Theodor Körner
- Hugo von Hofmannsthal
- Stefan Zweig
- August von Kotzebue

17 **Unter welchem Namen ist die 9. Sinfonie von Ludwig van Beethoven auch bekannt?**

- Schicksalssinfonie
- Pastorale
- Beethovens Neunte
- Eroica

18 **Wer war der Komponist der Dreigroschenoper?**

- Hanns Eisler
- Paul Dessau
- Bertolt Brecht
- Kurt Weill

(13) Die „**Matthäuspassion**" stammt nicht von Georg Friedrich Händel, sondern ist vielmehr eine der bekanntesten Kompositionen seines Zeitgenossen Johann Sebastian Bach. Zu den bedeutendsten Orchesterwerken von Händel gehören die „**Wassermusik**" und die „**Feuerwerksmusik**", als die berühmteste Komposition des barocken Meisters der Orgelmusik gilt das Oratorium für Chor und Orchester, der „**Messias**".

(14) Von den mehr als hundert Bühnenwerken, die Jacques Offenbach komponiert hat, war „**Hoffmanns Erzählungen**" die einzige Oper. Die erst nach dem Tod des Komponisten uraufgeführte Oper war auch sein erfolgreichstes Werk.
Berühmt wurde Offenbach durch seine Operetten. Zu den bekanntesten von ihnen zählen „**Blaubart**", „**Orpheus in der Unterwelt**" und „**Die schöne Helena**".

(15) „Lili Marleen" wurde von der Chansonsängerin und Schauspielerin **Lale Andersen** gesungen, die mit diesem Schlager weltweit bekannt wurde. „Ich bin von Kopf bis Fuß auf Liebe eingestellt" stammt aus dem Spielfilm „Der Blaue Engel". Mit Lied und Film begann die Weltkarriere von **Marlene Dietrich**. Das bekannteste Lied von **Zarah Leander** ist „Der Wind hat mir ein Lied erzählt", von **Hildegard Knef** stammt der Chanson „Für mich soll's rote Rosen regnen".

(16) Der Verfasser des Textes zur Oper „Der Rosenkavalier" war **Hugo von Hofmannsthal**, der auch die Libretti zahlreicher weiterer Opern von Richard Strauss schrieb. Auch andere bekannte Schriftsteller schrieben Texte für Strauss-Opern, so **Stefan Zweig** für „Die schweigsame Frau". **Theodor Körner** und **August von Kotzebue** schrieben Libretti für Opern von Franz Schubert.

(17) Ludwig van Beethovens 9. Sinfonie in d-Moll (op. 125) mit dem Schlusschor nach Schillers Ode „An die Freude" ist auch als **Beethovens Neunte** bekannt – einen eigentlichen Namen hat sie nicht.
Die **Eroica** ist Beethovens 3. Sinfonie in Es-Dur (op. 55). Seine 5. Sinfonie in c-Moll (op. 67) wird auch **Schicksalssinfonie** genannt, die 6. Sinfonie in F-Dur (op. 68) ist die **Pastorale**.

(18) Die Dreigroschenoper wurde nicht etwa von **Bertolt Brecht** komponiert – von ihm stammt der Text, eine freie Nachdichtung der „Bettleroper" von John Gay und Johann Christopher Pepusch. Der Komponist der Musik zu dem Stück war **Kurt Weill**, der auch mehrere andere Dramen Brechts vertont hat.
Auch **Paul Dessau** und **Hanns Eisler** komponierten Opern bzw. Bühnenmusiken nach Werken von Bertolt Brecht.

19 **Von welchem deutschen Komponisten stammt die sinfonische Dichtung „Also sprach Zarathustra“?**

- Oscar Straus
- Johann Strauß
- Richard Strauss
- Josef Strauß

20 **Eines der alljährlichen Jazzfestivals in Deutschland findet immer an Pfingsten statt. In welcher Stadt?**

- Dresden
- Moers
- Viersen
- Aalen

21 **Das Motiv von welcher der Wagneropern entstammt dem Sagenkreis um den Heiligen Gral?**

- Lohengrin
- Tannhäuser
- Tristan und Isolde
- Parsifal

22 **Von welchem Komponisten stammt „Ein deutsches Requiem“?**

- Kurt Weill
- Wolfgang Amadeus Mozart
- Johannes Brahms
- Anton Bruckner

23 **Wer komponierte mit der 1627 uraufgeführten Oper „Dafne“ die erste deutsche Oper?**

- Heinrich Schütz
- Dietrich Buxtehude
- Georg Friedrich Händel
- Georg Philipp Telemann

24 **Bei welcher Oper von Giacomo Meyerbeer war die Originalsprache nicht Französisch oder Italienisch?**

- Robert der Teufel
- Ein Feldlager in Schlesien
- Die Hugenotten
- Die Kreuzritter in Ägypten

19 Neben seinen Opern zählt die sinfonische Dichtung „Also sprach Zarathustra" zu den bekanntesten Werken des Komponisten **Richard Strauss**. **Oscar Straus** wurde vor allem durch seine Operetten bekannt („Ein Walzertraum"). **Johann Strauß** (Sohn) ging als Walzerkönig in die Musikgeschichte ein, den Walzer „Dynamiden" seines Bruders **Josef Strauß** zitiert Richard Strauss in seiner Oper „Der Rosenkavalier".

20 Das Jazzfestival in **Moers** am Niederrhein hat sich seit seiner Gründung 1972 zu einem der bedeutendsten internationalen Festivals für Free Jazz entwickelt. Es findet alljährlich an vier Tagen an Pfingsten statt.
Das Jazzfest in **Aalen**, eines der größten Festivals Deutschlands, wird am zweiten Novemberwochenende veranstaltet. Das Internationale Dixieland Festival **Dresden** findet in der zweiten Maiwoche, das Jazz Festival **Viersen** in der vierten Septemberwoche statt.

21 Sowohl „**Parsifal**" als auch „**Lohengrin**" sind Figuren aus dem Sagenkreis um den Heiligen Gral. Beide Opern Wagners basieren auf dem Versepos „Parzival" von Wolfram von Eschenbach, das die Suche nach dem Gral thematisiert.
Für „Tannhäuser und der Sängerkrieg auf Wartburg" verbindet Wagner die spätmittelalterliche Legende von „**Tannhäuser**" mit der Sage des Sängerkriegs. „**Tristan und Isolde**" greift Motive aus dem keltischen Sagenkreis um König Artus auf.

22 Mit seinem „Deutschen Requiem" gelang **Johannes Brahms** der Durchbruch als Komponist. Die Vertonung des deutschen Bibeltexts gilt als sein populärstes Werk.
Das Requiem in d-Moll ist das letzte Werk von **Wolfgang Amadeus Mozart**, das er nicht mehr selbst beenden konnte. Ebenfalls in d-Moll vertonte **Anton Bruckner** das Requiem; es war seine erste große Komposition. **Kurt Weill** komponierte das Berliner Requiem nach einem Text von Bertolt Brecht.

23 Für die Hochzeit einer Tochter des sächsischen Kurfürsten Johann Georg I. komponierte **Heinrich Schütz** mit „Dafne" die erste deutsche Oper überhaupt.
Der 1637 – zehn Jahre nach der Uraufführung von „Dafne" – geborene **Dietrich Buxtehude** komponierte Orgel- und geistliche Vokalwerke, aber keine Opern. **Georg Friedrich Händel** komponierte 46 Opern, von **Georg Philipp Telemann** sind rund 50 bekannt. Beide Barockkomponisten wurden jedoch erst 1685 bzw. 1681 geboren.

24 Der 1791 in Brandenburg als Jakob Meyer Beer geborene Giacomo Meyerbeer war einer der Hauptvertreter der Grand Opéra. Die Originalsprache seiner Oper „**Ein Feldlager in Schlesien**" war Deutsch.
Bei den meisten seiner bekannteren Opern war die Originalsprache jedoch Französisch, so bei „**Robert der Teufel**" oder „**Die Hugenotten**", bei einigen wie „**Die Kreuzritter in Ägypten**" war sie auch Italienisch.

MEDIEN UND UNTERHALTUNG

In Sachen Infotainment

Medien und Unterhaltung gehören zusammen wie die Henne und das Ei, und beim Begriff Medien denkt man zunächst an Rundfunk, Fernsehen und Film oder an das Internet. Es wird leicht vergessen, dass die modernen Medien nicht nur Unterhaltung, sondern auch „ernsthafte“ Informationen wie Nachrichten vermitteln, was vielleicht daran liegt, dass Informationsinhalte immer mehr durch Entertainment zum sogenannten Infotainment aufgelockert, aber auch verwässert werden.

Im folgenden Kapitel können Sie Ihr Wissen über das Filmschaffen und das Fernsehen in Deutschland unter Beweis stellen, wobei bei unserer Fragenauswahl die klassischen Printmedien wie Zeitungen und Zeitschriften auch nicht völlig unter den Tisch gefallen sind.

1 **Knapp zwei Dutzend Edgar-Wallace-Filme kamen in den 1960er-Jahren in Deutschland in die Kinos. Welcher gehört nicht dazu?**

- Der schwarze Abt
- Der Hund von Blackwood Castle
- Der unheimliche Mönch
- Der Hund von Baskerville

2 **Welcher der genannten Figuren ist kein Mainzelmännchen?**

- Det
- Edi
- Dipsy
- Berti

3 **Wie heißt die Gesellschaft für musikalische Aufführungs- und mechanische Vervielfältigungsrechte?**

- GELU
- GVFG
- GMDS
- GEMA

4 **Welcher „Tatort"-Kommissar ist der dienstälteste?**

- Max Ballauf
- Frank Thiel
- Ivo Batić
- Lena Odenthal

5 **Welcher deutsche Fernsehsender ist kein öffentlich-rechtlicher?**

- SAT.1
- 3sat
- BR-alpha
- DSF

6 **Welche noch immer produzierte Krimireihe war eine ehemalige Serie des DDR-Fernsehens?**

- Ein Fall für Zwei
- SOKO Wismar
- Blaulicht
- Polizeiruf 110

1 **„Der Hund von Baskerville"** ist der Titel von inzwischen sechs verschiedenen Verfilmungen des Sherlock-Holmes-Romans „Der Hund der Baskervilles" von Arthur Conan Doyle. **„Der schwarze Abt"** (1964) mit Joachim Fuchsberger, **„Der unheimliche Mönch"** (1965) mit Harald Leipnitz und **„Der Hund von Blackwood Castle"** (1967) mit Heinz Drache sind deutsche Spielfilme nach Romanen oder Motiven von Edgar Wallace.

2 **Dipsy** ist eine der vier Figuren aus den Teletubbies, einer von der britischen BBC produzierten Fernsehserie für Kleinkinder, die in Deutschland im Kinderkanal KI.KA ausgestrahlt wurde. Die anderen drei Teletubbies heißen Tinky-Winky, Laa-Laa und Po. Die Namen der sechs Mainzelmännchen, die im ZDF als Werbetrenner agieren, sind Anton, **Berti**, Conni, **Det**, **Edi** und Fritzchen.

3 Die Gesellschaft für musikalische Aufführungs- und mechanische Vervielfältigungsrechte heißt abgekürzt **GEMA**. Als Verwertungsgesellschaft nimmt sie die Urheberrechte von Komponisten, Textdichtern und Musikverlegern wahr.
GELU ist die Gesellschaft zur Verwertung literarischer Urheberrechte. **GVFG** ist die Abkürzung von Gemeindeverkehrsfinanzierungsgesetz, **GMDS** für Gesellschaft für Medizinische Dokumentation, Informatik und Statistik.

4 Die erste Sendung mit **Lena Odenthal** als Chefermittlerin lief 1989. Die Kriminalhauptkommissarin aus Ludwigshafen ist damit die dienstälteste aller Kommissare der „Tatort"-Reihe.
Ivo Batić und Franz Leitmayr ermitteln seit 1991 in München, **Max Ballauf** und sein Kollege Freddy Schenk seit 1997 in Köln. Kriminalhauptkommissar **Frank Thiel** geht seit 2002 mit dem Rechtsmediziner Professor Karl-Friedrich Boerne in Münster auf Verbrecherjagd.

5 Sowohl SAT.1 als auch DSF sind private Fernsehsender. **SAT.1** ist eine Tochter der ProSiebenSat.1 Media AG und der Sender mit dem höchsten Marktanteil der Gruppe. Das Deutsche Sportfernsehen, **DSF**, ist ein Sender der Constantin Medien AG, der neben Sport Gewinnspiel- und Teleshoppingformate sendet.
3sat und BR-alpha sind öffentlich-rechtliche Sender. **3sat** ist ein Gemeinschaftssender von ARD, ZDF, ORF und SRG, **BR-alpha** ein Bildungskanal des Bayerischen Rundfunks.

6 Die Krimireihe **„Polizeiruf 110"** lief seit 1971 im Fernsehen der DDR. Sie wird seit 1993 von verschiedenen ARD-Anstalten fortgeführt und ist mittlerweile eine der beliebtesten Kriminserien Deutschlands.
„Blaulicht" aus den Jahren 1959 bis 1968 war die erste Krimiserie der DDR und ein Pendant zum westdeutschen Stahlnetz. **„Ein Fall für Zwei"** wird seit 1981 vom ZDF produziert, **„SOKO Wismar"** ist ein Ableger der SOKO-Reihe des ZDF und wird seit 2004 ausgestrahlt.

7 **Wie hieß die tägliche Nachrichtensendung des DDR-Fernsehens?**

- Der Augenzeuge
- Aktuelle Kamera
- Der schwarze Kanal
- Zeit im Bild

8 **Welcher der Comedians hat nicht Pädagogik studiert?**

- Oliver Pocher
- Anke Engelke
- Bastian Pastewka
- Ingolf Lück

9 **Wer spielte den Rechtsanwalt Dr. Johannes Voss in der Krimiserie „Ein Fall für Zwei"?**

- Günter Strack
- Paul Frielinghaus
- Rainer Hunold
- Mathias Herrmann

10 **Wie heißt der 1955 von Kurt Hoffmann verfilmte Roman von Erich Kästner?**

- Drei Mann in einem Boot
- Drei Männer im Schnee
- Drei Mann auf einem Pferd
- Drei Männer im Paradies

11 **Mit welchem Werbeslogan wurde in Deutschland nicht für Coca-Cola geworben?**

- It's the real thing
- Heiß geliebt und kalt getrunken
- Mach mal Pause
- Durst kennt keine Jahreszeit

12 **Hans-Jürgen Dohrenkamp ist der bürgerliche Name des Fernsehentertainers …**

- Rudi Carell
- Jürgen von der Lippe
- Dieter Thomas Heck
- Stefan Raab

7 Die „**Aktuelle Kamera**“ war die tägliche Nachrichtensendung des DDR-Fernsehens, die jedoch erst mit der zunehmenden Verbreitung von Fernsehgeräten in den 1950er-Jahren die Kinowochenschau „**Der Augenzeuge**“ als wichtigstes Nachrichtenmedium ablöste.
„**Der schwarze Kanal**“ war eine politische Propagandasendung des DDR-Fernsehens, die von 1960 bis 1989 ausgestrahlt wurde. „**Zeit im Bild**“ ist der Name der Nachrichtensendungen des österreichischen Fernsehens ORF.

8 **Oliver Pocher** hat eine Ausbildung zum Versicherungskaufmann begonnen und erfolgreich abgeschlossen, bevor er sich seiner hauptberuflichen Karriere im Fernsehen widmete. **Anke Engelke** stand schon als Kind auf der Bühne, begann aber dennoch ein Studium der Anglistik, Romanistik und Pädagogik. Ihre Partner in der Sketchsendung „Die Wochenshow“, **Bastian Pastewka** und **Ingolf Lück**, hatten beide – neben anderen Fächern – ebenfalls Pädagogik studiert.

9 Der Anwalt Dr. Johannes Voss in der ZDF-Krimiserie „Ein Fall für Zwei“ wurde von **Mathias Herrmann** gespielt.
Er löste 1997 **Rainer Hunold** als Rechtsanwalt Dr. Rainer Franck ab, der seinerseits 1988 **Günter Strack** als Anwalt Dr. Dieter Renz beerbt hatte. Partner von Claus Theo Gärtner, der seit dem Start der Serie im Jahr 1981 die Rolle des Privatdetektivs Josef Matula spielt, wurde 2000 **Paul Frielinghaus** als Rechtsanwalt Dr. Markus Lessing.

10 Der von Kurt Hoffmann 1955 verfilmte Roman von Erich Kästner mit Paul Dahlke und Claus Biederstaedt in den Hauptrollen heißt „**Drei Männer im Schnee**“.
„**Drei Männer im Paradies**“ ist der deutsche Titel einer amerikanischen Verfilmung von Kästners Roman aus dem Jahr 1938. „**Drei Mann auf einem Pferd**“ (1957) ist eine Gaunerklamotte mit Walter Giller, der neben Hans-Joachim Kuhlenkampff und Heinz Erhardt auch in der Filmkomödie „**Drei Mann in einem Boot**“ (1961) mitspielt.

11 „**Heiß geliebt und kalt getrunken**“ war in der Nachkriegszeit ein Werbeslogan für Doornkaat, der mit dazu beitrug, den Korn zur damaligen Spirituose Nr. 1 in Deutschland zu machen.
Mit „**Durst kennt keine Jahreszeit**“ warb Coca-Cola in den 1920er-Jahren, ein Klassiker unter den Werbesprüchen ist „**Mach mal Pause**“ aus den 1950er-Jahren. Seit 1969 sind mit **It's the real thing**“ jedoch englischsprachige Slogans angesagt.

12 Hans-Jürgen Dohrenkamp ist der bürgerliche Name des Sängers, Entertainers, Moderators und Komikers **Jürgen von der Lippe**.
Der Niederländer Rudolf Wybrand Kesselaar wurde in Deutschland unter dem Künstlernamen **Rudi Carell** zum Star der Fernsehunterhaltung. **Dieter Thomas Heck** wurde als Carl-Dieter Heckscher geboren. Stefan Raab machte sich als Entertainer und Musiker einen Namen – ohne Pseudonym, als **Stefan Raab**.

13 **Durch welche Seifenoper wurde die Schauspielerin und Sängerin Jeanette Biedermann bekannt?**

- Gute Zeiten – schlechte Zeiten
- Lindenstraße
- Anna und die Liebe
- Verliebt in Berlin

14 **Welches ist keine Figur aus dem Repertoire der Augsburger Puppenkiste?**

- Urmel
- Tigerente
- Mikesch
- Jim Knopf

15 **Von welcher Krimiserie wurde die erste Folge 1974 gesendet?**

- Tatort
- Der Kommissar
- Ein Fall für Zwei
- Derrick

16 **Mit „Es gibt viel zu tun …“ begann ein Werbeslogan der ESSO AG aus dem Jahr 1974. Wie geht er weiter?**

- … Lassen wir's sein
- … Packen wir's an
- … Fangt schon mal an
- … Packen wir's ein

17 **Bei welcher TV-Krimiserie stand der Schauspieler Fritz Wepper nicht auf der Besetzungsliste?**

- Der Alte
- Zwei Brüder
- Der Kommissar
- Derrick

18 **Unter welchem Pseudonym wurde der Schlagersänger Werner Böhm bekannt?**

- Gottlieb Wendehals
- Roy Black
- Rex Gildo
- Michael Holm

(13) Jeanette Biedermann wurde einem breiten Publikum durch ihre Rolle der Marie Balzer in der Seifenoper „**Gute Zeiten – schlechte Zeiten**" bekannt. In der Telenovela „**Anna und die Liebe**" spielte sie die Titelrolle.
Mit der Rolle des Jo Zenker in der Seifenoper „**Lindenstraße**" begann die Schauspielkarriere von Til Schweiger. Die Hauptrolle der Lisa Plenske in der Telenovela „**Verliebt in Berlin**" war der Durchbruch für Alexandra Neldel.

(14) Die **Tigerente**, eine tigerähnlich gemusterte Holzente auf Rädern, ist eine Figur aus dem Kinderbuch „Oh, wie schön ist Panama" von Janosch. „**Urmel** aus dem Eis" nach dem Kinderbuch von Max Kruse, „**Jim Knopf** und Lukas der Lokomotivführer" nach dem Kinderbuch von Michael Ende und „Kater **Mikesch**" nach einem Kinderbuch von Otfried Preußler zählen zu den Klassikern unter den Puppenspielen der Augsburger Puppenkiste.

(15) „**Derrick**" mit Horst Tappert in der Titelrolle war die erfolgreichste deutsche Fernsehserie. Von 1974 bis 1998 strahlte das ZDF insgesamt 281 Episoden aus.
Die erste „**Tatort**"-Folge aus dem Jahr 1970, die erstaunlicherweise überwiegend in der DDR spielte, war „Taxi nach Leipzig". Die Serie „**Der Kommissar**" lief von 1969 bis 1976, die erste Folge von „**Ein Fall für Zwei**" wurde 1981 gesendet.

(16) Mit dem Slogan „Es gibt viel zu tun. **Packen wir's an**!" startete die ESSO AG in den 1970er-Jahren eine erfolgreiche Informations- und Werbekampagne.
Der Spruch wurde schnell zur stehenden Redewendung, nicht zuletzt durch Verballhornungen wie … **Fangt schon mal an** oder … **Lassen wir's sein**. Mit der polemischen Abwandlung „Es gibt viel zu verdienen. **Packen wir's ein**" wurde an der Preispolitik der Mineralölkonzerne Kritik geübt.

(17) In den mehr als 300 Folgen der seit 1977 im ZDF laufenden Krimiserie „**Der Alte**" stand Fritz Wepper bisher nicht auf der Besetzungsliste.
In der Serie „**Der Kommissar**" mit Erik Ode in der Titelrolle spielte Wepper den Assistenten Harry Klein, wechselte dann aber – unter gleichem Namen und in gleicher Funktion – zu Oberinspektor „**Derrick**" über. In der Serie „**Zwei Brüder**" spielte Fritz Wepper an der Seite seines Bruders Elmar einen ehrgeizigen Oberstaatsanwalt.

(18) Unter dem Künstlernamen **Gottlieb Wendehals** landete Werner Böhm 1981 mit dem Stimmungsschlager „Polonäse Blankenese" einen Hit, der es sogar auf Platz 1 der deutschen Charts schaffte.
Gerhard Höllerich wurde als **Roy Black** mit dem Lied „Du bist nicht allein" zum Schlagerstar. **Michael Holm** („Tränen lügen nicht") heißt mit bürgerlichem Namen Lothar Bernhard Walter, **Rex Gildo** („Fiesta Mexicana") wurde als Ludwig Franz Hirtreiter geboren.

19 **Welche der deutsche Krimiserien spielt bzw. spielte nicht in München?**

- Siska
- Derrick
- Balko
- SOKO 5113

20 **Welcher der nach Vorlagen von Francis Durbridge gedrehten Fernsehkrimis geriet in die Schlagzeilen, weil der Name des Mörders vorab veröffentlicht wurde?**

- Das Halstuch
- Es ist soweit
- Tim Frazer
- Melissa

21 **Mit welcher Schauspielerin als Kommissarin begann 1978 die „Frauenpower" in der „Tatort"-Reihe?**

- Ulrike Folkerts
- Eva Mattes
- Sabine Postel
- Nicole Heesters

22 **Welcher deutsche Schauspieler wurde 1929 mit dem Oscar für den besten Hauptdarsteller ausgezeichnet?**

- Emil Jannings
- Conrad Veidt
- Werner Krauß
- Gustav Fröhlich

23 **Welche der Popgruppen stammt nicht aus Köln?**

- Bläck Fööss
- BAP
- Haindling
- Höhner

24 **Welcher der bekannten Schauspieler aus der „Tatort"-Reihe stammt nicht aus der ehemaligen DDR?**

- Simone Thomalla
- Harald Krassnitzer
- Winfried Glatzeder
- Manfred Krug

19 Die zwischen 1995 und 2005 von RTL produzierte Serie „**Balko**“ war die erste deutsche Kriminalkomödienserie. Ihr Titelheld, der Kommissar ohne Vornamen, ermittelte in Dortmund. Die Krimiserien „**Siska**“ und „**Derrick**“, die ebenfalls nach ihren Hauptfiguren benannt sind, spielten in München und Umgebung. Schauplatz der Serie „**SOKO 5113**“ - 5113 steht für die Telefondurchwahl des Leiters der Sonderkommission - ist gleichermaßen München.

20 Die nach Drehbüchern des britischen Schriftstellers Francis Durbridge gedrehten mehrteiligen Fernsehkrimis wie „**Es ist soweit**“ (1960), „**Tim Frazer**“ (1963) oder „**Melissa**“ (1966) wurden in den 1960er-Jahren auch Straßenfeger genannt: Sie hatten zum Teil Einschaltquoten von bis zu 90 %.
1962 sorgte der Kabarettist Wolfgang Neuss für einen Medienskandal, weil er vor der letzten Folge von „**Das Halstuch**“ den Namen des Mörders in einer Reklameanzeige veröffentlichte.

21 Die erste „Tatort“-Kommissarin war **Nicole Heesters**. In drei vom damaligen Südwestfunk produzierten Folgen ermittelte sie, unterstützt von zwei männlichen Assistenten, zwischen 1978 und 1980 als Kommissarin Marianne Buchmüller in Mainz.
1989 trat **Ulrike Folkerts** als Kommissarin Lena Odenthal in Ludwigshafen ihr Amt an. In Bremen ermittelt seit 1997 **Sabine Postel** als Kommissarin Inga Lürsen, 2002 folgte **Eva Mattes** als Kommissarin Klara Blum in Konstanz.

22 **Emil Jannings** bekam 1929 für seine Rollen in den amerikanischen Stummfilmen „Sein letzter Befehl“ und „Der Weg allen Fleisches“ den Oscar für den besten Hauptdarsteller. Er war der bisher einzige deutsche Schauspieler, der den Oscar in dieser Kategorie gewinnen konnte.
Conrad Veidt, **Werner Krauß** oder **Gustav Fröhlich** waren bedeutende Stummfilmdarsteller, die jedoch ihre Filme vorwiegend in Deutschland gedreht hatten.

23 **Haindling** ist eine von dem bayerischen Musiker Hans-Jürgen Buchner gegründete Gruppe, die vom Jazz und von bayerischer Volksmusik geprägte Popmusik mit vorwiegend in bayerischer Mundart gesungenen Texten macht.
BAP ist eine Kölner Rockband. Die ebenfalls aus Köln stammenden Popgruppen **Bläck Fööss** („Nackte Füße“) und **Höner** („Hühner“) sind durch ihre Karnevals- und Stimmungsschlager bekannt. Gemeinsam ist allen drei Bands, dass sie ihre Liedtexte in kölschem Platt singen.

24 **Harald Krassnitzer** stammt nicht aus der ehemaligen DDR - er ist Österreicher. Krassnitzer spielt in den vom ORF produzierten „Tatort“-Folgen den Chefinspektor Moritz Eisner.
Simone Thomalla („Tatort“ Leipzig) ist auch in Leipzig geboren und wuchs in der DDR auf. **Winfried Glatzeder** (ehemals „Tatort“ Berlin) und **Manfred Krug** (ehemals „Tatort“ Hamburg) waren bereits in der DDR bekannte Schauspieler.

25 **Welche Fernsehserie ist nicht von dem Regisseur Helmut Dietl?**

- Monaco Franze
- Der große Bellheim
- Münchner Geschichten
- Kir Royal

26 **Wann wurde in Deutschland der erste private Fernsehsender gegründet?**

- 1954
- 1958
- 1964
- 1984

27 **Welcher Hollywoodregisseur wurde nicht in Deutschland geboren?**

- Robert Siodmak
- Billy Wilder
- Douglas Sirk
- Roland Emmerich

28 **Welches war der erste deutsche TV-Nachrichtensender?**

- Phoenix
- n-tv
- EinsExtra
- N24

29 **In welcher Stadt finden seit 1954 die renommierten „Internationalen Kurzfilmtage" statt?**

- Berlin
- Oberhausen
- Mannheim–Heidelberg
- Hof

30 **Welcher heutige deutsche Hollywoodstar begann seine Filmkarriere mit einem Fernsehfilm aus der Reihe „Tatort"?**

- Jürgen Prochnow
- Roland Emmerich
- Ralf Möller
- Wolfgang Petersen

25
„Der große Bellheim“ war keine Fernsehserie, sondern ein vierteiliger Fernsehfilm des Regisseurs Dieter Wedel aus dem Jahr 1993.
Helmut Dietl war Regisseur und Drehbuchautor der Fernsehserien **„Münchner Geschichten“** (1974), **„Monaco Franze“** (1983) und **„Kir Royal“** (1986). Außerdem drehte er die Spielfilme „Schtonk!“ und „Rossini - oder die mörderische Frage, wer mit wem schlief“.

26
Der erste private Fernsehsender Deutschlands war Telesaar. Er wurde **1954** gegründet - das Saarland unterlag seinerzeit nicht der deutschen Rundfunkhoheit. **1958** wurde der Sender eingestellt.
Zwar hatte das Saarland bereits **1964** die gesetzlichen Grundlagen für einen privaten Rundfunk geschaffen, doch erst nach einem Urteil des Bundesverfassungsgerichts wurden die Grundlagen für ein bundesweites Privatfernsehen geschaffen, sodass SAT.1 und RTL plus **1984** ihren Sendebetrieb aufnehmen konnten.

27
Billy Wilder wurde im heutigen Polen geboren, wuchs in Österreich auf und emigrierte 1933 aus Deutschland in die USA, wo er als Regisseur sechsmal mit dem Oscar ausgezeichnet wurde.
Die Hollywoodregisseure Curt und **Robert Siodmak** wurden in Dresden geboren, **Douglas Sirk** kam als Detlef Sierck in Hamburg zur Welt und der Stuttgarter **Roland Emmerich** machte mit seinen Katastrophenfilmen eine Hollywoodkarriere.

28
Der erste deutsche Nachrichtensender war **n-tv**. Der zur RTL Group gehörende kommerzielle Sender nahm 1992 den Sendebetrieb auf. Seit 2000 hat er von **N24**, einem privaten TV-Nachrichtensender der ProSiebenSat.1 Media AG, Konkurrenz bekommen.
Phoenix sendet seit 1997 als öffentlich-rechtlicher Ereignis- und Dokumentationskanal von ARD und ZDF, **EinsExtra** ist ein 2008 eingerichteter digitaler Nachrichtenkanal der ARD.

29
Die „Internationalen Kurzfilmtage“ finden seit 1954 in **Oberhausen** statt. Sie gelten als das älteste und eines der renommiertesten Kurzfilmfestivals der Welt.
Hinter der „Berlinale“ in **Berlin** und neben den „Internationalen Filmtagen“ in **Hof** zählt das „Internationale Filmfestival **Mannheim–Heidelberg**“ zu den wichtigsten Filmfestivals in Deutschland.

30
Die Karriere des Regisseurs **Wolfgang Petersen** begann 1977 mit dem Fernsehfilm „Reifezeugnis“, der vielfach als die beste „Tatort“-Folge bezeichnet wird. Zu seinen größten Erfolgen zählt der Spielfilm „Das Boot“, mit dem auch der Schauspieler **Jürgen Prochnow** weltbekannt wurde.
Roland Emmerich drehte mit „Independence Day“ einen der erfolgreichsten Filme der 1990er-Jahre.
Dem früheren Bodybuilder **Ralf Möller** gelang mit „Gladiator“ der internationale Durchbruch als Schauspieler.

31 **Wer gehört nicht zu den vier imaginären Partygästen in dem beliebten Silvestersketch „Dinner for one“?**

- Freddy Frinton
- Admiral von Schneider
- Sir Toby
- Mr. Pommeroy

32 **Wann wurde in Deutschland das erste Fernsehprogramm ausgestrahlt?**

- 1935
- 1950
- 1952
- 1963

33 **Die Filmkarriere welches der Schauspieler begann nicht in der DDR?**

- Armin Müller-Stahl
- Rolf Hoppe
- Jan Josef Liefers
- Jaecki Schwarz

34 **Welche der politischen Affären der 1980er- und 1990er-Jahre wurde nicht vom Nachrichtenmagazin „Der Spiegel“ aufgedeckt oder ins Rollen gebracht?**

- Barschel-Affäre
- Amigo-Affäre
- Flick-Affäre
- Neue-Heimat-Affäre

35 **Der Filmregisseur Volker Schlöndorff hat eine besondere Vorliebe für literarische Vorlagen. Welche Romanverfilmung stammt nicht von ihm?**

- Homo Faber
- Tod eines Handlungsreisenden
- Ende einer Dienstfahrt
- Die Blechtrommel

36 **Von welchem Regisseur stammt der in dem fiktiven Ort Schabbach im Hunsrück spielende Dokumentarfilmzyklus „Heimat“?**

- Joseph Vilsmaier
- Edgar Reitz
- Rainer Werner Fassbinder
- Eberhard Fechner

31 **Freddy Frinton** zählt nicht zu den vier unsichtbaren weil bereits dahingeschiedenen Gästen in „Dinner for one" oder „Der 90. Geburtstag" - er spielt an der Seite von May Warden als Miss Sophie den Butler James. Neben **Mr. Pommeroy**, **Sir Toby** und **Admiral von Schneider** ist Mr. Winterbottom der vierte imaginäre Gast in dem recht britisch erscheinenden Sketch, der jedoch in Großbritannien vollkommen unbekannt ist; er ist eine deutsche Fernsehproduktion aus dem Jahr 1963.

32 In Deutschland wurden **1935** die ersten regelmäßigen Fernsehprogramme ausgestrahlt, jedoch ohne großen Erfolg. Da die Fernsehtechnik noch sehr unausgereift war, gab es kaum Empfangsgeräte.
Die ARD wurde **1950** gegründet, im Dezember **1952** wurde der reguläre Fernsehbetrieb sowohl in der DDR als auch in der Bundesrepublik aufgenommen. Das ZDF ging **1963** erstmals auf Sendung.

33 **Jan Josef Liefers** wurde 1964 in der DDR geboren, wo er Ende der 1980er-Jahre auch bereits Theater spielte. Seine Filmkarriere begann indes 1997 mit einer Rolle in Helmut Dietls Film „Rossini - oder die mörderische Frage, wer mit wem schlief".
Armin Müller-Stahls Schauspielerkarriere begann 1960 in der DDR, **Rolf Hoppe** und **Jaecki Schwarz** zählten zu den meistbeschäftigten DEFA- und DFF-Schauspielern.

34 Die sogenannte **Amigo-Affäre**, ein Bestechungsskandal um den damaligen bayerischen Ministerpräsidenten Max Streibl, wurde 1993 von Journalisten der „Süddeutschen Zeitung" aufgedeckt.
Anfang der 1980er-Jahre war „Der Spiegel" an der Aufklärung der **Flick-Affäre** ebenso maßgeblich beteiligt wie an der Aufdeckung der **Neuen-Heimat-Affäre**. Die **Barschel-Affäre** um den schleswig-holsteinischen Ministerpräsidenten wurde 1987 ebenfalls durch Meldungen im „Spiegel" ins Rollen gebracht.

35 Regisseur des 1971 nach dem Roman von Heinrich Böll gedrehten Films „**Ende einer Dienstfahrt**" war Hans Dieter Schwarze.
Den Film „**Homo Faber**" nach dem Roman von Max Frisch drehte Volker Schlöndorff 1991, „**Tod eines Handlungsreisenden**" nach dem Schauspiel von Arthur Miller entstand 1985. Sein größter Erfolg war die Verfilmung des Günter-Grass-Romans „**Die Blechtrommel**", für die er 1980 den Oscar für den besten fremdsprachigen Film erhielt.

36 Mit den insgesamt 30 Fernsehfilmen des Dokumentarfilmzyklus „Heimat" aus den Jahren 1984 bis 2004 schrieb der Regisseur **Edgar Reitz** Fernsehgeschichte.
Joseph Vilsmaier drehte 1988 den modernen Heimatfilm „Herbstmilch", **Eberhard Fechner** inszenierte 1975 den zweiteiligen Fernsehfilm „Tadellöser & Wolff". Von **Rainer Werner Fassbinder** stammt die fünfteilige Fernsehserie „Acht Stunden sind kein Tag" aus den Jahren 1972/73.

37 **Welches Kürzel steht nicht für eine deutsche Nachrichtenagentur?**

- ddp
- dpa
- dpi
- epd

38 **Welche der Klassiker des deutschen Stummfilms stammen vom Regisseur Friedrich Wilhelm Murnau?**

- Der letzte Mann
- Das Wachsfigurenkabinett
- Nosferatu
- Metropolis

39 **Welcher der deutschen Oscarpreisträger wurde nicht für den besten fremdsprachigen Film ausgezeichnet?**

- Volker Schlöndorff
- Bernhard Grzimek
- Caroline Link
- Florian Henckel von Donnersmarck

40 **Welche deutsche Schauspielerin liegt nicht in Berlin begraben?**

- Inge Meysel
- Hildegard Knef
- Brigitte Mira
- Grethe Weiser

41 **In welchem Film spielte der Regisseur Rainer Werner Fassbinder die Rolle eines Polizisten?**

- Ein Mann wie Eva
- Angst essen Seele auf
- Katzelmacher
- Kamikaze 1989

42 **Welcher deutsche Verlag verlegt keine wissenschaftlichen Fachbücher?**

- Springer
- Borntraeger
- Econ
- Schweizerbart

37 Die Abkürzung **dpi** steht für „dots per inch“ (Bildpunkte pro Zoll) und ist ein Maß für die Auflösung beim Druck oder bei der Bildschirmwiedergabe.
Nachrichtenagenturen sind Unternehmen, die Nachrichten als vorgefertigte Meldungen für Zeitungen und Nachrichtensendungen liefern. Zu den bekanntesten deutschen Nachrichtenagenturen zählen die Deutsche Presse-Agentur (**dpa**) und der Deutsche Depeschendienst (**ddp**). Der Evangelische Pressedienst (**epd**) ist die älteste deutschsprachige Nachrichtenagentur.

38 Der Regisseur Friedrich Wilhelm Murnau drehte 1922 den Klassiker des deutschen Stummfilms **„Nosferatu** – Eine Symphonie des Grauens“. Als bester seiner Filme gilt jedoch der weniger bekannte, 1924 gedrehte Stummfilm **„Der letzte Mann“**. **„Metropolis“** ist ein Stummfilmklassiker des Regisseurs Fritz Lang aus dem Jahr 1927, **„Das Wachsfigurenkabinett“** wurde 1924 von Paul Leni in Szene gesetzt.

39 **Bernhard Grzimek** und sein im Jahr zuvor in Afrika tödlich verunglückter Sohn Michael wurden 1960 für „Serengeti darf nicht sterben“ mit dem Oscar für den besten Dokumentarfilm ausgezeichnet.
Den Oscar für den besten fremdsprachigen Film erhielten bislang drei deutsche Regisseure: **Volker Schlöndorff** 1980 für „Die Blechtrommel“, **Caroline Link** 2003 für „Nirgendwo in Afrika“ und **Florian Henckel von Donnersmarck** 2007 für „Das Leben der Anderen“.

40 Die in Rixdorf bei Berlin geborene deutsche Schauspielerin **Inge Meysel** ist nicht in Berlin begraben. Sie wurde 2004 an der Seite ihres Mannes auf dem Friedhof Ohlsdorf in Hamburg beigesetzt.
Die Grabstätte von **Hildegard Knef** befindet sich auf dem Waldfriedhof Zehlendorf. **Brigitte Mira** ist auf dem Luisen-Friedhof 3 im Berliner Bezirk Charlottenburg-Wilmersdorf begraben. Auf dem Friedhof Heerstraße im selben Bezirk ist auch das Grab von **Grethe Weiser**.

41 In **„Kamikaze 1989“**, Wolf Gremms Verfilmung des Romans „Mord im 31. Stock“ des schwedischen Krimiautors Per Wahlöö aus dem Jahr 1982, spielte Rainer Werner Fassbinder die Rolle des Polizisten Jansen. **„Ein Mann wie Eva“** von Radu Gabrea von 1984 ist ein Film über den 1982 verstorbenen Regisseur, mit Eva Mattes in der Rolle von Fassbinder. Bei **„Angst essen Seele auf“** (1973) führte Fassbinder Regie, in **„Katzelmacher“** (1969) war er darüber hinaus auch Darsteller.

42 Der **Econ**-Verlag in München ist auf Sachbücher spezialisiert, die im Gegensatz zu Fachbüchern an ein Laienpublikum gerichtet sind.
Der Heidelberger **Springer**-Verlag – nicht zu verwechseln mit dem Axel-Springer-Verlag – ist der größte deutsche Verlag für wissenschaftliche Fachbücher. Die beiden Stuttgarter Verlage **Schweizerbart** und **Borntraeger** veröffentlichen Fachbücher aus den Bereichen Erd-, Umwelt- und Biowissenschaften.

43 **Wie heißt der 1994 von Joseph Vilsmaier verfilmte Roman von Erich Kästner?**

- Die Vermählung ihrer Eltern geben bekannt
- Eins und eins macht vier
- Charlie und Louise
- Das doppelte Lottchen

44 **Welche 1953 gegründete Kabarettbühne war die älteste der DDR?**

- Die Herkuleskeule
- Pfeffermühle
- Die Stachelschweine
- Die Distel

45 **In welchem der Filme spielte Götz George nicht mit?**

- Kolberg
- Schtonk
- Der Totmacher
- Der Schatz im Silbersee

46 **Nur ein Film aus der DDR wurde jemals für einen Oscar nominiert. Wie hieß er?**

- Der geteilte Himmel
- Spur der Steine
- Die Legende von Paul und Paula
- Jakob der Lügner

47 **Welches war die auflagenstärkste Zeitung während des Dritten Reichs?**

- Der Stürmer
- Völkischer Beobachter
- Der Angriff
- Nationalzeitung

48 **Wer spielte die Hauptrolle in Friedrich Wilhelm Murnaus „Nosferatu – Eine Symphonie des Grauens“?**

- Klaus Kinski
- Werner Krauß
- Max Schreck
- Conradt Veidt

43 Der Roman „**Das doppelte Lottchen**" von Erich Kästner wurde von Joseph Vilsmaier unter dem Titel „**Charlie und Louise**" verfilmt. Unter dem Originaltitel war der Roman bereits 1950 von Josef von Báky zum ersten Mal verfilmt worden.
In „**Die Vermählung ihrer Eltern geben bekannt**" (USA 1961) wurde die Handlung des Kästner-Romans auf amerikanische Verhältnisse abgestellt, in „**Eins und eins macht vier**" (USA 1995) wurden aus den ursprünglich biologischen Zwillingen astrologische.

44 Das Kabarett „**Die Distel**" wurde 1953 in Ostberlin als erstes Berufskabarett der DDR gegründet, im Jahr darauf folgte dann die Gründung der Leipziger „**Pfeffermühle**". „**Die Herkuleskeule**" in Dresden wurde 1961 als Berufskabarett etabliert, nachdem es bereits zuvor einige Jahre als Freizeitkabarett unter gleichem Namen gespielt hatte.
Alle drei Kabaretts existieren noch heute, wie auch das Kabarett „**Die Stachelschweine**", das bereits 1949 in Westberlin gegründet worden war.

45 Die Hauptrolle in dem 1944 von Veit Harlan gedrehten Propagandafilm „**Kolberg**" spielte Heinrich George, der Vater von Götz George.
In „**Der Schatz im Silbersee**", der 1962 nach Motiven von Karl May gedreht wurde, ist Götz George in einer der Hauptrollen zu sehen, wie auch in „**Schtonk**" (1992), einer Satire auf die gefälschten Hitler-Tagebücher. In „**Der Totmacher**" (1995) spielte er den Serienmörder Fritz Haarmann.

46 Als einziger Film aus der DDR war „**Jakob der Lügner**" 1977 für einen Oscar für den besten fremdsprachigen Film nominiert worden.
„**Der geteilte Himmel**", 1964 nach einer Erzählung von Christa Wolf gedreht, gilt als einer der bedeutendsten DDR-Filme, am erfolgreichsten war „**Die Legende von Paul und Paula**" aus dem Jahr 1973. Der 1966 entstandene Film „**Spur der Steine**" zeigte ein „verzerrtes Bild der sozialistischen Wirklichkeit" und durfte bis 1989 in der DDR nicht aufgeführt werden.

47 Die auflagenstärkste Zeitung im Dritten Reich war der „**Völkische Beobachter**". Sie war ab 1920 das publizistische Organ der NSDAP und erreichte 1944 eine Auflage von 1,7 Millionen.
„**Der Stürmer**" war eine antisemitische Wochenzeitung mit einer Auflage von bis zu 500 000 Exemplaren. Von der Gauzeitung der Berliner NSDAP, „**Der Angriff**", wurden zeitweise 300 000, von der „**Nationalzeitung**" bis zu 150 000 Exemplare verlegt.

48 Die Hauptrolle des Grafen Orlock in Friedrich Wilhelm Murnaus Dracula-Adaption „Nosferatu - Eine Symphonie des Grauens" spielte - nomen est omen - **Max Schreck**. Bei dem von Werner Herzog unter dem Titel „Nosferatu - Phantom der Nacht" gedrehten Remake spielte **Klaus Kinski** die Hauptrolle.
Werner Krauß und **Conradt Veidt** waren die Hauptdarsteller in Robert Wienes Film „Das Cabinet des Dr. Caligari", der gelegentlich auch als die Mutter aller Horrorfilme bezeichnet wurde.

49 **Wann erschien in Deutschland die erste Zeitung mit einer täglichen Ausgabe?**

- 1605
- 1609
- 1615
- 1650

50 **Welche beiden deutschen Filme wurde anlässlich der Brüsseler Weltausstellung 1958 unter die zwölf besten Filme der Welt gewählt?**

- Das Cabinet des Dr. Caligari
- Fahrraddiebe
- Die Mutter
- Der letzte Mann

51 **Welche Schauspielerin war kein Mitglied von Brechts Berliner Ensemble?**

- Therese Giehse
- Helene Weigel
- Elisabeth Flickenschildt
- Angelika Hurwicz

52 **Welche der genannten Personen spielte nicht in dem Film „Das Boot" mit?**

- Klaus Doldinger
- Herbert Grönemeyer
- Sky du Mont
- Uwe Ochsenknecht

53 **In welchem Film spielt Til Schweiger keine „männliche" Hauptrolle?**

- Männerherzen
- Männer
- Der bewegte Mann
- Männerpension

54 **In welcher beliebten deutschen Krimiserie fiel der legendäre Satz „Harry, hol schon mal den Wagen"?**

- Derrick
- Der Bulle von Tölz
- Der Kommissar
- Rosenheim-Cops

49
Als älteste Tageszeitung Deutschlands gelten die mit sechs Ausgaben in der Woche erstmals **1650** in Leipzig verlegten „Einkommenden Zeitungen".
Als erste regelmäßige, wenn auch nicht täglich erscheinende Zeitungen Deutschlands gelten die „Relation aller Fürnemmen und gedenckwürdigen Historien", die ab **1605** in Straßburg belegt ist, die Wolfenbütteler „Aviso, Relation oder Zeitung" von **1609** sowie die um **1615** entstandene „Frankfurter Postzeitung".

50
Unter den anlässlich der Brüsseler Weltausstellung 1958 von einer Fachjury zu den besten zwölf der Welt gekürten Filmen waren auch zwei deutsche Filme: **„Das Cabinet des Dr. Caligari"** (1920) von Robert Wiene und Friedrich Wilhelm Murnaus **„Der letzte Mann"** (1924).
„Fahrraddiebe" (1948) ist ein Film des Italieners Vittorio de Sica, **„Die Mutter"** (1926) ein Werk des sowjetischen Regisseurs Wsewolod Pudowkin.

51
Elisabeth Flickenschildt spielte nach dem Zweiten Weltkrieg in Westdeutschland Theater, vorzugsweise unter Gustaf Gründgens als Regisseur. Schauspielerin in Brechts Berliner Ensemble war sie als ehemaliges NSDAP-Mitglied nicht.
Helene Weigel und **Angelika Hurwicz** waren tragende Säulen des Berliner Ensembles. **Therese Giehse** war als zeitweiliges Mitglied eine bedeutende Brecht-Interpretin.

52
Klaus Doldinger war keiner der Schauspieler in dem Wolfgang-Petersen-Film „Das Boot" – von dem Jazzmusiker und Komponisten stammt der Soundtrack des Films.
Sky du Mont spielte den Leutnant Müller, **Uwe Ochsenknecht** den Bootsmann Lamprecht. Mit dem Leutnant Werner hatte **Herbert Grönemeyer**, heute einer der populärsten Musiker Deutschlands, eine der Hauptrollen des Films.

53
„Männer" ist eine Filmkomödie von Doris Dörrie aus dem Jahr 1985 mit Heiner Lauterbach und Uwe Ochsenknecht in den männlichen Hauptrollen, in der Til Schweiger nicht mitspielte.
Eine Hauptrolle als „Mann" hatte er dagegen in den Filmkomödien **„Der bewegte Mann"** (1994) und **„Männerpension"** (1996) von Sönke Wortmann bzw. Detlev Buck sowie in der von Simon Verhoeven 2009 inszenierten Komödie **„Männerherzen"**.

54
„Harry, hol schon mal den Wagen" stammt weder aus der Krimiserie **„Der Bulle von Tölz"** noch von den **„Rosenheim-Cops"**. Der legendäre Satz, mit dem der Oberinspektor seinen Assistenten Harry losgeschickt haben soll, das Auto vorzufahren, fiel auch nicht in der Serie **„Derrick"**.
Der Ausspruch entstammt vielmehr einer Folge der Krimiserie **„Der Kommissar"**, in der Fritz Wepper ebenfalls den Inspektor Harry Klein gespielt hat.

SPORT UND SPIEL

Von Fußball und Mensch ärgere dich nicht

„Fußball ist, wenn 22 Mann spielen, und am Ende gewinnt immer Deutschland", sagte einst der englische Nationalspieler Gary Lineker. Die Deutschen hören so etwas gern, auch wenn es (leider!) nicht immer der Wirklichkeit entspricht. Aber egal wie die Nationalmannschaft spielt – Fußball ist der Lieblingssport Nummer 1 hierzulande. Bei den nachfolgenden Plätzen kommt es darauf an, ob Deutsche in ihrer Sportart gerade international erfolgreich sind. Zu Zeiten von Boris und Steffi lag Tennis weit vorn, durch Jan Ullrich nahm Radfahren einen hohen Stellenwert ein.
Auch Karten- und Brettspiele erfreuen sich großer Beliebtheit, wobei der Übergang zwischen Sport und Spiel fließend ist. Zurzeit boomt Poker, auch im TV; bleibt abzuwarten, wann das erste Mensch-ärgere-dich-nicht-Turnier im Fernsehen übertragen wird. Eines ist jedenfalls sicher: Sport und Spiel gehören zu den beliebtesten Freizeitbeschäftigungen der Deutschen.

1 **Welcher Automobilrennfahrer war der erste deutsche Formel-1-Weltmeister?**

- Michael Schumacher
- Rudolf Caracciola
- Jochen Rindt
- Wolfgang Graf Berghe von Trips

2 **Unter welchem Namen ist die deutsche Variante des amerikanischen Kartenspiels Blackjack bekannt?**

- Schwarzer Peter
- Siebzehnundvier
- Schafkopf
- Sechsundsechzig

3 **Welches der Zitate stammt nicht von Sepp Herberger, dem legendären Bundestrainer des DFB?**

- Der Ball ist rund
- Das nächste Spiel ist immer das schwerste
- Schwach wie eine Flasche leer
- Ein Spiel dauert neunzig Minuten

4 **Welcher der deutschen Fußballspieler hatte weniger als 100 Einsätze in der Nationalmannschaft?**

- Jürgen Klinsmann
- Sepp Maier
- Lothar Matthäus
- Joachim Streich

5 **Welcher deutsche Sprinter stellte keinen Weltrekord im 100-m-Lauf auf?**

- Richard Rau
- Martin Lauer
- Helmut Körnig
- Armin Hary

6 **Wer war der Gegner beim ersten Länderspiel der deutschen Fußballnationalmannschaft im Jahr 1908?**

- England
- Schweiz
- Österreich
- Ungarn

(1) **Michael Schumacher** war der erste Deutsche, der Formel-1-Weltmeister wurde. Seinem ersten Weltmeistertitel 1994 fügte er bis 2004 sechs weitere hinzu.
Jochen Rindt wurde 1970 Formel-1-Weltmeister, war jedoch Österreicher. **Rudolf Caracciola** war der erfolgreichste deutsche Autorennfahrer der 1920er- und 1930er-Jahre. **Wolfgang Graf Berghe von Trips** wurde 1961, im Jahr seines Unfalltods, postum Vizeweltmeister in der Formel 1.

(2) Blackjack ist die amerikanische Variante des bekannten deutschen Kartenglücksspiels **Siebzehnundvier**. **Schwarzer Peter** ist ein beliebtes Kartenspiel für Kinder. **Sechsundsechzig** ist ein Kartenspiel für zwei Personen, das mit einem Skatblatt, in der Regel ohne die Siebenen und Achten, gespielt wird; Sieger ist, wer zuerst 66 Punkte erreicht. **Schafkopf** ist in Bayern das beliebteste und verbreitetste Kartenspiel. Es wird von vier Spielern mit 32 Karten eines deutschen bzw. bayerischen Blatts gespielt.

(3) Am 10. März 1998 machte der damalige Trainer des FC Bayern München, Giovanni Trapattoni, seinem Unmut Luft, unter anderem mit dem Ausspruch „**Schwach wie eine Flasche leer**“. Der Schlusssatz seiner emotionalen Ergüsse, „Ich habe fertig“, wurde in Deutschland zum geflügelten Wort.
„**Der Ball ist rund**“, „**Das nächste Spiel ist immer das schwerste**“ und „**Ein Spiel dauert neunzig Minuten**“ sind fußballphilosophische Sätze von Sepp Herberger, dem zur Legende gewordenen Bundestrainer des DFB der Jahre 1949 bis 1964.

(4) **Sepp Maier** stand von 1966 bis 1979 insgesamt 95-mal im Tor der deutschen Nationalmannschaft; er ist damit der Torhüter mit den meisten Länderspieleinsätzen.
Lothar Matthäus hat am häufigsten für die deutsche Auswahl gespielt. Von 1980 bis 2000 brachte er es auf 150 Einsätze, **Jürgen Klinsmann** kam im Zeitraum 1987 bis 1998 auf 108. Rekordnationalspieler der Nationalmannschaft der DDR ist **Joachim Streich** mit 102 Spielen zwischen 1969 und 1984.

(5) **Martin Lauer** verbesserte 1959 mit 13,2 Sekunden den Weltrekord im 110-m-Hürdenlauf gleich um zwei Zehntelsekunden.
Richard Rau stellte im Jahr 1911 mit 10,5 Sekunden einen neuen Weltrekord über 100 m auf, allerdings wurden erst 1912 offizielle Rekordlisten für den 100-m-Lauf eingeführt. **Helmut Körnig** verbesserte 1926 den Weltrekord auf 10,4 Sekunden. Als erster Sprinter lief **Armin Hary** 1960 die 100 m in 10,0 Sekunden.

(6) Der Gegner beim ersten Länderspiel der deutschen Fußballnationalmannschaft war die **Schweiz**. Die Eidgenossen besiegten am 5. April 1908 in Basel die deutsche Auswahl mit 5:3. Das nächste Spiel am 20. April in Berlin gegen **England** ging mit 1:5 verloren, ebenso das Spiel am 7. Juni in Wien, wo **Österreich** mit 3:2 gewann. Erst im fünften Länderspiel am 4. April 1909 gelang der deutschen Fußballnationalmannschaft in Budapest ein 3:3-Unentschieden gegen **Ungarn**.

(7) **Welcher deutsche Sportverband feierte im Jahr 2000 sein 100-jähriges Jubiläum?**

- Deutscher Fußball-Bund
- Deutscher Schwimm-Verband
- Deutscher Tennis Bund
- Bund Deutscher Radfahrer

(8) **In welchem Jahr gewann Boris Becker das Endspiel beim Tennisturnier in Wimbledon?**

- 1988
- 1989
- 1990
- 1991

(9) **Von welchem Fußballexperten stammt die epochale Erkenntnis „Wenn man ein 0:2 kassiert, dann ist ein 1:1 nicht mehr möglich“?**

- Franz Beckenbauer
- Rainer Calmund
- Heribert Faßbender
- Aleksandar Ristić

(10) **Welches ist kein Begriff aus dem Doppelkopfspiel?**

- Kleinschlemm
- Karlchen
- Lustsolo
- Fleischloser

(11) **Welche der genannten deutschen Rennstrecken ist die älteste?**

- Hockenreimring
- Nürburgring
- Sachsenring
- Norisring

(12) **In welcher deutschen Stadt wurden bisher keine Olympische Spiele ausgetragen?**

- München
- Leipzig
- Garmisch-Partenkirchen
- Berlin

7 Der **Deutsche Fußball-Bund** (DFB) wurde am 28. Januar 1900 in Leipzig gegründet. Der mit rund 6,7 Millionen Mitgliedern größte Einzelsportverband der Welt feierte 2000 sein 100-jähriges Jubiläum.
Der **Bund Deutscher Radfahrer** (BDR) wurde 1884 ebenfalls in Leipzig gegründet. In Berlin gegründet wurden 1896 der **Deutsche Schwimm-Verband** (DSV) und 1902 der **Deutsche Tennis Bund** (DTB).

8 Boris Becker stand zwischen 1985 und 1995 insgesamt siebenmal im Finale des Herreneinzels beim Tennisturnier in Wimbledon, wobei er dreimal als Sieger vom Platz ging: 1985 gegen Kevin Curren, 1986 gegen Ivan Lendl und **1989** gegen Stefan Edberg.
Sowohl **1988** als auch **1990** verlor er gegen Stefan Edberg. **1991** unterlag er im bisher einzigen rein deutschen Finale Michael Stich und 1995 schließlich Pete Sampras.

9 Die fundamentale Erkenntnis, dass ein 1:1 nicht mehr möglich ist, wenn man mit 0:2 hinten liegt, stammt von **Aleksandar Ristić**, der unter anderem Trainer beim FC Schalke 04 war. Sentenzen von nicht minder grundlegender Erleuchtung haben **Franz Beckenbauer** („Ja gut, es gibt nur eine Möglichkeit: Sieg, Unentschieden oder Niederlage"), **Heribert Faßbender** („Es steht 1:1, genauso gut könnte es umgekehrt stehen") oder **Rainer Calmund** („Jetzt stehen die Chancen 50:50 oder sogar 60:60") von sich gegeben.

10 **Kleinschlemm** ist ein Begriff aus dem Bridgespiel. Es ist ein mit zusätzlichen Punkten prämiertes Spiel, bei dem zwölf Stiche angesagt und erfüllt werden.
Beim Doppelkopf spielen im Normalfall die Spieler mit den beiden Kreuzdamen gegen die beiden anderen. Ausnahmen sind die Solospiele, etwa das **Lustsolo**. Als **Fleischloser** wird ein Solospiel bezeichnet, bei dem es keine Trümpfe gibt. Von **Karlchen** spricht man, wenn der letzte Stich mit einem Kreuzbuben gemacht wird.

11 Der Nürburgring und der Sachsenring sind Motorsportrennstrecken, die beide im Jahr 1927 eröffnet wurden. Die Premiere auf dem **Nürburgring** mit einem Motorrad- und am Tag darauf mit einem Automobilrennen war am 18. und 19. Juni 1927. Das erste Rennen auf dem **Sachsenring** fand dagegen bereits am 26. Mai 1927 statt.
Das Eröffnungsrennen auf dem **Hockenreimring** war am 29. Mai 1932, am 18. Mai 1947 wurde das erste Rennen auf dem **Norisring** veranstaltet.

12 Sowohl die Olympischen Winterspiele als auch die Sommerspiele fanden 1936 in Deutschland statt. Die IV. Winterspiele wurden vom 6. bis 16. Februar in **Garmisch-Partenkirchen** ausgetragen, Schauplatz der XI. Sommerspiele vom 1. bis 16. August war **Berlin**. Die XX. Olympischen Sommerspiele fanden vom 26. August bis 11. September 1972 in **München** statt.
Seitdem gab es in Deutschland keine Olympischen Spiele mehr. Die Bewerbung von **Leipzig** für 2012 war 2004 abgelehnt worden.

13
Der hinsichtlich des Gewinns deutscher Fußballmeisterschaften erfolgloseste von den genannten Bundesligatrainern ist …

- Hennes Weisweiler
- Udo Lattek
- Dettmar Kramer
- Otmar Hitzfeld

14
Welchem deutschen Fußballspieler hat man den Spitznamen Blondie verpasst?

- Jürgen Kohler
- Ulf Kirsten
- Gerald Asamoah
- Torsten Frings

15
Wer war der bisher einzige deutsche Schachweltmeister?

- Carl Schlechter
- Wilhelm Steinitz
- Emanuel Lasker
- Siegbert Tarrasch

16
Wer gewann 1926 der ersten Großen Preis von Deutschland auf der Berliner Avus?

- Rudolf Caracciola
- Hermann Lang
- Bernd Rosemeyer
- Hans Stuck

17
In welcher Sportart gewann der bisher erfolgreichste deutsche Olympiateilnehmer acht Goldmedaillen?

- Schwimmen
- Reiten
- Kanu
- Leichtathletik

18
Welcher deutsche Fußballspieler der Weltmeistermannschaft von 1990 war 1989 zum Fußballer des Jahres in Italien gewählt worden?

- Jürgen Klinsmann
- Andreas Brehme
- Rudi Völler
- Lothar Matthäus

(13) **Dettmar Kramer** war Trainer beim FC Bayern München, bei Eintracht Frankfurt und bei Bayer 04 Leverkusen, doch mit keiner der Mannschaften gelang ihm ein Titelgewinn.
Mit sechs Meistertiteln mit Bayern München und zwei mit Borussia Mönchengladbach ist **Udo Lattek** der erfolgreichste der genannten Trainer. **Otmar Hitzfeld** führte den FC Bayern München sechsmal und Borussia Dortmund einmal zur deutschen Meisterschaft, **Hennes Weisweiler** gewann den Titel dreimal mit Borussia Mönchengladbach und einmal mit dem 1. FC Köln.

(14) Der in Ghana geborene **Gerald Asamoah** wird von seinen Fußballerkollegen auch Blondie genannt.
Der frühere Stürmer der DDR- und später der DFB-Auswahl **Ulf Kirsten** wurde Schwatte gerufen, sein Nationalmannschaftskollege **Jürgen Kohler** trug den Spitznamen Kokser. Der 79-fache Nationalspieler **Torsten Frings** wird Lutscher genannt.

(15) Der bisher erste und einzige deutsche Schachweltmeister war **Emanuel Lasker**, dies aber ununterbrochen 27 Jahre lang.
Durch einen Sieg gegen den ersten offiziellen Weltmeister, den Österreicher **Wilhelm Steinitz**, gewann er im Jahr 1894 den Titel, den er 1908 gegen seinen deutschen Rivalen **Siegbert Tarrasch** ebenso erfolgreich verteidigte wie 1910 gegen den Österreicher **Carl Schlechter**. Erst 1921 verlor er den Titel an den Kubaner José Raúl Capablanca.

(16) Der erste Große Preis von Deutschland wurde 1926 auf der Berliner Avus ausgetragen. Sieger auf Mercedes wurde **Rudolf Caracciola**, der diesen Erfolg 1928, 1931, 1932, 1937 und 1939 auf dem Nürburgring noch fünfmal wiederholen konnte.
Zu den deutschen Konkurrenten Caracciolas in den 1930er-Jahren zählten **Bernd Rosemeyer** und **Hans Stuck**, beide auf Auto-Union, sowie der ebenfalls auf Mercedes fahrende **Hermann Lang**.

(17) Zwischen 1980 und 2004 gewann Birgit Fischer im **Kanu** acht Gold- und vier Silbermedaillen und ist damit die erfolgreichste deutsche Olympiateilnehmerin.
Reiner Klimke gewann von 1968 bis 1988 sechs Gold- und zwei Bronzemedaillen im **Reiten**. Kristin Otto errang 1988 für die DDR im **Schwimmen** sechsmal Gold. In der **Leichtathletik** gewann die für die DRR startende Sprinterin Bärbel Eckert 1976 und 1980 insgesamt vier Goldmedaillen.

(18) Der seinerzeit für Inter Mailand spielende **Andreas Brehme** wurde 1989 zum Fußballer des Jahres in Italien gewählt. Ein Jahr später sorgte er mit seinem Tor zum 1:0 beim Endspiel gegen Argentinien für Deutschlands dritten WM-Titel.
Jürgen Klinsmann war Englands Fußballer des Jahres 1995 und zuvor schon zweimal deutscher Fußballer des Jahres. **Rudi Völler** hat diese Auszeichnung 1983 erhalten. **Lothar Matthäus** war mehrfach Weltfußballer des Jahres, Europas Fußballer des Jahres und deutscher Fußballer des Jahres.

19 **Welcher deutsche Fußballverein gewann erstmals einen europäischen Fußballpokal?**

- Bayern München
- FC Magdeburg
- VfB Stuttgart
- Borussia Dortmund

20 **Welcher Fußballverein hatte bis zur Einführung der Bundesliga 1963 die meisten deutschen Meisterschaften gewonnen?**

- 1. FC Nürnberg
- FC Schalke 04
- FC Bayern München
- Hamburger SV

21 **Wer war der bisher einzige Skispringer, dem es gelang, bei einer Vierschanzentournee alle vier Teilwettbewerbe zu gewinnen?**

- Martin Schmitt
- Jens Weißflog
- Sven Hannawald
- Helmut Recknagel

22 **Von den sechs Endspielen bei einer Fußballeuropameisterschaft gewann die deutsche Nationalmannschaft drei. Gegen welchen Gegner verlor sie das Finale?**

- Tschechien
- Dänemark
- Belgien
- Sowjetunion

23 **Der erste Fußballer des Jahres in England, der nicht von den Britischen Inseln stammte, war ein Deutscher. Wie hieß er?**

- Helmut Haller
- Bernd Trautmann
- Jürgen Klinsmann
- Karl-Heinz Schnellinger

24 **Wer war der bisherige einzige deutsche Boxweltmeister im Schwergewicht?**

- Henry Maske
- Max Schmeling
- Axel Schulz
- Dariusz Michalczewski

19 Mit einem 2:1-Sieg über den FC Liverpool gewann **Borussia Dortmund** 1966 den Europapokal der Pokalsieger und errang damit als erste deutsche Vereinsmannschaft einen europäischen Fußballpokal.
Im Jahr 1974 gewann der **FC Bayern München** den Europapokal der Landesmeister und der **1. FC Magdeburg** den Europapokal der Pokalsieger. Der **VfB Stuttgart** stand 1989 im Finale des UEFA-Pokals und 1998 im Finale der Pokalsieger, verlor aber beide Male.

20 Die meisten Titel eines deutschen Fußballmeisters vor Einführung der Bundesliga zur Saison 1963/64 hatte der **1. FC Nürnberg** gewonnen. Insgesamt achtmal wurde der Verein zwischen 1903 und 1963 deutscher Meister, dicht gefolgt vom **FC Schalke 04**, der es in diesem Zeitraum auf sieben Meisterschaften brachte.
Drei Meisterschaften konnte der **Hamburger SV** für sich verbuchen, der heutige deutsche Rekordmeister **FC Bayern München** gewann gerade mal eine.

21 Dem Deutschen **Sven Hannawald** gelang es bei der 50. Vierschanzentournee 2001/02, alle vier Einzelspringen zu gewinnen. Er ist der einzige Skispringer, dem dieser „Grand Slam" bisher geglückt ist.
Jens Weißflog gewann die Vierschanzentournee insgesamt viermal (1984, 1985, 1991 und 1996), **Helmut Recknagel** konnte drei Siege (1958, 1959 und 1961) verbuchen. **Martin Schmitt** hat die Vierschanzentournee noch nie gewonnen.

22 Den ersten Europameistertitel gewann Deutschland 1972 durch einen 3:0-Sieg gegen die **Sowjetunion**. 1980 wurde die Mannschaft des DFB mit einem 2:1-Sieg gegen **Belgien** erneut Europameister, ihren dritten Titel gewann sie 1996 mit einem 2:1 gegen **Tschechien**.
Die anderen drei Finalspiele gegen die Tschechoslowakei (1976), **Dänemark** (1992) und Spanien (2008) gingen jeweils verloren.

23 **Bernd Trautmann** spielte in den 1950er-Jahren für Manchester City und avancierte bald zum besten Torhüter der englischen Liga. 1956 wurde Trautmann als erster Fußballer, der nicht von den Britischen Inseln stammte, zum Spieler des Jahres gewählt. Der zweite Deutsche, dem diese Ehre zuteilwurde, war 1995 **Jürgen Klinsmann**.
Helmut Haller und **Karl-Heinz Schnellinger** zählten zu den ersten deutschen Fußballspielern, die in den 1960er-Jahren in Italien spielten.

24 Der bisherige einzige deutsche Boxweltmeister im Schwergewicht war **Max Schmeling**. Er gewann den Titel 1930 gegen Jack Sharkey, verlor ihn 1932 aber an denselben Boxer wieder.
Der Schwergewichtler **Axel Schulz** boxte 1995/96 dreimal um den WM-Titel, gewann aber keinen der Kämpfe. **Henry Maske** war von 1993 bis 1996 IBF-Weltmeister im Halbschwergewicht. **Dariusz Michalczewski** war von 1994 bis 2003 in derselben Gewichtsklasse Weltmeister des Verbands WBO.

25 **Welches ist die älteste Spielbank Deutschlands?**

- Travemünde
- Baden-Baden
- Wiesbaden
- Warnemünde

26 **Wer schoss bei der Fußball-WM 1974 das spielentscheidende Tor bei der Begegnung BRD – DDR?**

- Georg Buschner
- Gerd Müller
- Paul Breitner
- Jürgen Sparwasser

27 **Gegen wen gewann der FC Bayern München als erste deutsche Mannschaft den Fußballeuropapokal der Landesmeister?**

- Aston Villa
- Atlético Madrid
- Manchester United
- FC Porto

28 **Viele Sportvereine der DDR gingen aus Betriebssportgemeinschaften hervor. Welche Namen trugen die Sportgemeinschaften der Bergbaubetriebe?**

- Wismut
- Dynamo
- Aktivist
- Turbine

29 **Auf welcher Rennstrecke wird der bei der Formel 1 der Große Preis von Deutschland ausgetragen?**

- Auf dem Hockenheimring
- Auf dem Nürburgring
- Auf beiden abwechselnd
- Auf keiner der beiden

30 **Welcher Fußballverein war in der Saison 1963/64, im ersten Jahr der Bundesliga, nicht unter den damaligen Vereinen?**

- Eintracht Braunschweig
- SC Preußen Münster
- FC Bayern München
- Meidericher SV

25 Die älteste Spielbank Deutschlands ist die Spielbank **Baden-Baden**; sie gilt auch als die älteste der Welt. Bereits 1809 wurde der erste Spielsaal eröffnet, mehr als 50 Jahre vor der Gründung des wohl berühmtesten Kasinos der Welt in Monte Carlo. 1810 wurde die Spielbank im Alten Kurhaus in **Wiesbaden** eröffnet. Seit 1833 rollt die Kugel in der Spielbank des Ostseebads **Travemünde**. Die Spielbank in **Warnemünde** wurde erst 1998 gegründet.

26 In der Vorrunde der Fußball-WM 1974 standen sich die BRD und die DDR gegenüber. Das einzige Länderspiel, das die beiden Nationalmannschaften jemals gegeneinander austrugen, gewann die Mannschaft der DDR unter ihrem Trainer **Georg Buschner** mit 1:0. Umjubelter Torschütze war **Jürgen Sparwasser**.
Trotz dieser Niederlage wurde das DFB-Team bei der WM im eigenen Land durch die Treffer von **Paul Breitner** und **Gerd Müller** zum 2:1-Sieg gegen die Niederlande Weltmeister.

27 Als erste deutsche Mannschaft konnte der FC Bayern München 1974 den Fußballeuropapokal der Landesmeister gewinnen. Gegner war **Atlético Madrid**, das im Wiederholungsspiel des Endspiels – das erste Endspiel war 1:1 ausgegangen – mit 4:0 besiegt wurde.
Die Europapokalendspiele 1982 gegen **Aston Villa** und 1987 gegen den **FC Porto** gingen mit 0:1 bzw. 1:2 verloren. Das Endspiel der UEFA-Champions League gegen **Manchester United** verloren die Bayern 1999 ebenfalls mit 1:2.

28 Die aus Betriebssportgemeinschaften hervorgegangenen Sportvereine der DDR waren danach benannt, welcher Sparte die Trägerbetriebe angehörten. So war **Aktivist** der Name von Vereinen aus dem Bereich des Bergbaus – mit Ausnahme jener der Erzbergbaugesellschaft Wismut, die **Wismut** hießen.
Die Sportvereine der Energiebetriebe hießen **Turbine**, die Vereine der staatlichen Sicherheitsorgane, etwa der Volkspolizei, nannten sich **Dynamo**.

29 Die Formel-1-Weltmeisterschaftsläufe des Großen Preises von Deutschland wurden in der Vergangenheit entweder **auf dem Nürburgring** oder **auf dem Hockenheimring** ausgetragen. Seit 2008 sollen sie **auf beiden abwechselnd** stattfinden. **Auf keiner der beiden** Rennstrecken fand der Große Preis von Deutschland seit 1951 erst einmal statt: 1959 wurde er auf der Berliner Avus ausgetragen.

30 Der **FC Bayern München** war in der Saison 1963/64 nicht unter den damals noch 16 Vereinen der Fußballbundesliga. Dem erfolgreichsten Bundesligaverein gelang erst 1965 der Aufstieg, er gehört der höchsten deutschen Spielklasse jedoch seitdem ununterbrochen an.
Der **Meidericher SV**, der 1967 in MSV Duisburg umbenannt wurde, zählte zu den Mannschaften der ersten Saison der Bundesliga, ebenso der **SC Preußen Münster** und **Eintracht Braunschweig**.

31 **In Deutschland gibt es zahlreiche nur regional bekannte Sportarten. Welche wird vorwiegend in Süddeutschland ausgeübt?**

- Boßeln
- Picken
- Kloatscheeten
- Ranggeln

32 **Welches der staatlich veranstalteten Glücksspiele ist das älteste in Deutschland?**

- Spiel 77
- Lotto
- Fußballtoto
- Rennquintett

33 **Welcher der deutschen Radprofis war am häufigsten Etappensieger bei der Tour de France?**

- Rudi Altig
- Dietrich Thurau
- Jan Ullrich
- Erik Zabel

34 **Bei welcher Sportart heißt der nationale deutsche Dachverband abgekürzt nicht DSV?**

- Skisport
- Schachspiel
- Schießsport
- Schwimmsport

35 **Welcher der Begriffe, die über ihre ursprüngliche Bedeutung hinaus verwendet werden, stammt nicht aus dem Schachspiel?**

- Königsklasse
- Bauernopfer
- Zugzwang
- Hängepartie

36 **Die nach Fußball populärste Sportart Deutschlands ist …**

- Tennis
- Leichtathletik
- Handball
- Formel 1

31 **Ranggeln** ist eine im alpenländischen Raum, in Deutschland vorzugsweise in Oberbayern, verbreitete Art des Ringens.
Boßeln und **Kloatscheeten** sind in Niedersachsen beliebte Sportarten, bei denen auf einer festgelegten Strecke Holzscheiben (beim Boßeln) oder Holzkugeln (beim Kloatscheeten) mit möglichst wenigen Würfen ins Ziel zu bringen sind. **Picken** ist ein traditionelles Freiluftkegelspiel aus dem Bergischen Land.

32 Das älteste der von den staatlichen Lotteriegesellschaften des Deutschen Lotto- und Totoblocks veranstalteten Glücksspiele ist das **Fußballtoto**, das es in Deutschland seit 1948 gibt.
Lotto „6 aus 49" wurde 1955 eingeführt. Die ab 1971 angebotene Pferdesportwette **Rennquintett** wurde 2003 eingestellt. Das **Spiel 77** als Zusatzlotterie zu Lotto oder Toto gibt es seit 1975.

33 **Erik Zabel** gewann bei der Tour de France sechsmal das Grüne Trikot und gewann von 1995 bis 2002 insgesamt zwölf Etappen.
Rudi Altig wurde zwischen 1962 und 1969 achtmal Tagessieger, **Dietrich Thurau** gewann 1977 fünf Etappen und 1979 eine sechste. Der bis heute einzige deutsche Tour-de-France-Sieger **Jan Ullrich** konnten zwischen 1996 und 2003 sieben Tagesiege für sich verbuchen.

34 Der deutsche Dachverband für den **Schießsport**, der Deutsche Schützenbund, heißt abgekürzt DSB, wie auch die Dachorganisation für das **Schachspiel**, der Deutsche Schachbund.
Mit der Abkürzung DSV kann der Spitzenverband für den **Schwimmsport**, der Deutsche Schwimm-Verband, und für den **Skisport**, der Deutsche Skiverband gemeint sein, aber auch jener für das Segeln, der Deutsche Segler-Verband.

35 Der Begriff **Königsklasse** bezeichnet die höchste Klasse im Sport, etwa die Formel 1 im Motorsport; er stammt nicht aus dem Schachspiel.
Mit **Zugzwang** wird beim Schach eine Situation bezeichnet, in der ein nachteiliger Zug ausgeführt werden muss. Ein **Bauernopfer** ist die Preisgabe eines Bauern zur Erlangung eines anderweitigen Vorteils. Eine **Hängepartie** ist ein abgebrochenes Schachspiel, das zu einem späteren Zeitpunkt fortgesetzt wird.

36 Bei einer Umfrage nach der in Deutschland hinter Fußball populärsten Sportart kam 2009 **Handball** auf den ersten Platz. Den zweiten Platz belegte **Leichtathletik** vor **Tennis**. Die **Formel 1** kam lediglich auf Platz acht, hinter Schwimmen, Biathlon, Skispingen und Basketball.
Unklar blieb allerdings, ob mit dieser Umfrage die Beliebtheit der aktiv oder die der passiv via TV betriebenen Sportarten erfragt werden sollte.

37 **Welches ist kein Begriff aus dem Skatspiel?**

- Jungfrau
- Ramsch
- Hochzeit
- Durchmarsch

38 **Wann nahm die DDR zum ersten Mal mit einer eigenen Mannschaft an Olympischen Spielen teil?**

- 1956
- 1964
- 1968
- 1972

39 **Welches ist der älteste Sportverband Deutschlands? Der Deutsche …**

- Eissport-Verband
- Turnerbund
- Keglerbund
- Ruderverband

40 **Welcher der Fußballspieler kam bei der Wahl des Sportlers des Jahrhunderts in der ZDF-Reihe „Unsere Besten“ unter die ersten zehn?**

- Rudi Völler
- Fritz Walter
- Günter Netzer
- Gerd Müller

41 **In welchem Jahr kam eine deutsche Mannschaft bei Olympischen Sommerspielen nicht unter die ersten drei Nationen im Medaillenspiegel?**

- 1928
- 1964
- 1972
- 1984

42 **Und in welchem Jahr war Deutschland nicht die erfolgreichste Nation bei Olympischen Winterspielen?**

- 1998
- 2002
- 2006
- 2010

37 Beim Doppelkopf spielen Spieler mit den beiden Kreuzdamen zusammen. Hat ein Spieler beide Kreuzdamen auf der Hand, bietet er eine **Hochzeit** an: Derjenige, der den ersten Stich macht, wird sein Partner.
Die anderen Begriffe entstammen dem Skatglossar. **Jungfrau** ist der Spieler, der beim **Ramsch**, bei dem die Spieler so wenig Stiche bzw. Augen wie möglich erhalten sollten, keinen Stich macht. Sollten zwei der Spieler Jungfrau werden, hat der dritte indessen einen **Durchmarsch** geschafft und damit gewonnen.

38 Mit einer eigenen Mannschaft nahm die DDR **1968** das erste Mal an Olympischen Spielen teil, jedoch noch ohne eigene Flagge und Nationalhymne. Die erste Teilnahme mit eigener Hymne war bei den Olympischen Spielen **1972** in München.
Die erste gesamtdeutsche Mannschaft mit Sportlern aus der Bundesrepublik und der DDR ging **1956** an den Start, die letzte gesamtdeutsche Mannschaft nahm **1964** an den Olympischen Spielen teil.

39 Der deutsche Dachverband der Turnverbände und -vereine ist der Deutsche **Turnerbund**, der auf dem 1. Deutschen Turntag 1848 gegründet wurde und damit der älteste Sportverband Deutschlands ist.
Der Deutsche **Keglerbund** wurde 1855, der Deutsche **Ruderverband** 1883 gegründet. Der 1890 gegründete Deutsche **Eissport-Verband** wurde 2006 aufgelöst, nachdem seine Aufgaben auf Einzelverbände wie den Deutschen Eishockey-Bund oder die Deutsche Eislauf-Union übergegangen waren.

40 **Gerd Müller** kam bei der Wahl des Sportlers des Jahrhunderts in der ZDF-Reihe „Unsere Besten“ im Jahr 2004 auf Platz 9. Unter den Fußballspielern erzielte nur Franz Beckenbauer ein besseres Ergebnis – er kam auf Platz 4.
Rudi Völler landete auf dem dreizehnten Platz, zwei Plätze vor **Fritz Walter**. **Günter Netzer** schaffte es mit Platz 100 gerade noch in die Bestenliste.

41 Trotz der damaligen gesamtdeutschen Olympiamannschaft kam Deutschland bei den Olympischen Spielen **1964** in Tokio nur auf den vierten Rang in der Nationenwertung. In Amsterdam belegte Deutschland **1928** hinter den USA den zweiten Platz. Bei den Olympischen Spielen in München **1972** wurde die DDR vor der gastgebenden Bundesrepublik Dritter. Dank des Boykotts von 15 Ostblockstaaten erreichte die Bundesrepublik in Los Angeles **1984** ebenfalls einen dritten Platz.

42 Gemessen an der Zahl der gewonnenen Goldmedaillen war Deutschland **2002** in Salt Lake City und **2010** in Vancouver nicht die erfolgreichste Nation bei Olympischen Winterspielen. Bei diesen beiden Spielen kam die deutsche Mannschaft hinter Norwegen bzw. Kanada jeweils „nur“ auf Platz 2 in der Nationenwertung.
Bei den Winterspielen **1998** in Nagano und **2006** in Turin war Deutschland hingegen die beste Nation.

43 **In welchem Jahr gewann die deutsche Handballnationalmannschaft der Männer den Weltmeistertitel?**

- 1974
- 1978
- 2003
- 2007

44 **Bei welchen Olympischen Spielen wurde die DDR im Fußball Olympiasieger?**

- Mexiko
- München
- Montreal
- Moskau

45 **Welcher der deutschen Orte zählt zu den Austragungsorten der Vierschanzentournee?**

- Bischofshofen
- Hinterzarten
- Garmisch-Partenkirchen
- Oberstdorf

46 **Welcher DDR-Leichtathlet stellte 1984 einen Fabelweltrekord im Speerwurf auf?**

- Uwe Hohn
- Karl-Heinz Riehm
- Klaus Tafelmeier
- Udo Beyer

47 **Aus welcher Stadt kam 1903 der Endspielgegner des ersten deutschen Fußballmeisters VfB Leipzig?**

- Pforzheim
- Prag
- Berlin
- Duisburg

48 **Der erste Tennisclub Deutschlands wurde 1881 gegründet. Wie hieß er?**

- Tennisclub im Kurpark Bad Homburg
- Stuttgarter Lawn-Tennis-Club
- Eisbahnverein auf der Uhlenhorst
- Baden-Baden-Lawntennis-Klub

43 Beim Hallenhandball – Feldhandball wird heute nicht mehr gespielt – wurde die deutsche Nationalmannschaft zweimal Weltmeister. Das vorerst letzte Mal gewann sie das Endspiel **2007** im eigenen Land gegen Polen; zuvor war sie **1978** in Dänemark gegen die favorisierte UdSSR Weltmeister geworden.
2003 verlor die DHB-Auswahl das Endspiel gegen Kroatien. Die DDR war **1974** gegen Rumänien ebenfalls Vizeweltmeister geworden.

44 Bei den Olympischen Spielen 1976 in **Montreal** wurde die Olympiaauswahl der DDR mit einem Sieg gegen Polen Olympiasieger im Fußball.
In **München** 1972 hatte sie die Bronzemedaille gewonnen, 1980 in **Moskau** verlor sie das Endspiel gegen die Tschechoslowakei. Bei den Olympischen Spielen 1968 in **Mexiko** gewann die DDR im Fußball keine Medaille.

45 Die beiden deutschen Austragungsorte der Vierschanzentournee sind **Oberstdorf** und **Garmisch-Partenkirchen**.
Das erste Springen des seit 1952/53 jährlich um die Jahreswende ausgetragenen Wettbewerbs im Skispringen findet auf der Schanze von Oberstdorf statt, das Zweite am Neujahrstag in Garmisch-Partenkirchen und das Dritte in Innsbruck. Das österreichische **Bischofshofen** ist am Dreikönigstag Schauplatz des Abschlussspringens. **Hinterzarten** im Schwarzwald ist kein Austragungsort der Vierschanzentournee.

46 **Uwe Hohn** aus der DDR gelang 1984 mit 104,80 m ein Jahrhundertweltrekord. Da die Stadien für solche Weiten nicht ausgelegt sind, reagierte der Internationale Leichtathletik-Verband mit technischen Änderungen des Speers auf diese Rekordweite. Den neuen Speer warf der Bundesdeutsche **Klaus Tafelmeier** 1986 dann auf die Weltrekordmarke von 85,74 m.
Karl-Heinz Riehm (BRD) und **Udo Beyer** (DDR) verbesserten mehrfach die Weltrekorde im Hammerwerfen bzw. im Kugelstoßen.

47 Der VfB Leipzig besiegte 1903 den Deutschen FC **Prag** mit 7:2. Der DFC Prag hatte sich als Meister des Verbands der Prager Deutschen Fußballvereine, der 1904 aufgelöst wurde, für die Finalspiele qualifiziert.
Der VfB Leipzig wurde 1906 gegen den 1. FC **Pforzheim** und 1913 gegen den **Duisburger** SV erneut deutscher Fußballmeister, verlor 1911 aber das Endspiel gegen Viktoria 89 **Berlin**.

48 Der 1881 auf Initiative eines Pfarrers der anglikanischen Kirche gegründete **Baden-Baden-Lawntennis-Klub** gilt als der älteste Tennisverein in Deutschland.
Der älteste Tennisclub Hamburgs, der heutige Klipper THC, wurde 1888 als **Eisbahnverein auf der Uhlenhorst** e.V. gegründet. Der **Stuttgarter Lawn-Tennis-Club** aus dem Jahr 1888 heißt heute Tennisclub Weissenhof. Der **Tennisclub im Kurpark Bad Homburg** wurde 1897 gegründet.

49 **Wer erzielte beim 3:2-Sieg der deutschen Fußballnationalmannschaft im WM-Endspiel 1954 gegen Ungarn kein Tor?**

- Helmut Rahn
- Karl Mai
- Max Morlock
- Fritz Walter

50 **Bei welchen Olympischen Spielen stellte das Saarland eine eigene Olympiamannschaft?**

- 1920 in Antwerpen
- 1948 in London
- 1952 in Helsinki
- 1956 in Melbourne

51 **Wie hieß das Maskottchen zur Fußball-WM in Deutschland 2006?**

- Footix
- Goleo
- Tip & Tap
- Pique

52 **Was verbirgt sich hinter der Abkürzung DABV? Ein Verband für…**

- Eishockey
- Bogensport
- Boxsport
- Pferdesport

53 **Welcher Bundesligaverein hatte in der Saison 2004/05 die meisten ausländischen Spieler unter Vertrag?**

- Hertha BSC Berlin
- FSV Mainz 05
- FC Bayern München
- Hannover 96

54 **Welcher deutsche Galopprennsportklassiker findet in Dortmund statt?**

- Henckel-Rennen
- Derby
- Preis der Diana
- St. Leger

49 Nachdem die deutsche Fußballnationalmannschaft beim legendären Endspiel im Berner Wankdorfstadion am 4. Juli 1954 bereits nach neun Minuten gegen Ungarn mit 0:2 in Rückstand geraten war, konnten **Max Morlock** und **Helmut Rahn** noch vor der Pause den Ausgleich erzielen. In der 84. Minute gelang Rahn mit seinem zweiten Tor schließlich der Siegtreffer.
Fritz Walter war der Kapitän der ersten deutschen Weltmeistermannschaft, **Karl Mai** spielte im linken Mittelfeld.

50 Weder bei den Olympischen Spielen **1920 in Antwerpen** noch **1948 in London** waren deutsche Teilnehmer zugelassen. Bei den ersten Spielen nach dem Zweiten Weltkrieg mit deutscher Beteiligung trat das Saarland **1952 in Helsinki** mit einer eigenen Mannschaft an. Keiner der 36 Teilnehmer konnte eine Medaille gewinnen.
Nach der Abstimmung über das Saarstatut löste sich das Nationale Olympische Komitee des Saarlands im September 1956, noch vor den Spielen **1956 in Melbourne**, selbst auf.

51 Das offizielle Maskottchen der Fußball-WM in Deutschland 2006 hieß **Goleo**, ein Löwe im deutschen Nationaltrikot, der einen sprechenden Fußball namens Pille in der Hand hielt.
Tip & Tap, zwei Jungen im Nationaltrikot, waren die Maskottchen der WM 1974 in Deutschland. **Footix**, ein Hahn in den französischen Nationalfarben, war Maskottchen der WM 1998. **Pique**, ein grüner Chili mit Sombrero, warb 1986 für die WM in Mexiko.

52 Hinter der Abkürzung DABV verbirgt sich ein **Boxsport**-Verband, nämlich der Deutsche Amateur-Boxverband, die Interessenvertretung der deutschen Amateurboxer.
DEB oder Deutscher Einhockeybund ist der Dachverband für **Eishockey**. Der DRFV, der Deutsche Reiter- und Fahrer-Verband, ist eine Dachorganisation für den **Pferdesport**. DBSV heißt Deutscher **Bogensport**verband.

53 Mit 32 Spielern den größten Spielerkader und mit 63 % zugleich den größten Ausländeranteil hatte in der Saison 2004/05 **Hannover 96**. Die wenigsten ausländischen Spieler – 23% – hatte der **FSV Mainz 05** unter Vertrag. Die beiden Vereine beendeten die Saison auf Platz 10 und 11.
Mit einem Ausländeranteil von 50 % wurde der **FC Bayern München** Meister; beim Vierten, **Hertha BSC Berlin**, waren es 39 %.

54 Das Deutsche **St. Leger** ist ein seit 1881 ausgetragenes Galopprennen über eine Distanz von 2800 m. Es findet alljährlich im Herbst in Dortmund statt.
Zusammen mit dem Deutschen **Derby** im Juli in Hamburg und dem Mehl-Mülhens-Rennen im Mai in Köln, dem früheren **Henckel-Rennen**, ist es eines der drei wichtigsten Galopprennen in Deutschland. Der **Preis der Diana** wird im August in Düsseldorf ausgetragen.

ESSEN UND TRINKEN

… hält Leib und Seele zusammen

Über Essen und Trinken in deutschen Landen machten sich bedeutende (und berufene) Persönlichkeiten so ihre Gedanken. Lassen wir ein paar von ihnen zu Wort kommen:
Das wär' dir ein schönes Gartengelände, wo man den Weinstock mit Würsten bände. – Solange man trinken kann, lässt sich's noch glücklich sein (Johann Wolfgang von Goethe).
Es wird mit Recht ein guter Braten gerechnet zu den guten Taten … – Das Trinkgeschirr, sobald es leer, macht keine rechte Freude mehr (Wilhelm Busch).
Der Duft eines Pfannkuchens bindet mehr ans Leben als alle philosophischen Argumente (Georg Christoph Lichtenberg).
Die Verpflegungsfrage ist für den Kulturmenschen eigentlich das Wichtigste (Theodor Fontane).
Allein zu essen ist für einen philosophierenden Gelehrten ungesund (Immanuel Kant).
Wein ist der befeuernde Geist aller Feste und der König aller Getränke (Theodor Heuss).
Essen und Trinken – das steht für Freude am Leben (Helmut Kohl).

1 **In welchem Bundesland wird kein Wein angebaut?**

- Sachsen
- Niedersachsen
- Thüringen
- Bayern

2 **Welche der genannten Süßwaren waren in der DDR eine Kultmarke?**

- Krügerol Halsbonbons
- Goldbärchen
- Ritter-Sport-Schokolade
- Vivil-Pfefferminzbonbons

3 **Kein typisch norddeutsches Gericht ist …**

- Schwarzsauer
- Grünkohl mit Pinkel
- Schupfnudeln
- Labskaus

4 **Welches der genannten gastronomischen Produkte ist kein gebratener Hackfleischkloß?**

- Falscher Hase
- Bulette
- Fleischpflanzerl
- Frikadelle

5 **Was ist das in Deutschland beliebteste Essen an Heiligabend?**

- Karpfen
- Pute
- Gans
- Würstchen

6 **Biere aus der früheren DDR erfreuen sich bundesweiter Beliebtheit. Welches Bier ist kein ehemaliges Ostprodukt?**

- Hasseröder
- Wernesgrüner
- Köstritzer
- Einbecker

1 In **Niedersachsen** liegt keines der deutschen Weinanbaugebiete, von denen es insgesamt 13 gibt.
Zu diesen gehört das in der näheren Umgebung von Dresden gelegene Anbaugebiet **Sachsen**, das vom Ertrag her kleinste in Deutschland. **Thüringen** teilt sich mit Sachsen-Anhalt das Anbaugebiet Saale-Unstrut. Und bei **Bayern** sollte man nicht immer nur an Bier denken – mit dem Anbaugebiet Franken ist Bayern nach Rheinland-Pfalz und Baden-Württemberg das drittgrößte Weinbauland Deutschlands.

2 **Krügerol Halsbonbons** waren in der DDR die beliebtesten Halsbonbons. Die 1990 eingestellte Produktion der Kultmarke wurde 1994 wieder aufgenommen; Krügerol Halsbonbons erfreuen sich seitdem auch im Westen zunehmender Beliebtheit.
Die **Goldbärchen** von Haribo, die **Ritter-Sport-Schokolade** und die **Vivil-Pfefferminzbonbons** waren bereits in den 1960er-Jahren in der Bundesrepublik zu Kultmarken avanciert.

3 **Schupfnudeln** – fingergroße Würstchen aus gekochten, durchgepressten Kartoffeln, Mehl und Ei, die dann gekocht und anschließend gebraten werden – sind im Süden Deutschlands beheimatet.
Schwarzsauer ist als eine Art Blutsuppe eine typisch norddeutsche Spezialität, ebenso **Labskaus**, ein Fleischeintopf aus gepökeltem Rindfleisch, Roter Beete und Salzgurken. **Grünkohl mit Pinkel**, einer geräucherten Grützwurst, wird besonders in Niedersachsen geschätzt.

4 **Falscher Hase** ist eine zu einem Laib geformte Mischung aus Hackfleisch, Brötchen, Zwiebel und Ei, die angebraten und dann zumeist geschmort wird.
Als Hackbraten ist er eher einem klassischen Braten vergleichbar, während die **Frikadelle**, die im Nordosten Deutschlands **Bulette** genannt wird und in Bayern oder Schwaben **Fleischpflanzerl** bzw. Fleischküchle heißt, ein kurzgebratener Hackfleischkloß ist.

5 Das beliebteste Essen an Heiligabend sind mittlerweile quer durch alle Regionen Deutschlands **Würstchen** – Wiener, Bockwürste, in Bayern auch Weißwürste – mit Kartoffelsalat.
Ursprünglich war **Karpfen** das traditionelle Gericht am Heiligen Abend; mittlerweile wird Karpfen – wenn überhaupt – eher an Silvester gegessen. Bei den Festtagsbraten der Weihnachtstage hat die **Gans** knapp die Nase vorn, doch inzwischen droht ihr die **Pute** den Rang abzulaufen.

6 Das **Einbecker** Brauhaus ist eine Traditionsbrauerei der niedersächsischen Stadt Einbeck. Aus der Bezeichnung Einbecker Bier entstand im Laufe der Jahrhunderte der Begriff Bockbier, und so nennt die Brauerei ihre Bierspezialitäten auch Einbecker Urbock.
Hasseröder, in der DDR nur regional erhältlich, ist mittlerweile die meistverkaufte Biermarke im Osten Deutschlands geworden. **Köstritzer** Schwarzbier und **Wernesgrüner** Pilsner gehörten zu den wenigen zu DDR-Zeiten exportierten Biersorten.

7 **Welche deutsche Stadt ist nicht für ihre Lebkuchen bekannt?**

- Pulsnitz
- Lübeck
- Aachen
- Nürnberg

8 **Was war seit den 1970er-Jahren das angesagte Partygetränk in der DDR?**

- Rotkäppchen
- Radeberger
- Club-Cola
- Blauer Würger

9 **Welches ist, gemessen an der Rebfläche, das kleinste deutsche Weinanbaugebiet?**

- Saale-Unstrut
- Hessische Bergstraße
- Mittelrhein
- Sachsen

10 **Handkäs mit Musik ist ein typisch hessisches Gericht. Was versteht man unter der Musik?**

- Kräutersoße
- Singender Kellner
- Salziges Hefegebäck
- Zwiebeln

11 **Welcher regionale Begriff bezeichnet kein Brötchen?**

- Brietje
- Weck
- Semmel
- Bemme

12 **Mit Marmelade gefüllte, in Fett ausgebackene Hefeteigküchlein heißen überall Berliner, nur nicht in Berlin. Wie nennt man sie dort?**

- Amerikaner
- Kreppel
- Krapfen
- Pfannkuchen

7 **Lübeck** ist nicht für seine Lebkuchen bekannt, sondern vielmehr für das Marzipan, das unter der Bezeichnung Lübecker Marzipan weltberühmt wurde.
Nürnberg ist unter anderem für seine Lebkuchen bekannt, ebenso wie **Aachen**. Das dort produzierte Weihnachtsgebäck ist unter dem Namen Aachener Printen sogar gesetzlich geschützt, wie auch die im sächsischen **Pulsnitz** unter dem Namen Pulsnitzer Pfefferkuchen hergestellten Lebkuchenvariationen.

8 **Club-Cola** trat Ende der 1960er-Jahre als ein den westlichen Vorbildern ähnliches, aber weniger süßes Limonadengetränk seinen Siegeszug an und entwickelte sich in der Folgezeit, insbesondere mit Wodka oder Korn wie dem berühmt-berüchtigten **Blauen Würger** verdünnt, schnell zum Partygetränk Nummer 1 in der DDR.
Club-Cola gibt es noch immer, es hat aber im Gegensatz zu **Rotkäppchen** Sekt und **Radeberger** Pils unter den Wessis nur wenige Liebhaber gefunden.

9 Das kleinste der 13 deutschen Weinanbaugebiete ist mit einer Rebfläche von etwa 440 Hektar die **Hessische Bergstraße**. **Mittelrhein** und **Sachsen** mit jeweils etwa 460 Hektar folgen auf den Plätzen 12 und 11. Auf dem neunten Platz liegt **Saale-Unstrut** mit 685 Hektar Anbaufläche.
Vergleicht man die vier Gebiete jedoch nach ihrem Ernteertrag, liegt Sachsen mit Abstand auf dem letzten Platz.

10 Handkäs wird im südlichen Hessen mit Musik serviert, was jedoch nicht bedeutet, dass er von einem **singenden Kellner** an den Tisch gebracht wird. Unter Musik versteht der Hesse die Beilage aus gewürfelten, in Essig und Öl marinierten **Zwiebeln** bzw. jene Geräusche, die bei deren Verdauung entstehen können.
Ploatz, ein **salziges Hefegebäck**, isst man normalerweise zum Handkäs ebenso wenig wie die bekannte Frankfurter „Grie Soß“, eine mit saurer Sahne, Essig und Öl angemachte **Kräutersoße**.

11 **Bemme** ist kein Brötchen, sondern die in Sachsen gebräuchliche Bezeichnung für ein Butterbrot.
Brietje ist ein fränkischer Dialektausdruck für Brötchen. Auch die anderen beiden Bezeichnungen sind in Süddeutschland beheimatet: Im schwäbisch-alemannischen Sprachraum werden Brötchen **Weck**, Weggen oder Weggli genannt, in Bayern und in Österreich heißen sie **Semmel**.

12 Auch wenn sie überall in Deutschland unter dem Namen Berliner bekannt sind, werden die schwimmend in Fett ausgebackenen Küchlein mit einer Füllung aus Marmelade in Berlin beharrlich **Pfannkuchen** genannt. Allenfalls die Spezifizierung als Berliner Pfannkuchen lässt der Berliner gelten.
Kreppel ist ein in Hessen gebräuchlicher Name für Berliner, ihr traditioneller süddeutscher Name ist **Krapfen**. Unter **Amerikaner** versteht man ein Gebäck aus Sandkuchenteig mit Zuckerguss.

13 **Welche beliebte deutsche Käsesorte hat am wenigsten Fett?**

- Harzer
- Edelpilzkäse
- Bergkäse
- Tilsiter

14 **Wie nennt man die – insbesondere zu Sauerkraut beliebten – gekochten unteren Extremitäten des Schweins?**

- Schweinshaxe
- Surhaxe
- Eisbein
- Stelze

15 **Wie wird in Kölner Bierkneipen der Kellner bezeichnet?**

- Köbes
- Zappes
- Tünnes
- Labbes

16 **In Deutschland werden Kartoffeln klassifiziert nach Erntezeit und Kocheigenschaften. Welche der genannten Kartoffeln ist eine mehligkochende?**

- Sieglinde
- Irmgard
- Agnes
- Linda

17 **Jedes Jahrzehnt hat seine typischen Partygerichte, so auch die 1950er-Jahre. Was bekam man damals in der Regel nicht vorgesetzt?**

- Käse-Igel
- Kullerpfirsich
- Russische Eier
- Chili con Carne

18 **Welche Biersorte wird am Niederrhein bevorzugt getrunken?**

- Altbier
- Weißbier
- Schwarzbier
- Bockbier

(13) Der **Harzer** Käse ist ein Sauermilchkäse, der aus Magerquark hergestellt wird und daher häufig weniger als ein Prozent Fett enthält.
Bergkäse ist ein vollfetter Hartkäse, der in Deutschland im Alpenraum, vornehmlich im Allgäu, hergestellt wird. **Edelpilzkäse** ist ein fetter halbfester Schnittkäse mit stark pikantem Geschmack. **Tilsiter** ist ein herzhaft schmeckender halbfetter Schnittkäse.

(14) Die gepökelten und/oder gekochten unteren Extremitäten des Schweins werden **Eisbein** genannt.
In Bayern nennt man das Eisbein **Surhaxe**, um es von der ungepökelten, im Ofen gebratenen oder gegrillten **Schweinshaxe** unterscheiden zu können. Die Schweinshaxe, die in Österreich **Stelze** genannt wird, isst man in Bayern traditionell auch nicht mit Sauerkraut, sondern mit der Weißkohlvariante Bayrischkraut.

(15) **Köbes** ist die kölsche Form von Jakob, und mit diesem Namen wird seit dem 19. Jahrhundert in den Kölner Brauhäusern ein Kellner bezeichnet. Seine Aufgabe beschränkt sich ausschließlich auf das Servieren des Bieres, der **Zappes** genannte Zapfkellner ist für das Einschenken verantwortlich.
Tünnes ist eine Figur aus dem Hänneschen-Puppentheater der Stadt Köln, die zu einem kölschen Original wurde. Als einen **Labbes** bezeichnet der Kölner einen groß gewachsenen, schmalen Mann.

(16) Knapp 180 Kartoffelsorten gibt es in Deutschland, von denen viele Frauennamen tragen. Nach ihrem Stärkegehalt werden sie in mehligkochend, vorwiegend festkochend und festkochend unterschieden. Zu den mehligkochenden Kartoffeln zählt beispielsweise die Sorte **Irmgard**.
Sieglinde ist eine frühe festkochende und **Linda** eine mittelfrühe festkochende Sorte. Eher spät im Jahr wird die vorwiegend festkochende Kartoffelsorte **Agnes** geerntet.

(17) **Chili con Carne**, ein mehr oder weniger scharfer Bohneneintopf mit Fleisch und Zwiebeln aus der Texmexküche, wurde als Partygericht in Deutschland in den 1970er-Jahren populär.
Der **Käse-Igel**, eine igelförmige Anordnung von Käsespießchen auf einer halbierten Frucht, und **Russische Eier**, hart gekochte Eier auf Kartoffel- oder Fleischsalat, fehlten bei keinem kalten Büfett der 1950er-Jahre. Der **Kullerpfirsich**, ein sich in einem Sektglas drehender Pfirsich, war in jener Zeit gleichfalls ein Muss.

(18) Mittlerweile gibt es fast alle Biersorten fast überall zu kaufen, doch noch immer gibt es regionale Vorlieben für bestimmte Biere. So trinkt man am Niederrhein bevorzugt das obergärige **Altbier**.
Das auch Weizenbier genannte **Weißbier** und das **Bockbier** gelten als bayerische Bierspezialitäten, während die Wurzeln des **Schwarzbiers** sich in Thüringen und Sachsen finden.

19 **In welchem der deutschen Weinanbaugebiete wird mehr Rotwein als Weißwein angebaut?**

- Saale-Unstrut
- Ahr
- Hessische Bergstraße
- Württemberg

20 **Wie wird in Köln der Anschnitt eines Brotlaibs genannt?**

- Knorze
- Ränftel
- Knüsje
- Knäusle

21 **Die Goldbärchen von Haribo werden in sechs farblich unterscheidbaren Geschmacksrichtungen hergestellt. Welche Farbe kommt dabei nicht vor?**

- Rot
- Gelb
- Grün
- Blau

22 **Was ist laut Bayerischer Biergartenverordnung Voraussetzung, dass sich eine Freiluftgaststätte Biergarten nennen darf?**

- Möglichkeit, sein Essen mitzubringen
- Biergarnitur
- Bierausschank
- Baumbestand

23 **In welcher Region werden Kartoffelpuffer auch als Grumbeerschnietscher bezeichnet?**

- Erzgebirge
- Bayern
- Pfalz
- Rheinland

24 **Der ehemalige Chef des Auslandsgeheimdienstes der DDR, Markus Wolf, veröffentlichte 1995 …**

- seine Memoiren
- ein Kochbuch
- einen Kriminalroman
- ein Buch über Freimauer

19 An der **Ahr** und in **Württemberg** wird mehr Rotwein als Weißwein angebaut. Der Rotweinanteil an der Ahr, vorherrschend Spätburgunder und Portugieser, liegt bei rund 85 %. In Württemberg beträgt der Anteil des Rotweins mit den Hauptrebsorten Trollinger und Schwarzriesling knapp 70 %.
In den Weinanbaugebieten **Saale-Unstrut** und **Hessische Bergstraße** überwiegt der Weißwein mit jeweils etwa 90 % der Anbaufläche deutlich den Rotwein.

20 Bezeichnungen für den Anschnitt eines Brotlaibs gibt es in Deutschland fast ebenso viele, wie es Brotsorten gibt. In Köln heißt das Brotende **Knüsje**, während es in Sachsen Ranft, **Ränftel** oder Ränftchen genannt wird.
Im Schwäbischen sagt man **Knäusle**, Riebele oder Ränkele dazu, in der Pfalz **Knorze** oder Knärzel.

21 Da die Goldbärchen von Haribo nicht mit künstlichen Farbstoffen, sondern mit natürlichen Fruchtextrakten gefärbt werden, es aber keinen geeigneten blauen natürlichen Farbstoff gibt, gibt es auch keine Gummibärchen in der Farbe **Blau**.
Rot sind die Bärchen mit dem Himbeer- (dunkelrot) und Erdbeergeschmack (hellrot), jene mit Zitronen-, Apfel- und Ananasgeschmack sind **gelb**, **grün** und weiß.

22 Kennzeichen eines Biergartens sind, abgesehen vom **Bierausschank**, der **Baumbestand** (Rosskastanien, Platanen sind gerade noch akzeptabel), die **Biergarnitur** (Biertisch mit zwei Bänken) und deftiges Essen (wie Radi, Leberkäse oder Griebenschmalzbrot).
Voraussetzung, dass sich eine Freiluftgaststätte Biergarten nennen darf, ist jedoch die **Möglichkeit, sein Essen mitzubringen** und es auch zu verzehren. Gastronomische Freilufteinrichtungen, wo dies nicht erlaubt ist, sind laut Bayerischer Biergartenverordnung keine Biergärten, sondern „sonstige Außengaststätten".

23 In der **Pfalz** werden Kartoffelpuffer Grumbeerschnietscher genannt, was in etwa mit Kartoffelschnittchen ins Deutsche übersetzt werden kann.
Die aus geriebenen rohen Kartoffeln und je nach Rezept verschiedenen anderen Zutaten sowie Gewürzen bestehenden, in Fett ausgebackenen Fladen heißen im **Erzgebirge** Klitscher, in **Bayern** Reiwedatschi und im **Rheinland** Reibekuchen.

24 Markus Wolf, in der DDR von 1956 bis 1990 Chef des Auslandsgeheimdienstes, veröffentlichte 1995 ein **Kochbuch** über die Geheimnisse der russischen Küche mit durchaus nachkochenswerten Rezepten.
Wolfs **Memoiren** als Spionagechef im geheimen Krieg erschienen 1998, im selben Jahr auch ein **Buch über Freimaurer** und ihre Bedeutung für das Werk Puschkins. Einen **Kriminalroman** hat er nicht verfasst.

25 **Killepitsch ist ein Kräuterlikör. Aus welcher Stadt stammt er?**

- Lauter
- Düsseldorf
- Wolfenbüttel
- Rheinberg

26 **Hock ist in Großbritannien die Bezeichnung für einen deutschen Weißwein. Aus welchem Anbaugebiet darf er nicht stammen?**

- Rheingau
- Mosel
- Mittelrhein
- Nahe

27 **Wie nennt der Saarländer das Gericht aus Kartoffeln, Zwiebeln sowie Speck und/oder Mettwurst?**

- Potthucke
- Kesselknall
- Dibbelabbes
- Bröckelkließ

28 **Der Restaurantführer „Guide Michelin" verlieh 1979 zum ersten Mal einem deutschen Restaurant drei Sterne. Wer war der Küchenchef?**

- Claus-Peter Lumpp
- Eckart Witzigmann
- Heinz Winkler
- Harald Wohlfahrt

29 **Welches ist kein Verband für Biolebensmittel aus kontrolliert ökologischem Anbau?**

- TransFair
- Bioland
- Gäa
- Demeter

30 **In welchem Bundesland liegt die nördlichste gesetzlich anerkannte Qualitätsweinlage der Welt?**

- Thüringen
- Sachsen-Anhalt
- Mecklenburg-Vorpommern
- Brandenburg

25 Killepitsch ist ein hochprozentiger Kräuterlikör, der anfangs nur im Raum **Düsseldorf** bekannt war, mittlerweile aber bundesweite Verbreitung findet.
Der Magenbitter Lauterer Tropfen gilt als DDR-Produkt, obwohl er bereits seit 1734 in **Lauter** im Erzgebirge produziert wird. Aus **Wolfenbüttel** stammt der Jägermeister, die erfolgreichste deutsche Exportspirituose. Der berühmte Magenbitter Underberg wird in **Rheinberg** am Niederrhein hergestellt.

26 Als Hock werden in Großbritannien liebliche deutsche Weißweine vom Rhein bezeichnet. Ursprünglich bezog sich der Name auf einen bestimmten Wein aus Hochheim im **Rheingau**, doch inzwischen werden auch andere Weißweine aus Anbaugebieten des Rheins und seiner Nebenflüsse, etwa aus Rheinhessen, vom **Mittelrhein** oder von der **Nahe**, Hock genannt.
Nur von der **Mosel** dürfen sie nicht kommen; Weine von dort heißen in Großbritannien Moselle.

27 **Dibbelabbes** bedeutet in der saarländischen Mundart Topflappen, gemeint ist aber das Nationalgericht des Saarlands: ein in der Pfanne gebratener Kuchen aus geriebenen rohen Kartoffeln, Zwiebeln, Speck oder Mettwurst, Eiern und eingeweichten Brötchen.
Nach ähnlichem Rezept gemacht, ist das Gericht als **Potthucke** im Sauerland oder als **Kesselknall** in Westfalen bekannt; der Vogtländer nennt es **Bröckelkließ**.

28 Als erster deutscher Koch erhielt **Eckart Witzigmann** 1979 drei Sterne im „Guide Michelin"; er war erst der dritte Koch außerhalb Frankreichs, der diese Auszeichnung bekam.
Heinz Winkler wurde 1981 zum bisher jüngsten Dreisternekoch gekürt. **Harald Wohlfahrt** erhielt 1992 seinen dritten Michelinstern; er gilt seit über zehn Jahren als bester Koch Deutschlands. **Claus-Peter Lumpp**, wie Wohlfahrt ein Schüler von Witzigmann, wurde 2007 mit dem dritten Stern ausgezeichnet.

29 Der Verein **TransFair** vergibt ein Zertifikat, unter anderem für Lebensmittel, die aus Entwicklungsländern zu einem fairen Preis importiert wurden. Es müssen jedoch nicht notwendigerweise Lebensmittel aus kontrolliert ökologischem Anbau sein.
Bioland und **Demeter** sind große ökologische bzw. biodynamische Anbauverbände. **Gäa** ist ein Verband von Erzeugern und Verarbeitern zur Förderung und Verbesserung des biologischen Anbaus in den neuen Bundesländern.

30 Das Weinbaugebiet Saale-Unstrut liegt zum größten Teil in **Sachsen-Anhalt**, erstreckt sich entlang der Unstrut aber bis nach **Thüringen**. Die nördlichste Weinlage des Saale-Unstrut-Gebiets befindet sich jedoch in **Brandenburg**: Die Einzellage Werderaner Wachtelberg in Werder an der Havel ist zugleich nördlichste gesetzlich anerkannte Qualitätsweinlage der Welt.
Noch weiter im Norden liegt das Stargarder Land. In dieser Weinbauregion in **Mecklenburg-Vorpommern** wird allerdings nur Tafelwein produziert.

31 **Seit wann ist in Deutschland das Reinheitsgebot für Bier gesetzlich verankert?**

- 1516
- 1871
- 1906
- 1952

32 **Wie heißt die Nürnberger Wurstsalatvariante?**

- Schäufela
- Gwerch
- Saure Zipfel
- G'rupfter

33 **In welchem deutschen Anbaugebiet darf der Wein in Bocksbeutel abgefüllt werden?**

- Ahr
- Baden
- Nahe
- Franken

34 **Was versteht man unter einer Karlsbader Schnitte?**

- Toast mit Ananas, Schinken und Käse
- Roggenbrötchen mit Flönz
- Brot mit Schinken und Spiegelei
- Roggenbrötchen mit Käse

35 **Aus welchem Bundesland stammen die Weine des Anbaugebiets Mosel-Saar-Ruwer?**

- Saarland
- Hessen
- Rheinland-Pfalz
- Nordrhein-Westfalen

36 **In welcher deutschen Region isst man Plinsen?**

- Allgäu
- Lausitz
- Westfalen
- Schwaben

31 Das Bayerische Reinheitsgebot, das neben anderem die Inhaltsstoffe des Biers regelte, wurde **1516** erlassen. Mit der Gründung des Deutschen Reichs **1871** wurden diese Regelungen auch von den anderen deutschen Staaten übernommen.
Doch erst **1906** wurde das Reinheitsgebot im Biersteuergesetz festgeschrieben und galt für das gesamte Reichsgebiet. Für die Bundesrepublik Deutschland ist das Reinheitsgebot im Biersteuergesetz von **1952** geregelt.

32 **Gwerch** ist ein traditioneller Nürnberger Wurstsalat aus Ochsenmaul, Presssack und Brühwurst.
Fränkisches **Schäufela** ist – im Gegensatz zum gepökelten badischen Schäufele – eine gebratene Schweinsschulter. **Saure Zipfel** sind in Essigsud gegarte Bratwürste. Die im benachbarten Bayern beliebte Käsecreme Obazda ist auch in Franken bekannt; dort nennt man sie **G'rupfter**.

33 Bocksbeutel sind Weinflaschen in Form eines flach gedrückten Ellipsoids. In Deutschland dürfen traditionell nur Weine aus **Franken** in Flaschen dieser Form abgefüllt werden. Dazu zählen auch die Weine aus dem badischen Tauberfranken und dem württembergischen Kocher-Jagst-Bereich.
Eine Ausnahme gibt es: In einigen Weinbaugemeinden, etwa in Neuweier, in der Ortenau in **Baden** sind ebenfalls Bocksbeutelflaschen gebräuchlich. An der **Nahe** oder der **Ahr** wird der Wein wie überall sonst in Deutschland in die üblichen Flaschen abgefüllt.

34 Eine Scheibe **Toast, mit Ananas, Schinken und Käse** überbacken – im Westen Deutschlands als „Toast Hawaii" berühmt-berüchtigt –, wurde in der DDR auch Karlsbader Schnitte genannt.
Ein **Brot mit Schinken und Spiegelei** ist in ganz Deutschland als Strammer Max bekannt. Am Niederrhein nennt man ein **Roggenbrötchen mit Flönz**, einer geräucherten Blutwurst, und Zwiebeln Kölscher Kaviar, ein **Roggenbrötchen mit Käse** heißt Halver Hahn.

35 Weine des Anbaugebiets Mosel-Saar-Ruwer, das seit 2007 nur noch Mosel heißt, stammen fast ausschließlich aus **Rheinland-Pfalz**. Die einzigen Weinlagen im **Saarland** befinden sich in Perl an der Obermosel.
Aus **Hessen** stammen die Weine der Anbaugebiete Rheingau und hessische Bergstraße. In **Nordrhein-Westfalen** beschränkt sich der Weinbau auf ein paar Weinberge bei Königswinter am Mittelrhein.

36 Der Name Plinsen stammt aus dem Sorbischen und ist mit dem russischen Blini verwandt. In der **Lausitz** nennt man so die in anderen Gegenden Deutschlands als Pfannkuchen bekannten Teigfladen.
Eine Spezialität aus dem **Allgäu** sind Käsespätzle mit geschmälzten Zwiebeln. Himmel und Erde ist ein traditionelles Gericht aus **Westfalen** und dem Rheinland. Ein Klassiker der Küche in **Schwaben** sind die Maultaschen.

SITTEN UND GEBRÄUCHE

Merkwürdiges, Seltsames und Kurioses „Made in Germany“

Deutschland: Land der Biergärten und Knöllchen, der Elwetritschen und Kiepenkerle, so sangesfroh, dass selbst ein Bundespräsident schon die Hitparaden stürmte; ein Land, in dem Orden „Wider den tierischen Ernst“ verliehen und Politiker „derbleckt“ werden, das das größte Weinfass der Welt beherbergt und in dem, mag (fast) kommen, was da will, Karneval/Fasching/Fastnacht gefeiert wird. Wie gut kennen Sie seine Sitten und Gebräuche, Merkwürdigkeiten und Kuriositäten? Testen Sie ein letztes Mal Ihr Wissen!

1 **Welcher deutsche Bundespräsident kam 1974 mit einer Plattenaufnahme in die Hitparade?**

- Karl Carstens
- Gustav Heinemann
- Walter Scheel
- Heinrich Lübke

2 **Was gehört nicht zum typischen Mobiliar in der Bundesrepublik Deutschland der 1950er-Jahre?**

- Nierentisch
- Cocktailsessel
- Tütenlampe
- Flokati

3 **Die dramatische Rettung von elf bei einem Grubenunglück zwei Wochen lang verschütteten Bergleuten wurde bekannt als das Wunder von …**

- Bern
- Hoffenheim
- Leipzig
- Lengede

4 **Für welche Himmelsrichtung gibt es in Deutschland keine entsprechende Gemeinde?**

- Norden
- Osten
- Süden
- Westen

5 **Den wievielten Hochzeitstag feiert man bei der Porzellanhochzeit? Den …**

- zehnten
- zwanzigsten
- dreißigsten
- vierzigsten

6 **Wo in München findet das traditionelle Politiker-Derblecken anlässlich des Starkbieranstichs statt?**

- Im Hofbräuhaus
- Auf dem Nockherberg
- In der Paulanerbrauerei
- Im Löwenbräukeller

1
Mit dem in der Fernsehshow „Drei mal Neun“ gesungenen Volkslied „Hoch auf dem gelben Wagen“ kam **Walter Scheel** als amtierender Bundespräsident 1974 bis auf Platz 5 der deutschen Hitparade.
Gustav Heinemann war das letzte Staatsoberhaupt, das sein traditionelles Recht auf eine Briefmarke mit seinem Porträt wahrnahm. **Karl Carstens** war wegen seiner Vorliebe für das Wandern als „Wanderpräsident“ bekannt. „**Heinrich Lübke** redet für Deutschland“ war eine 1966 vom Satiremagazin „Pardon“ herausgegebene Langspielplatte mit Reden des Staatsoberhaupts.

2
Der **Flokati**, der auch unter der Bezeichnung griechischer Hirtenteppich bekannt wurde, kam als hochfloriger Kuschelteppich Ende der 1960er-Jahre in Deutschland in Mode und fehlte in den 1970er-Jahren in kaum einem Wohnzimmer.
Der asymmetrische, nieren- oder bumerangähnlich geformte **Nierentisch**, der **Cocktailsessel** und die Tulpen- oder **Tütenlampen** gehörten zur typischen Wohnzimmereinrichtung in der Bundesrepublik der 1950er-Jahre.

3
Die dramatische Rettung von elf bei einem Unglück in einer Eisenerzgrube zwei Wochen lang verschütteten Bergleuten wurde 1963 als Wunder von **Lengede** zur Legende.
Das Wunder von **Bern** ist der deutsche Sieg im Finale der Fußball-WM 1954 gegen Ungarn, als Wunder von **Hoffenheim** gilt der Aufstieg des Fußballklubs 1899 Hoffenheim aus der Kreisklasse bis in die Bundesliga. Das Wunder von **Leipzig** ist eine Filmdokumentation über die Leipziger Montagsdemonstrationen im Herbst 1989.

4
Deutschland hat alles, nur kein Süden – in ganz Deutschland gibt es keine Gemeinde namens **Süden**, weder im Süden noch im Norden.
Mit den anderen drei Himmelsrichtungen kann Niedersachsen aufwarten: Mit 26506 **Norden**, einer Stadt in Ostfriesland, mit 21756 **Osten** an der Oste, einer Gemeinde im Landkreis Cuxhaven, und mit **Westen** an der Aller, einem Ortsteil von 27313 Dörverden.

5
Normalerweise feiert man in Deutschland nur bestimmte Hochzeitsjubiläen wie die silberne oder die goldene Hochzeit. Denn wer möchte schon seinen **zwanzigsten** Hochzeitstag als Porzellanhochzeit feiern? Auch die anderen „glatten“ Hochzeitstage tragen Namen. So nennt man den **zehnten** Hochzeitstag Rosenhochzeit, den **dreißigsten** Perlenhochzeit und den **vierzigsten** Rubinhochzeit.

6
Beim traditionellen Politiker-Derblecken auf dem **Nockherberg** in München bekommen die „Großkopfete“ beim Starkbieranstich in der **Paulanerbrauerei** in der „Fastenpredigt“ allerlei unangenehme Wahrheiten um die Ohren geschlagen.
Auch in den anderen Münchner Brauereien wird der Starkbieranstich in der Fastenzeit gefeiert, beispielsweise im **Löwenbräukeller**. Aus der Reihe tanzt nur das **Hofbräuhaus**; dort wird mit dem Maibock das Starkbier erst nach Ostern angestochen.

7 **Welchen Beruf übte in der DDR ein Facharbeiter für Umformtechnik aus?**

- Schlosser
- Schmied
- Mechaniker
- Kraftfahrer

8 **Wie heißt der Fastnachtsgruß bei den Narren in der Kurpfalz?**

- Narri Narro
- Ahoi
- Alaaf
- Helau

9 **Wer entschied mit einer Stimme – seiner eigenen – seine Wahl zum Bundeskanzler?**

- Willy Brandt
- Helmut Kohl
- Konrad Adenauer
- Kurt Georg Kiesinger

10 **Bei welchem dieser Kleinfahrzeuge aus den 1950er-Jahren stieg man über das Dach ein?**

- BMW-Isetta
- Heinkel-Kabinenroller
- Messerschmitt-Kabinenroller
- Zündapp-Janus

11 **Nach welchem deutschen Komiker ist das Musäum benannt, das Exponate wie den pelzbesetzten Winterzahnstocher oder die geschmolzene Eisskulptur zeigt?**

- Joachim Ringelnatz
- Heinz Erhardt
- Otto Waalkes
- Karl Valentin

12 **Welcher deutsche Kanzler wurde von dem amerikanischen „Time Magazine“ nicht zur Person des Jahres gekürt?**

- Adolf Hitler
- Konrad Adenauer
- Willy Brandt
- Helmut Kohl

7 Ein **Schmied** wurde in der DDR als Facharbeiter für Umformtechnik bezeichnet.
Ein Instandhaltungsmechaniker war ein **Schlosser**, und **Kraftfahrer** waren Facharbeiter für Waren bewegende Prozesse. Was sich hinter einem Facharbeiter für BMSR-Technik verbarg, ist auch dann kaum zu erraten, wenn man weiß, dass die Abkürzung BMSR für Betriebsmessung, Steuerung und Regelung steht: Es war ein **Mechaniker**.

8 Der Fastnachtsgruß bei den Narren in der Kurpfalz heißt **Ahoi**. Wie der Seemannsgruß hier zum Narrengruß wurde, ist nicht eindeutig geklärt, ebenso wenig wie die Herkunft des schwäbisch-alemannischen Fasnetgrußes **Narri-Narro**.
Auch der Ursprung des in Mainz und Düsseldorf gebräuchlichen Schlachtrufs **Helau** ist unklar. Der Karnevalsruf der Kölner Jecken ist einer der wenigen, deren Herkunft einigermaßen gesichert ist. Die ehemals allgemein verbreitete Wendung **Alaaf** bedeutet „nichts geht über" und „Kölle Alaaf!" demnach „Köln über alles!"

9 Am 15. September 1949 wurde **Konrad Adenauer** zum ersten Bundeskanzler mit dem denkbar knappsten Vorsprung von 202 gegen 200 Stimmen gewählt – Adenauers eigene Stimme hatte den Ausschlag gegeben. **Kurt Georg Kiesinger**, Kanzler der ersten Großen Koalition, wurde 1966 von nur 340 der insgesamt 447 Koalitionsabgeordneten gewählt. **Willy Brandt** hatte bei seiner Wahl 1969 eine Mehrheit von gerade mal drei Stimmen. 1983 versagten mindestens 23 Abgeordnete der CDU/CSU-FDP-Koalition **Helmut Kohl** ihre Stimme.

10 Beim **Messerschmitt-Kabinenroller** musste man das Plexiglasdach zur Seite klappen, um über die Seitenwand einsteigen zu können. Es war das wohl erste und einzige Auto, dem eine Anleitung zum Ein- und Aussteigen mitgegeben wurde.
Die **BMW-Isetta** und der **Heinkel-Kabinenroller** hatten eine Fronttür. Der **Zündapp-Janus** hatte eine Front- und eine Hecktür – die Fondpassagiere saßen mit dem Rücken zur Fahrtrichtung und schauten nach hinten.

11 Das Valentin-Musäum, zu dem 99-Jährige in Begleitung ihrer Eltern freien Eintritt haben, ist dem bayrischen Komiker und Volkssänger **Karl Valentin** gewidmet. Zu sehen sind neben vielen anderen Merkwürdigkeiten auch der Nagel, an den Valentin seinen Schreinerberuf hängte, oder der hierzulande sehr seltene Beamtenschweiß.
„Dat Otto Huus" ist das **Otto-Waalkes**-Museum in Emden, das **Joachim-Ringelnatz**-Museum befindet sich in Cuxhaven. Ein **Heinz-Erhardt**-Museum gibt es bislang noch nicht.

12 Seit 1927 kürt das amerikanische „Time Magazine" die Person des Jahres. Drei deutsche Kanzler sind bisher zur Ehre dieser Auszeichnung gekommen: der deutsche Reichskanzler **Adolf Hitler** (1938) sowie die Bundeskanzler **Konrad Adenauer** (1953) und **Willy Brandt** (1970).
Anstelle des Kanzlers der deutschen Einheit, **Helmut Kohl**, wurde 1989 Michail Gorbatschow Mann des Jahres.

13 **Wie viele Denkmäler zu Ehren von Karl Marx gab es in der DDR?**

- 9
- 17
- 207
- 324

14 **Der „Orden wider den tierischen Ernst“ wird alljährlich vom Aachener Karnevalsverein verliehen. Welcher Bundeskanzler war einer der Preisträger?**

- Helmut Kohl
- Konrad Adenauer
- Helmut Schmidt
- Willy Brandt

15 **Das größte Weinfass der Welt befindet sich in Deutschland. In welcher Stadt?**

- Breisach
- Bad Dürkheim
- Heidelberg
- Königsstein

16 **Der Kiepenkerl ist das Symbol der Stadt …**

- Heilbronn
- Düsseldorf
- Eschwege
- Münster

17 **Wie heißt das an einer Hyperaktivitätsstörung leidende Kind im Struwwelpeter?**

- Konrad
- Robert
- Philipp
- Friedrich

18 **Wie heißt das scheue, nur äußerst selten zu beobachtende Tier, das angeblich im Pfälzer Wald heimisch ist?**

- Elwetritsch
- Wolpertinger
- Rasselbock
- Dilldapp

13 In der DDR soll es **324** Denkmäler zu Ehren von Karl Marx gegeben haben, was heute leider nicht mehr überprüfbar ist. Das größte von ihnen, die „Nischel" genannte Karl-Marx-Büste in Chemnitz, existiert noch immer. Fontane-Denkmäler gab es in der DDR **9**, Roland-Standbilder **17**. An die Gefallenen der beiden Weltkriege sollen **207** Denkmäler erinnert haben.

14 **Konrad Adenauer** erhielt 1959 für sein Talent, komplizierte Sachverhalte einfach darzustellen, als bisher einziger amtierender Bundeskanzler den „Orden wider den tierischen Ernst".
Helmut Schmidt wurde 1972 als Verteidigungsminister, zwei Jahre bevor er Bundeskanzler wurde, ebenfalls mit dem Orden geehrt. Seine Vorgänger und Nachfolger im Amt, **Willy Brandt** und **Helmut Kohl**, sind keine Träger des Ordens.

15 Die größten Weinfässer der Welt befinden sich im Badischen Winzerkeller **Breisach**. Die riesigen Stahlfässer haben ein Fassungsvermögen von 1,2 Millionen Litern.
Das Große Fass von **Heidelberg** fasst 222 000 Liter, das Fass auf der Festung **Königstein** in Sachsen, soll ein Fassungsvermögen von 238 000 Litern gehabt haben. Das größte Fass der Welt mit einem Rauminhalt von 1,7 Millionen Litern ist das Riesenfass in **Bad Dürkheim**. Es diente allerdings nie als Weinfass, sondern beherbergt eine Weinstube.

16 Ein **Kiepenkerl** war früher ein umherziehender Händler, der in seiner Rückentrage, der Kiepe, landwirtschaftliche Produkte in die Stadt brachte. Heute ist er das Markenzeichen von Münster und dient der Stadt als Werbeträger. Wie er vor über 100 Jahren zur Symbolfigur der Stadt wurde, weiß aber niemand so wirklich. Die Symbolfigur Heilbronns, das **Käthchen**, geht auf das Drama „Das Käthchen von Heilbronn" von Heinrich Kleist zurück. Der **Radschläger** ist ein Wahrzeichen Düsseldorfs, die Symbolfigur von Eschwege ist der **Dietemann**.

17 Das an einer Hyperaktivitätsstörung leidende Kind ist der Zappel**philipp**. Er kann am Tisch nicht still sitzen und reißt am Ende das Tischtuch mitsamt dem Essgeschirr zu Boden. Nach dieser Struwwelpetergeschichte heißt in Deutschland die Hyperaktivitätsstörung bei Kindern auch Zappelphilippsyndrom.
Der fliegende **Robert** wird bei einem Orkan vom Sturm fortgetragen. **Konrad** war Daumenlutscher, bis ihm der Schneider beide Daumen abschnitt. Der böse **Friedrich** war ein Tierquäler und wurde von einem Hund gebissen.

18 Der **Elwetritsch** ist der Nationalvogel der Pfalz; er ist hier endemisch. Das Hauptverbreitungsgebiet des seltenen Vogels ist der Pfälzer Wald. Elwetritschen sind nachtaktiv und sehr scheu, was es schwierig macht, sie zu beobachten. Über ihr Aussehen und ihre genaue biologische Zuordnung gibt es daher widersprüchliche Angaben.
Ähnlich seltene Wesen werden auch in anderen Regionen Deutschlands hin und wieder gesichtet, so der **Wolpertinger** in Bayern, der **Rasselbock** in Thüringen und der **Dilldapp** im Alemannischen und Hessischen.

19 **Heinrich Campe suchte im 19. Jahrhundert deutsche Entsprechungen für zahlreiche Fremdwörter. Für welches fand sein Vorschlag keinen Eingang in die Alltagssprache?**

- Kursus
- Rendezvous
- Faktisch
- Reliquie

20 **Wer gab 1967 auf die Aufforderung eines Richters, sich zu erheben, die Antwort „Wenn's der Wahrheitsfindung dient“?**

- Fritz Teufel
- Rainer Langhans
- Dieter Kunzelmann
- Uschi Obermeier

21 **Aus welchem der 15 Bezirke der DDR kam ein Auto, dessen Kennzeichen mit einem P begann?**

- Erfurt
- Magdeburg
- Frankfurt (Oder)
- Potsdam

22 **Wie wurde der Palast der Republik, der Sitz der Volkskammer der DDR, nicht genannt?**

- Ballast der Republik
- Haus des Volkes
- Elefantenklo
- Erichs Lampenladen

23 **Welcher Begriff bezeichnet keines der in Süddeutschland beliebten Scherz- oder Spottliedchen?**

- Ländler
- Schnaderhüpferl
- Gstanzln
- Rappedietzle

24 **Wie wurde im Bürokratendeutsch der DDR abgekürzt ein Rind bezeichnet?**

- NSW
- RVG
- ABV
- EVP

19 Für mehr als 10 000 Fremdwörter erfand der Schriftsteller und Sprachforscher Heinrich Campe zu Anfang des 19. Jahrhunderts deutsche Begriffe, von denen zahlreiche in den deutschen Sprachschatz eingingen. Dazu zählen Lehrgang für **Kursus**, Stelldichein für **Rendezvous** oder tatsächlich anstelle von **faktisch**. Nicht durchsetzen konnte sich die Heiltümelei, die er als deutsches Wort für **Reliquie** vorschlug.

20 1967 wurde in West-Berlin die Kommune 1 gegründet. Die Mitglieder dieser Wohngemeinschaft, zu denen **Dieter Kunzelmann**, **Rainer Langhans** und **Uschi Obermeier** gehörten, hatten sich zum Ziel gesetzt, die bürgerlichen Abhängigkeitsverhältnisse in der Kleinfamilie zu überwinden.
Zu den Gründern der Kommune 1 zählte auch **Fritz Teufel**. Seine Antwort auf die Aufforderung eines Richters, sich zu erheben, wurde sprichwörtlich: „Wenn's der Wahrheitsfindung dient."

21 Der erste Buchstabe der KFZ-Kennzeichen der DDR gab grundsätzlich den Bezirk an, in dem das Auto zugelassen war. Doch nur in zwei Fällen stimmte dieser Buchstabe mit dem ersten Buchstaben des entsprechenden Bezirks überein: P stand neben D für den Bezirk **Potsdam** und H oder M standen für **Magdeburg**. Für **Frankfurt (Oder)** stand E, während KFZ-Kennzeichen aus dem Bezirk **Erfurt** mit F oder L anfingen.

22 **Elefantenklo** war der volkstümliche Spitzname des zylindrischen Baus des „Panaroma Museums" in Bad Frankenhausen, das eigens für das 1987 fertiggestellte Bauernkriegspanorama „Frühbürgerliche Revolution in Deutschland" des Leipziger Malers Werner Tübke gebaut worden war.
Der Palast der Republik, der die Volkskammer der DDR beherbergte, wurde auch als **Haus des Volkes** bezeichnet. Respektlosere Namen wie **Ballast der Republik** oder **Erichs Lampenladen** erhielt er vom Berliner Volksmund.

23 Einstrophige Scherz- oder Spottliedchen, die je nach Region **Gstanzln**, **Schnaderhüpferl**, Gsangeln oder **Rappedietzle** genannt werden, erfreuen sich besonders in Süddeutschland großer Beliebtheit.
Sie werden nach bekannten Melodien gesungen, die ursprünglich wohl Einleitungen zum **Ländler** waren, einem Volkstanz aus dem süddeutschen Alpenraum.

24 Das Bürokratendeutsch in der DDR – Motto: möglichst viele Abkürzungen und Substantivierungen – trieb gelegentlich seltsame Blüten. Dass mit einer Raufutter verwertenden Großvieheinheit ein Rindvieh gemeint ist, erschließt sich nicht auf Anhieb, schon gar nicht, wenn diese Bezeichnung mit **RVG** abgekürzt wird.
NSW war das nicht sozialistische Wirtschaftsgebiet. Die Abkürzungen **ABV** und **EVP** bezeichneten einen Abschnittsbevollmächtigten bzw. den Einzelhandelsverkaufspreis.

25 **In welcher deutschen Hafenstadt gibt es keine Reeperbahn?**

- Stade
- Hamburg
- Kiel
- Lübeck

26 **Welches große deutsche Volksfest wird alljährlich im Oktober eröffnet?**

- Dürkheimer Wurstmarkt
- Bremer Freimarkt
- Münchner Oktoberfest
- Cannstadter Wasen

27 **„Leidenschaftlicher Esser, hemmungsloser Zigarrenraucher, ausschweifender Trinker." Auf welchen deutschen Kanzler trifft diese Beschreibung zu?**

- Ludwig Erhardt
- Helmut Kohl
- Otto von Bismarck
- Gerhard Schröder

28 **Welches Bundesland lässt in seiner Verfassung ausdrücklich die Todesstrafe zu?**

- Niedersachsen
- Hessen
- Baden-Württemberg
- Bayern

29 **Welches Wort wurde 2004 vom Deutschen Sprachrat als „das schönste deutsche Wort" prämiert?**

- Augenblick
- Habseligkeiten
- Geborgenheit
- Rhabarbermarmelade

30 **In welchem Ort befindet sich das Deutsche Tabak- und Zigarrenmuseum?**

- Bünde
- Borgentreich
- Brühl
- Bärnau

(25)
Der Name Reeperbahn geht auf die Reepschläger, die Seiler und Taumacher, zurück, die für die Herstellung von Schiffstauen eine lange und gerade Straße benötigen. Daher gibt es nicht nur in **Hamburg**, sondern auch in anderen deutschen Hafenstädten eine Reeperbahn, etwa in **Kiel** oder in **Stade**.
In **Lübeck** dagegen findet man keine Straße namens Reeperbahn; dafür gibt es dort eine Reepschlägerstraße.

(26)
Der **Bremer Freimarkt**, eines der ältesten deutschen Volksfeste und das größte Norddeutschlands, wird traditionell im Oktober eröffnet.
Das **Münchner Oktoberfest** beginnt am ersten Samstag nach dem 15. September und dauert bis zum ersten Sonntag im Oktober. Das Volksfest auf dem **Cannstadter Wasen** in Stuttgart wird ebenfalls im September, eine Woche nach dem Oktoberfest, eröffnet. Der **Dürkheimer Wurstmarkt**, das größte Weinfest der Welt, findet alljährlich am zweiten und dritten Septemberwochenende statt.

(27)
Was die Körperfülle anbelangt, könnte die Beschreibung auf **Ludwig Erhardt** und auf **Helmut Kohl** zutreffen und sowohl Ludwig Erhardt als auch **Gerhard Schröder** sind als Zigarrenraucher bekannt.
Als ausschweifender Trinker ebenso berühmt wie berüchtigt war allerdings nur **Otto von Bismarck**, der Eiserne Kanzler, woraus er selbst auch kein Hehl machte. Bier, Wein, Schnaps – Bismarck trank alles, Hauptsache es war Alkohol.

(28)
Artikel 102 des Grundgesetzes der Bundesrepublik lautet: Die Todesstrafe ist abgeschafft. Allerdings ließen die vor der Verkündung des Grundgesetzes am 23. Mai 1949 beschlossenen Verfassungen einiger Bundesländer die Todesstrafe durchaus zu. Aus der Verfassung **Bayerns** von 1946 wurde der entsprechende Passus 1998 gestrichen, in der Verfassung von **Hessen** aus demselben Jahr ist die Todesstrafe dagegen noch immer vorgesehen.
Die Verfassungen von **Niedersachsen** und **Baden-Württemberg** wurden erst nach dem Grundgesetz verabschiedet und enthalten keine entsprechenden Passagen.

(29)
Bei einer vom Deutschen Sprachrat initiierten Umfrage des Goethe-Instituts wurde 2004 das Wort **Habseligkeiten** zum „schönsten deutschen Wort" gewählt.
Auf Platz 2 der Umfrage, zu der knapp 23 000 Einsendungen eingingen, kam **Geborgenheit**. Das Wort Liebe belegte Platz 3, vor **Augenblick**. Auf Platz 5 der Umfrage kam **Rhabarbermarmelade**.

(30)
Das Deutsche Tabak- und Zigarrenmuseum befindet sich in **Bünde**.
Dort kann neben verschiedensten Raucherutensilien auch die vermutlich längste Zigarre der Welt besichtigt werden: Mit einer Länge von über 1,50 m soll sie angeblich 600 Stunden brennen.
Das westfälische **Borgentreich** wirbt mit dem ältesten deutschen Orgelmuseum. In **Brühl** befindet sich das Deutsche Steuermuseum (Steuer im fiskalischen Sinn) und im oberpfälzischen **Bärnau** kann man das Deutsche Knopfmuseum besichtigen.

31 **Welches dieser deutschen Weihnachtslieder ist das älteste?**

- Stille Nacht, heilige Nacht
- O Tannenbaum
- Vom Himmel hoch
- O du fröhliche

32 **Kuriose Ortsnamen: Welches der Länder stand nicht Pate für eine Siedlung bzw. den Ortsteil einer deutschen Gemeinde?**

- Kanada
- Kalifornien
- Korsika
- Korea

33 **Seit wann gibt es in Deutschland den Adventskranz als vorweihnachtlichen Brauch?**

- 1419
- 1539
- 1774
- 1840

34 **In welcher deutschen Großstadt werden, bezogen auf die Einwohnerzahl, die meisten Strafzettel ausgestellt?**

- Frankfurt am Main
- Köln
- Hamburg
- Berlin

35 **Welcher deutsche Politiker wurde nie zum Pfeifenraucher des Jahres gekürt?**

- Helmut Kohl
- Norbert Blüm
- Helmut Schmidt
- Herbert Wehner

36 **Unter welchem Namen wird der letzte Sonntag vor Allerheiligen – überwiegend in katholischen Regionen – begangen?**

- Palmsonntag
- Mantelsonntag
- Totensonntag
- Weißer Sonntag

31 Das älteste dieser Weihnachtslieder ist „**Vom Himmel hoch**“, da komm ich her. Es wurde 1535 von Martin Luther getextet und 1539 vertont. Die anderen drei Lieder stammen aus dem 19. Jahrhundert. Text und Melodie von „**Stille Nacht, heilige Nacht**“ entstanden 1818. Die Melodien von „**O Tannenbaum**“ und „**O du fröhliche**“ sind alte Volksweisen, die Anfang des 19. Jahrhunderts zu Weihnachtsliedern umgeschrieben wurden.

32 Eine Siedlung, einen Ort oder einen Ortsteil einer deutschen Gemeinde namens **Korea** gibt es nicht. **Kanada** ist eine Siedlung der Stadt Münchenbernsdorf im Osten von Thüringen, **Korsika** ein Ortsteil von Unter-Schonmattenwag, das wiederum ein Ortsteil von Wald-Michelbach im Odenwald ist. **Kalifornien** gehört zur Gemeinde Schönberg im schleswig-holsteinischen Landkreis Plön.

33 Der Adventskranz geht auf Johann Hinrich Wichern, den Begründer der Inneren Mission, zurück. Er führte diesen vorweihnachtlichen Brauch im Hamburger Kinderheim „Rauhes Haus“ um **1840** ein.
Die erste urkundliche Erwähnung eines Weihnachtsbaums soll aus dem Jahr **1419** stammen, von **1539** ist die Aufstellung eines Christbaums im Straßburger Münster belegt. Goethe führte den Weihnachtsbaum **1774** in „Die Leiden des jungen Werthers“ als Erster in die deutsche Literatur ein.

34 Im Jahr 2008 wurden in **Köln** 1,09 Millionen Strafzettel ausgestellt, die knapp 15 Millionen Euro in den Stadtsäckel spülten. Damit hat jeder Kölner, statistisch gesehen, 1,1 Knöllchen im Jahr erhalten.
In **Frankfurt am Main** kamen 0,8 Strafzettel auf jeden Einwohner, in **Berlin** waren es 0,5. Mit nur 0,3 Knöllchen pro Jahr und Einwohner war die Strafzettelquote in **Hamburg** am niedrigsten.

35 Seit 1969 wählt das „Tabakforum“ eine Person des öffentlichen Lebens, die aktiv Pfeife raucht, zum Pfeifenraucher des Jahres. Die erste dieser Auszeichnungen ging an **Herbert Wehner**. **Helmut Kohl** und **Norbert Blüm** waren die Pfeifenraucher der Jahre 1975 und 1984.
Helmut Schmidt ist ein bekennender Zigarettenraucher; zum Pfeifenraucher des Jahres wurde er nie gekürt.

36 Der letzte Sonntag vor Allerheiligen wird in manchen katholischen Regionen als **Mantelsonntag** gefeiert. Der Name dieses verkaufsoffenen Sonntags geht darauf zurück, dass früher die Bevölkerung des Umlands zwecks Erwerb eines neuen Mantels in die Städte strömte, der dann am Allerheiligentag beim Besuch des Friedhofs zum ersten Mal getragen wurde. Der **Palmsonntag** ist der letzte Sonntag vor, der **Weiße Sonntag** der erste Sonntag nach Ostern. Der **Totensonntag** ist der letzte Sonntag vor dem ersten Adventssonntag.

37 **Die Berliner Schnauze ist berühmt, findet sie doch für alles den treffenden Ausdruck. Welches Bauwerk bezeichnet die Berliner mit Hungerharke?**

- Das Ludwig-Erhard-Haus
- Die Kongresshalle
- Das Luftbrückendenkmal
- Die Gedächtniskirche

38 **In welcher Stadt findet sich die älteste Apotheke Deutschlands aus dem 13. Jahrhundert?**

- Lübeck
- Trier
- Frankfurt
- Braunschweig

39 **Welchen Baden-Württemberger sollte man nicht als Schwaben bezeichnen, wenn man sich nicht seinen Unwillen zuziehen will? Einen …**

- Konstanzer
- Rottweiler
- Pforzheimer
- Esslinger

40 **Seit 1927 bereichern die Schwellköpp, überdimensionierte Köpfe aus Pappmaschee, den Mainzer Rosenmontagszug. Welche der Figuren ist kein Schwellkopp?**

- Hannebambel
- Blötschkopp
- Butze
- Schnorres

41 **Welches ist das älteste Gasthaus Deutschlands?**

- „Zum Löwen“ in Schönberg
- „Sonne“ in Offenburg
- „Zum Roten Bären“ in Freiburg
- „Zum Riesen“ in Miltenberg

42 **In welcher Stadt findet am Freitag nach Christi Himmelfahrt die größte Reiterprozession der Welt statt?**

- Weingarten
- Beerfelden
- Straubing
- Verden

(37) Das **Luftbrückendenkmal** in Berlin-Tempelhof wurde zur Erinnerung an die Luftbrücke während der Berlinblockade 1948/49 errichtet. Vom Berliner Volksmund wird es respektlos auch Hungerharke genannt.
Das **Ludwig-Erhard-Haus** der IHK wird von den Berlinern als Gürteltier bezeichnet, die **Kongresshalle** im Tiergarten als schwangere Auster. Lippenstift und Puderdose sind die beiden Gebäude der neuen **Gedächtniskirche**, die Ruine der alten Gedächtniskirche heißt hohler Zahn.

(38) Die älteste Apotheke in Deutschland und ganz Europa befindet sich in **Trier**. Die 1241 gegründete Löwen-Apotheke am Hauptmarkt gibt es noch immer.
In **Frankfurt** befindet sich das älteste Fachwerkhaus Deutschlands, als ältestes Rathaus gilt das Altstadtrathaus in **Braunschweig**. Der Leuchtturm Travemünde in **Lübeck** ist der vermutlich älteste Deutschlands. Er stammt wie die anderen Gebäude aus dem 13. Jahrhundert.

(39) Da in Baden-Württemberg eine gewisse Hassliebe zwischen Badenern und Schwaben herrscht – es gibt Badische und Unsymbadische –, sollte man weder einen **Konstanzer** noch einen **Pforzheimer** als Schwaben bezeichnen. Auch wenn sich ihre Dialekte für den Nicht-Baden-Württemberger wie Schwäbisch anhören, sind beide Städte urbadisch.
Waschechte Schwaben sind dagegen die **Rottweiler** und die **Esslinger**.

(40) Unter dem Namen Dä **Blötschkopp** tritt der Comedian Marc Metzger im Kölner Karneval auf.
Schwellköpp, Karikaturen von typischen Mainzer Charakteren, sind dagegen der **Hannebambel** (Motto: „Komm ich heit nit, komm ich morje"), der **Butze** (Schutzmann) oder der **Schnorres** (benannt nach seinem Schnurrbart). Die Schwellköpp sind als Marke übrigens geschützt, es gibt sie nur in Mainz.

(41) Als ältestes Gasthaus Deutschlands gilt das Hotel **„Zum Roten Bären" in Freiburg**, das seit 1120 besteht. Konkurrenz um diesen Titel machen dem „Roten Bären" die beiden ebenfalls in Südbaden gelegenen Gasthäuser **„Zum Löwen" in Schönberg** bei Lahr aus dem Jahr 1231 und die **„Sonne" in Offenburg** aus dem Jahr 1376. Das Gasthaus **„Zum Riesen" in Miltenberg** am Main gibt es seit 1411.

(42) Am Freitag nach Christi Himmelfahrt treffen sich in **Weingarten** alljährlich rund 3000 Reiter aus ganz Oberschwaben zum „Blutritt", der größten Reiterprozession der Welt.
Der **Beerfelder** Pferdemarkt, traditionelles Volksfest und Viehmarkt, findet am zweiten Juliwochenende statt. Das Gäubodenfest in **Staubing** ist das nach dem Oktoberfest zweitgrößte Volksfest Bayerns. Es wird am zweiten Augustwochenende eröffnet. Die Verdener Domweih, eines der ältesten Volksfeste Norddeutschlands, findet Anfang Juni in der Pferdestadt **Verden** statt.